美国《侨报》时评精粹（第一辑）

另一个视角看美国

一娴 著

暨南大學出版社
JINAN UNIVERSITY PRESS

中国·广州

图书在版编目（CIP）数据

另一个视角看美国／一娴著．—广州：暨南大学出版社，2012.9
（美国《侨报》时评精粹．第一辑）
ISBN 978－7－5668－0350－4

Ⅰ.①另… Ⅱ.①一… Ⅲ.①时事评论—美国—文集 ②华侨—研究—美国—现代 Ⅳ.①D771.209 ②D634.371.2

中国版本图书馆 CIP 数据核字(2012)第 221352 号

……………………………………………………………………………………

另一个视角看美国
著　　者：一　娴

责任编辑：李　战　侯丽庆
责任校对：陈丽丽　王嘉涵
封面设计：山　内

地　　址：中国广州暨南大学
电　　话：总编室（8620）85221601
营销部（8620）85225284　85228291　85228292（邮购）
传　　真：（8620）85221583（办公室）　85223774（营销部）
邮　　编：510630
网　　址：http：//www.jnupress.com　http：//press.jnu.edu.cn
排　　版：弓设计
印　　刷：佛山市浩文彩色印刷有限公司
开　　本：787mm×960mm　1/16
印　　张：20
字　　数：321 千
版　　次：2012 年 9 月第 1 版
印　　次：2012 年 9 月第 1 次
印　　数：1—2000 册
定　　价：58.00 元

序言　这一个作者与另一个视角

之一

本人与一娴女士并未谋面，只是从照片上看到，一娴是一位端庄而智慧的女性，遵嘱写序不免有些诚惶诚恐。钱钟书先生在他的短篇小说《灵感》中有这样一段话："至于大学生们，自己早在写书，希望出版，等人来买了。到了大学教授，书也不写了，只为旁人的书作序，等人赠阅了。比大学教授更高的人物连书序也没工夫写了，只为旁人的书封面题签，自有人来把书敬献给他们了。"自忖自己还不到著书立说的份上，怎么能够跨越到写序的阶段。最近尤其对"跨越式"发展过敏——经济的跨越式发展，读书的跨越式学习，人生的跨越式前行。其结果，有的值得夸耀，有的却垮掉了。

一娴的邀约是无法拒绝的，因为她是《侨报》笔阵中一名骁勇的女将。她的评论经常占据着言论版的头条或其他重要的位置。最新的一个例子，就是今年6月18日，美国众议院通过对"排华法案"致歉案，本人撰写的社论标题是"破除隐性歧视　华人还任重道远"，是从美国社会的角度阐发致歉案的通过，并未根除对华人的歧视与成见；而次日，一娴的评论文章"'排华法案'道歉案有遗憾"发表在言论版的头条"侨报眼"位置上。该文是从美国政治的视野抨击美国政客的狭隘与偏见，尤其是从"道歉"（Apology）与"遗憾"（Regret）在文字上的区别，透视其背后体现出的对华人态度的巨大差异。同事们议论，一娴的文章与《侨报》的社论正好互为补充。仅此一例，就说明了一娴文章的分量。

之二

一娴女士是写时评的自由撰稿人。写新闻难，写评论更难，写时政评论更是难上加难。新闻这一行的悲剧是，辛辛苦苦作出的新闻，一天后就成为旧闻。在网络时代，变旧的时间更是以秒计。时评也是一样，唯有包含思想深度的时评才能行之久远。新闻的最高境界是有真相，而评论的最高境界是有思想。其实，新闻的最高境界也是有思想。问题在于，当今世界上，真相是奢侈品，思想更是奢侈品。多年前，本人曾写过一篇短文“生命与新闻的圆心”，文中提到：“如果说真相是社会的一种客观存在，批评则是媒体人主观意识的产品。新闻以客观为依归，与评论主观能动，应是媒体的一体两面，或者说是一个同心的圆。”“媒体除了拥有传播真相的使命，还拥有批评的使命。批评的武器的威力，源于思想的力量。思想，是媒体的真正灵魂，也是新闻的真正圆心。”

时评之难，要拥有充分的资讯，直达事件的真实，更要拥有锋利的思想，刺穿世俗的迷障；本人长期撰写时评，越写越觉得心虚。不是因为担心资讯的缺乏，而是因为恐惧思想的枯竭。在网络与 iPhone 的时代，在谷歌与百度的时代，资讯就在指尖上，就在掌上，不唾手都可得，但思想还如人类最初的状况那样，要经过细密的观察与有时是痛苦的思索。指点江山，激扬文字，这是诗人眼中时评人的潇洒，但在更多情况下，是“眼前有景道不得，崔颢题诗在上头”的痛苦。

因此，如同一娴这样的时评人，源源不断地出鲜活的思想，出独特的观点，其中甘苦，唯有自知。

之三

一娴时评的第一个主题是华人。2012 年以来她所撰写的时评，或是标题上出现华人，或是内容谈论华人。为华人立言，不仅是身份使然，更是使命使然。

华人来到美国这片土地，立即会对“我是谁”这个最简单的问题产生最深刻的困惑。网上流传一个笑话：“进校门的时候被门卫拦住，居然连续问了我三个哲学上无人能解的终极问题：‘你是谁？你从哪里来？你要到哪里去？’”其实，这些问题在美国就不是笑话了。

提出“文明冲突”论的美国大思想家亨廷顿的遗世之作就是《我们是谁》。亨廷顿对在移民大潮的冲击下，美国国家特性的演变忧心忡忡。他没有点出的话是，文明的冲突正在美国国内上演，美国正打一场盎格鲁—

撒克逊文化与其他文化的战争，其激烈与严重程度并不亚于国际上的文明冲突。

同样的问题，来美华人时时刻刻都会遇到。对原来不留意的肤色、语言、文化的差异，华人会变得分外敏感。族裔间相互打量、相互评论、相互融合，也相互发生冲突。

美国号称“民族熔炉”，本人来美之前，将其理解为各民族和睦融合；来到美国后才发现，“熔炉”背后有文章，在保守势力眼中，熔炉就是将你原来的文化融化掉，留下的只有盎格鲁—撒克逊文化。比方说提出“独尊英语”等；来到加拿大，本人又发现加拿大提倡的是“文化拼盘”（或是文化马赛克、文化沙拉），力求保留移民的文化特性。因此，华人在美国，如何与主流文化对接，如何保持自己的文化特性，成为避开不了的问题。

因此，作为华人，要有一大批的立言人，对“我们是谁，我们从哪里来，我们要到哪里去”这样的终极问题作出自己的回答。一娴，就是正在做这件有意义事情的一名优秀作者。

之四

移民到异国他乡，遭遇到的问题无非是生存与发展。具体到美国华人，主要存在于社会领域与政治领域。

首先是反歧视问题。对华人的歧视，有历史的根源。臭名昭著的《排华法案》也是直到今天才刚刚由国会两院致歉。

在一娴的文章中，有大量的为华人鼓与呼的内容，首先就是反对歧视，要求公正。一娴说：“种族歧视是某些人对某个族裔群体的偏见，在反种族歧视已成为‘政治正确’的美国，依然存在公开的或者隐性的种族歧视。”“华人社区应对此高度重视，改变软弱怕事的缺点，学会保护自己，遇到袭击要迅速报案，千万不要怕麻烦。华人社区要团结起来，努力发出自己的声音，让全社会知道华人的吁求，从而切实保护自己的利益和整个群体的利益。”

在求发展问题上，一娴关注华人参政问题，撰写了许多篇关于华人参政的文章，从呼吁、期待到建议、批评都有。如“华人参政从政，应舍小利逐大义”等，在“略说华人参政心态一二”一文中，一娴说得很诚恳：“在政坛上，一个人取得的成功对其所在的整个族裔群体有着不容忽视的影响。参与政治活动对个人而言是个风险高且收益不确定的投资，但对一个族裔群体而言，却是个风险可控、收益巨大的投资。因此，华人参政议政不仅需要华人群策群力，不断推出自己的政治代言人，也需要更多优秀的有志之士出来做代言人。”事实也是如此，中国人说“朝里有人好做官”，美国则应该是“朝里有人好办事”。最典型的例子就是华社呼吁美国当局就《排华法案》道歉已经多年，直到来自洛杉矶的赵美心在当选联邦众议员后奔走呼号，《排华法案》致歉案才在国会参众两院通过。

除了赵美心的成就以外，近年来华人参政可以说是成就斐然，如华人参政进入“旧金山时间”、“奥克兰时间”，在当年《排华法案》的发源地，出了华人李孟贤、关丽珍市长。一娴却观察到，迄今为止，有大陆背景的，尤其是留学生一族鲜有人出来参与竞选。她热切期待大陆出生的候选人诞生。

移民改革也是如此。移民改革是少数族裔非常关注的问题，但正如在“推进移民改革　华人当团结发声”一文中所指出的，与西裔不同，华人的侧重点不在于非法移民合法化，而在于亲属团聚问题：“在移民改革中，确保移民家庭团聚应是移民法体系的核心。”同时，还要放宽职业移民：“华人中有众多高端人才，在美国科技和经济发展中起了重要作用，对此不应设置过高的门槛。”

之五

写时评，不仅要有批判的胆略，还要有自省的勇气，尤其是对华人自身问题进行自省的勇气。以反歧视为例，不仅要反对他人对华人的歧视，还要反对华人对其他族裔的歧视。《围城》中提到大学里各系学生的一种连锁歧视现象，不幸的是，这种现象在美国社会中也存在。华人被别人歧视，也歧视别人。如华人常被白人歧视，却歧视非裔、西裔。一娴在“同属少数族裔　华裔何苦歧视非裔”一文中提到，在美国，华裔和非裔虽同属少数族裔，但是近年来，彼此之间的隔阂和偏见似乎在不断加深。华人社会中存在“两怕”的传说，其中一怕就是“怕女儿嫁给黑人”。在“少数族裔之间的歧视，不是同根相煎吗”一文中提出：“少数族裔之间要去除互不信任、互相对立，因为还有很长的路要走。”在“华人应理性对待族裔冲突”一文中提出：“族裔问题是现实存在的，但不必过分强调。当遇到有关族裔问题或者族裔间发生冲突时，我们应该理性对待，就事论事，不应该把重点放在族裔背景上，或借机攻击其他族裔，这样只会令族裔间的关系更为紧张，于各方都不利。”

在这些问题上，一娴的视角超越了狭隘的华人视野，或者是“华人至上”主义。例如，她指出在华人参政问题上，华人除了政治冷漠，还有眼界狭隘、善于内斗等毛病。她在“华人是否应投票给华裔候选人”一文中提出：“作为华人来说，应该呼吁华人多支持华裔候选人，同时也应该尊重作出其他选择的华人。”这就比那些“华人就该投票给华人”的说法高了一个层次。“华人竞选中的‘黑函风’须刹住”一文则批评“华人之间的互相攻击与倾轧，散布黑函谣言，选风不正，以致选票分散，不仅最后惨败，使华裔整体形象减分，而且影响了主流社会对华裔参政的观感”。

另一个例子是《平权法案》。《平权法案》是美国社会最具争议的法案之一。公立大学招生时，要为少数族裔留下一定名额。该法案的本意虽是照顾少数族裔，但副作用是成绩好的白人，尤其是华裔学生受到了限制，因而被攻击为“反向歧视”。如果从狭隘的华人视角出发，就会反对《平权法案》，但从社会多元化、社会公义的角度出发，则应该作第二种思考。一娴提出，应思考“如何在平权原则和多元化之间找到某种平衡”，这无疑是站在了一个高点上，观察和解读就不同了。

我想，这就是另一个视角看美国的例子，一种客观的、高远的，而非狭隘的、平面的视角；这也是《另一个视角看美国》一书的价值所在。

萧　冬

美国《侨报》执行总编辑

2012 年 7 月于洛杉矶

《侨报》专栏文章

目录

三、2010 年《侨报》专栏文章　/ 157

一

2012年1—6月《侨报》专栏文章

参政遇阻，华人需冷静

美国华人媒体近日联合评选出了2011年纽约十大社区新闻，占据头条的是纽约市华裔主计长刘醇逸陷入“捐款门风波”事件。

从媒体已披露的信息来看，刘醇逸涉及的这件公案并不复杂，刘醇逸的募款人之一潘姓华人11月被联邦调查局（FBI）指控通过20名“空头”捐款人，将来自一名FBI卧底的超出法律规定捐款上限（4 950美元）数倍的1.6万美元纳入刘醇逸的竞选资金，并借此获纽约市竞选相对补贴基金。

刘醇逸对潘案的回应是，他因此“感到痛心”，并称他的“竞选团队未被告知真相”。事件发生后，从《纽约时报》到纽约本地主流媒体，都大幅、反复地报道及评论该事件，《纽约邮报》最近还发表文章，称针对刘醇逸募款丑闻的联邦调查近日再度升温，开始聚焦刘醇逸本人。

由于主流媒体尤其是本地主流媒体的反复报道，此事件的延伸效应被凸显出来，以致很多华人甚至其他少数族裔都认为对刘醇逸的调查是对少数族裔的不公平对待。更有人认为这是族裔歧视的表现，为的是把亚裔小区的政治希望之星刘醇逸拉下竞选舞台。

不言而喻，FBI的多方调查和主流媒体的大仗阵，对亚裔尤其是华裔社区来说会有负面影响，甚至产生寒蝉效应，毕竟身为少数族裔身份的华人对政治的热忱一向不是很高。有评论说，此事件可能使华人参政热情更加减弱，调查结果如果对刘醇逸不利，倒退数年也未尝可知。

事实上，FBI关于这一事件的调查还在继续。因此，从刘醇逸到华人民众都应该冷静对待、配合调查这一事件。如没有确切的证据，慎言种族歧视话题较为妥当。

“种族歧视”有时会成为双刃剑，虽然此话题在美国很流行，但在某种程度上已被认为是属于比较敏感且易被操弄的政治正确一类，美国主流社会其实对此颇有看法，甚至某些美国人对此也有反弹心理，对任上的少数族裔政治人物带有“不是凭真本领”的习惯性印象。

对媒体的各种报道，我们也应以正确态度对待。媒体不是具有法律效用的调查机构，但在美国，媒体有权发布各种消息和评论。另一位辞职的前华裔众议员吴振伟评论此事件时就坦言“政治圈冷酷”，他以自己的遭遇为例，谈到很多时候“媒体根本就没有注明确切的来源，而其他媒体就以此为基础来报道。可是政治就是这样……”这番话为媒体与政治作了一个注脚。

主流媒体报道和评论产生的广泛效应，短期内会对刘醇逸和华人社会产生负面影响，但对刘醇逸和华人支持者来说，只能接受和面对。

华人作为少数族裔，要想在政治上崛起，遭遇各种挫折、走弯路、犯错误甚至付出重大代价都是不可避免的。这是近年来美国华人在政坛上崛起后应冷静思考和面对的。寄望新年伊始，华人参政逐渐走向成熟和兴盛。

2012 年 1 月 4 日

略说华人参政心态一二

引人注目的爱荷华州共和党党内总统候选人初选近日结束。对于这次初选，许多选民热情高涨，然而相当多的华裔选民仍持“事不关己”的态度。目前爱荷华州300万人口中华人只有1万左右，其中约5 000人有公民身份和投票资格，共和党的支持者约2 500人，但真正出来投票参选的预计只有1 000多人。

如果只看数字，爱荷华州共和党华人选民的参与比例还不算低。综观近年各处的选举情况，不少地方的华人参政比率还达不到爱荷华州华人的水平。

经过长期的努力，美国华人参政越来越成就斐然。刚刚过去不久的旧金山市长选举，说明伴随着华人经济实力的成长，政治力量也在壮大。由于旧金山是排华法案的始发地，因此旧金山出现华人市长被认为是华人参政到了“旧金山时间”。但无可讳言，华人的参政热情还亟待进一步提高。

传统上对华人参政热情不高有许多解读，例如由于数千年传统文化的影响，华人历来养成了事不关己高高挂起的习性；还因为华人在美处于边缘化的少数族裔身份，对主流社会政治很少关心；还有很大部分，尤其是早年来美打拼的打工族，有的连语言问题都没能解决，更谈不上关心政治，等等。

除传统解读，近年来笔者注意到一种现象，许多在美华人，尤其是20世纪80年代及以后从中国大陆来美的留学生一族，经过20多年的努力，大都事业有成、家庭安定，比较成功地融入了美国主流社会。他们对美国社会的政治相当了解，在爱荷华州选举期间及之后，也可以在网上看到这部分华人的关注程度很高。但目前这部分人中还没有一个人出来参与竞选，并成为华人的代言人。

个中原因当然很多，传统的影响也不是没有。此外，这部分人多半在青少年时代经历过“文革”，这种历史烙印可能使得他们即使关心美国的政治生活，愿意参与投票，也未必就愿意从政，且能否从基层点滴累积做起，也是一种考验。

在政坛上，一个人取得的成功对其所在的整个族裔群体有着不容忽视的影响。参与政治活动对个人而言是个风险高且收益不确定的投资，但对一个族裔群体而言，却是个风险可控、收益巨大的投资。因此，华人参政议政不仅需要华人群策群力，不断推出自己的政治代言人，也需要更多优秀的有志之士出来做代言人。随着中国大陆留学生和移民的不断增多，期待有一天可以看到优秀的有中国大陆背景的华人代言人出现。

2012 年 1 月 10 日

移民回流，只因“美国梦”不再美好

过去百年以至最近几十年来，来自海峡两岸的华人移民，很多都是循着一个方向移民海外——美国。华人背井离乡，往往是为躲避战乱，寻找安定且能挣钱的地方居住，移民美国就是为了追逐“美国梦”。

最近的一个统计数字引起许多华人的注意。台湾大选前，很多台湾侨民纷纷返乡投票，而台湾中选会统计数字显示，旅外台湾侨民近5年来返台重新设台籍的人数是前5年的两倍，大约每年超过5万人，5年累计大约25万人，其中就有不少人是从美国返回台湾的移民。

台湾20世纪70年代大批来美的侨民，目前大多正值退休年龄，台湾全民医保较美国便宜，医疗费用也较美国便宜得多，加上语言文化认同和生活习惯等因素，许多人选择退休回台湾。20世纪70年代以来，美国处于最繁荣昌盛的时代，“美国梦”实实在在地存在着，无论工作机会、生活条件等因素都可成为来美的上选。移民美国的人们都把美国当作自己生活的终点，怎么也没有想到有一天会离开美国返回原籍。

这些年来，海峡两岸的经济发展很快，硬件设施与西方发达国家的距离逐渐缩小，甚至超过一些。而美国，尤其是2008年经济危机以来，变化之大是很多人难以预料，也很难接受的。工作机会减少，生活费用高涨，尤其是医疗费用的高涨等都是移民离开美国的原因。

另一个离开美国的原因，与美国国税局海外追税计划有关。美国国税局近日公布新计划，海外资产隐匿不报，最高罚款为藏匿资产的27.5%，高于2010年的比率。2009年和2010年美国国税局共收回44亿美元的税款和罚款，“自首”的人中不乏华人。

这一法律其实在20世纪70年代就已经有了，理论上说，政府早就应该执行，但是经济繁荣的时候，政府一直睁一只眼闭一只眼，现在经济不好，国税局就一再加压，很多华人认为这是由于美国政府缺钱，因此开始向移民开刀。许多移民打拼多年，海外、故乡多少都有一些置产，现在突然要移民“自首”并被罚款，很多人难以接受。再者，美国现在贫富差距拉大，富人愈富，部分华人认为，政府不向富人加税，只向移民开刀，“美国梦不再美好”。

2008年经济危机后，20世纪70年代大量移民来美的华人开始回流台湾，移民方向改变，落叶归根成为很多人谈论的话题，类似情况，大陆移民是否会跟进，值得观察。近年来，有大量中国留学生来美求学和很多富人移民美国。留学生中的大部分人希望能在美国找到工作，即使想返回中国的留学生也希望能在美国取得工作经验，但美国社会能否给大量涌进的留学生提供那么多的工作机会？一度被看好的议员提出的关于“高科技移民公平法案”在众议院通过后却在参议院碰壁，其中的理由就是未能保护美国人在高失业期间寻求高科技工作。

而颇为热门的投资移民也给一些富人带来很多困惑，看起来能简单迅速取得绿卡的投资移民，实际上投资安全不能取得政府的担保，也不能保证一定能在两年后取得绿卡，有的项目看上去陷阱颇多，财卡两空的大有人在。取得绿卡的富人也同样面临海外资产的纳税问题。而对已经移民美国的各种人才，中国大陆的“千人计划”和其他吸引人才的优惠条件等种种因素都使得他们的移民方向较之前变得不那么确定，可谓此一时彼一时。

2012年1月18日

中国影响日增，新华侨华人族裔认同加深

最新研究统计指出，目前海外华侨华人约有 5 000 万。据估算，中国改革开放后从中国大陆及香港、澳门、台湾等地区移居外国的新华侨华人接近 1 000 万人，其中北美与西欧是主要分布地区，囊括新华侨华人总数的 50% 以上。

移居美国的新华侨华人有许多鲜明的特点，例如大多数来自中国大陆，教育程度较高，与祖（籍）国的联系更加紧密；同时，新华侨华人努力学习美国文化、关心政治，对融入主流社会抱有更积极的态度等。这些特点使得新华侨华人和过去比较注重生存发展的老一代华侨华人相比，在价值观、思维方式、对居住国的介入方式等方面都有很大的不同。

随着中国崛起，中国在世界上的影响扩大，在美国，这种影响也影响着新华侨华人。对很多新华侨华人来说，改革开放初期出来求学时，对融入美国主流社会的热情较高。20 世纪 80 年代以后来美的留学生，大多数都已加入美国籍，其中许多人在自觉不自觉中对自己的族裔认同感降低。较明显的表现是，很多人对子女的族裔认同和中文学习漠不关心。这种现象直到近年来，随着中国崛起和随之而来的文化和经济交流得以改变。不仅留学生中的很多人自己开始写中文博客，希望重拾中文写作和表达能力，还开始送孩子上中文学校，希望孩子认识和了解中国传统文化、认同族裔身份。

这种变化表明这部分新华侨华人最终不仅能积极融入主流社会，也能保持对自己族裔身份的认同。随着中国日益强大，新华侨华人的这种愿望甚至比老华侨华人更强烈。对族裔和身份的认同，在近两年的新留学生中也产生另一种情况。近两年，由于美国留学生政策和签证政策的改变，中

国留学生大量涌进美国，很多学校中国留学生的人数快速增加，在中国留学生集中的大学里，学生组织十分活跃，定期组织各种活动。人在他乡的感觉，使得许多留学生更愿意参加自己学生会的活动，对认同自己族裔身份的热情很高，而对了解美国社会和融入美国社会的意愿则不够高，或者希望留待日后走上社会时再说。这种现象在老留学生中是没有出现过的，暂时还未引起新留学生重视。但这种现象对可能成为新华侨华人的留学生的未来发展是不利的。

新华侨华人人数的快速增加，未来肯定会在华人族群中起很大作用。在很多传统华人区，普通话渐渐替代粤语和闽南语，简体字逐渐替代繁体字，这些都很能说明问题，然而要就此改变传统侨社的面貌恐怕还需待以时日。

但不管怎样，新华侨华人既积极融入主流社会，又努力保持族裔认同并为之不懈努力，无疑将进一步提高华侨华人在美国社会中的地位，改善华侨华人作为少数族裔的形象，使华侨华人在美的生活和发展更上一层楼。

2012 年 1 月 25 日

2012 年移民改革前景不乐观

奥巴马近日在国情咨文中再次提到移民改革，重申希望推进全面移民改革。奥巴马说，他已经做好准备，与共和党及民主党合作，解决非法移民问题，包括“梦想法案”，以及给予那些在美国受良好教育并能为美国创造财富的年轻俊才绿卡等。

回顾美国近年的移民改革，可谓困难重重、希望渺茫。在上届总统任内，小布什和国会两院都曾提出解决非法移民问题的方案，在维护边境安全的前提下，希望一劳永逸地解决美国境内估计超过千万的非法移民身份问题，但最终都没有成功。旨在让幼年来美的非法移民在攻读大学或服兵役后可以身份合法化的“梦想法案”，至今已冲关十次，历经国会多次讨论和投票，均以失败告终。去年底，被许多业界和留学生寄予很大希望的“高科技移民公平法案”在众议院以压倒多数的高票通过，却在参议院遭遇滑铁卢。

奥巴马竞选时曾信誓旦旦地表示，要在上任后将综合移民改革列为优先项目，但此后却以经济危机和健保改革为由几次延后，引起人权组织和移民组织的不满。即便是奥巴马曾提出的若干措施，也无法收到良好效果。例如有法案要求移民执法机构暂缓遣返犯轻罪的非法移民，但在各地执行起来却困难重重。具有讽刺意义的是，尽管奥巴马一向表示支持移民改革，并宣布将放宽遣返政策的计划，但根据统计，奥巴马上任才三年，遣返的非法移民却已达约 106 万（其中 54% 为非犯罪人士），直逼小布什八年任内遣返的总数 157 万。

其中值得关注的是，不久前，纽约和洛杉矶等华人聚集的地方都发生了多起有递解令在身的人士在家中被移民及海关当局执法人员抓捕的事件。实际上这部分人当中很多都在美国成立了家庭，生育了孩子，有自己的生意和房产并依法纳税。这些人一旦被遣返回中国，将不得不面临妻离子散的困境，留在美国的孩子和配偶将面临极大的生存困难。

奥巴马上任三年来，除了进行过几次政策宣示和呼吁，综合移民法改革在其首个任期内几乎看不到任何曙光。当然，外部条件的影响和国会的压力确实很大，但与奥巴马在医疗改革方面不惜代价奋力推动的动作相比，综合移民改革似乎沦为其选举拉票的手段而已。

今年是美国大选之年，在美国的许多州，移民问题并不突出和尖锐；又由于经济复苏迟缓，很多民众并不赞成移民改革，在此大环境影响下，综合移民改革不可能是两院立法或者总统推行的重点。

所以，可以预料的是，尽管奥巴马在今年的国情咨文中再次提及综合移民改革，不管其主观真实想法如何，客观上这项改革很可能再次被认为只是在竞选舞台上向西裔及其他族裔选民拉票的手段。

再者，在经济危机下的美国，国会在竞选年由于政治原因，很难通过综合移民改革的方案。以奥巴马的能力及与国会的关系可以想见，综合移民改革难有新进展。

2012年1月30日

制止军中欺凌，华人应大声疾呼

备受关注的美国华裔海军陆战队军士廖梓源在阿富汗服役期间遭凌虐自杀一案，以及华裔美军驻伊拉克战士陈宇晖受虐自杀致死一案，最近都有新进展。据报道，廖梓源的同袍下士雅克比（Jocob Jacoby）在军事法庭认罪后，1 月 31 日被判入狱服刑 30 天。而陈宇晖案，军方调查人 1 月23 日宣布建议撤销对其中一名涉案人、步兵专业军士奥福特（Ryan Offutt）先前作出的过失杀人罪指控。

对两案的进展，华人群体普遍不满。华裔众议员赵美心本月 2 日联合多名国会议员召开记者会，对凌虐其外甥廖梓源并致其自杀的涉案者被轻判表示不满。赵美心还列举了一长串军中欺凌事件，并对军队中甚至没有对此类事件进行统计，也没有制止欺凌的行径感到吃惊。她认为，这些为数众多的暴力欺侮事件以及在廖梓源案件上的缺失公正可以表明，军队对欺凌现象并不重视。

赵美心等 13 名议员因此联名向众议院军事委员会和众议院监督与政府改革委员会发去公开信，要求就军队欺凌现象举行听证，并通过立法制止军中欺凌现象。

亚美正义中心（AAJC）也发表声明，对轻判雅克比表示失望，并呼吁，只有对军中凌虐行为采取更严厉的惩罚，才能阻止类似的不当行为再度发生，同时也让美国亚裔军人不再为此感到恐惧。

这种声明、呼吁都是非常必要的。纽约市华裔议员陈倩雯上月提出决议案，要求国防部反省其文化多元性方面的政策，防止军中种族歧视及骚扰案件重演。这项提案在纽约市议会全票通过，显示着两案已受到广泛关注。

美军对军中欺凌现象不重视是明显的事实。有些人为美军士兵的行为辩护，认为军中士兵的行为不过是军中粗野文化的表现。我们应该承认，美军军中文化是有粗野的倾向，但普通的粗野行为和暴力凌虐及种族歧视还是有根本区别的。这就是华人社团和群体普遍对廖梓源案和陈宇晖案涉案者被轻判而感到不满的原因之所在。

近年来，因为在伊拉克和阿富汗战场上参战人员数量不足，美军遭遇招募困难。目前很多中低层的军队成员都来自家庭收入较低的阶层，很多人只是把参军作为以后免费上大学的一个途径。而且，美军不仅招募了许多失意青年，还通过豁免的方式增加了有轻微违法前科人员的征招数量。根据五角大楼提供的数据，过去两年，在新征招入伍的人员中，有3/10的人是特许入伍。除有轻微违法行为的人员外，具有轻微身体缺陷和智力缺陷人员也被特许入伍。这样做的后果，势必是兵员素质普遍下降，更有储养害群之马之虞。

此外，由于同样的原因，为了能够招募到人员，美军征兵机构的代表和部队指挥员降低了先前制定的防止极端分子进入部队的标准，这就导致了一种令人担忧的倾向出现：在部分被招募的失意青年中流行的纳粹主义和种族主义的意识形态，使美军尤其是陆军遭受新纳粹主义的侵蚀。加之许多士兵训练不足或者反复被派到前线，在等级森严的封闭环境中，这些因素的存在导致暴力凌虐和种族歧视难以避免。

综上所述，经历过廖梓源和陈宇晖两案后，一方面，华人群体对美军军中的暴力凌虐事件和种族歧视行为要大声呼吁立法制止；另一方面，华人年轻人中有志从军的，要对军中某些文化有所认识，并做好足够的心理准备。只有这样，才能避免类似的悲剧重复发生。

2012年2月6日

“廖梓源案”的疑虑

美国华裔海军陆战队队员廖梓源在阿富汗前线受虐身亡案件，经美国海军陆战队军事法庭裁定，第二名被告、廖梓源的小队长、中士约翰凌虐渎职罪名不成立。消息传开，廖梓源的家属感到非常失望，很多华人闻讯也表示失望。而在此之前，第一名被告雅克比仅被轻判30天监禁和降级处分。

华裔国会议员赵美心为此专门召开新闻发布会，指责这一判决进一步加重了廖梓源遭辱致死案带给人们的痛苦，是令人不能容忍的，也是对正义的嘲弄。赵美心认为，军中暴力欺侮事件频发和廖梓源案审理过程中缺乏正义表明，美国军方并未认真对待军中欺侮行为。

赵美心在新闻发布会上提到两点，一是廖梓源自杀一事根本不被允许包括在审讯内容之中，二是军事法庭的陪审团全部由海军陆战队成员组成。她举例，这就如同在审理麦道夫案（华尔街特大诈骗案）时，所有陪审团成员全部由华尔街大公司首席执行官组成一样荒谬。

这样的审判结果令很多人不服，但在美国，军事司法系统和非军事司法系统有很大的不同，前者是相当独立的。现行美国军事司法系统是根据20世纪50年代国会通过的《军事统一法规》建立起来的，分军事法庭、刑事上诉法庭和联邦军事上诉法庭三级。由于军中的特殊情况，军事法庭并没有常设机构，而且军事法庭的法官、律师和其他成员都来自负责军事法庭审讯的武装部队成员。

在美军中，所在部队指挥官的权力非常大。从是否对被告提出起诉，是否由军事法庭审讯，到军事法庭成员的最后挑选，都是由所在部队的指挥官和召集军事法庭的总指挥官决定的。

与非军事的普通司法系统不同，军事法庭没有诸如普通法庭那样的陪审员。在地方的民事和刑事法庭，陪审员的遴选是一件很大的事情，法官和双方律师都有否决权，可以查出可能有偏私和偏见的人选，目的是选出一个公平的陪审团。在美国军事法庭，与此相应的军事法庭成员是由所在部队的下级军官根据年龄、军龄、经验等各方面的条件推荐，然后指挥官在所推荐的人员中挑选他认为最合适的人选。

指挥官的权力和军事法庭成员的遴选过程，使得审判的公正性往往容易受到质疑。在廖梓源案中，参与审判的军事法庭成员并未被告知廖梓源是自杀身亡，同时这些成员都来自海军陆战队，仅仅经过一个小时便宣告被告无罪。其军事法庭成员是否知道事件真相，是否有偏袒意愿，外人不得而知。审判中被告律师一再强调廖梓源站岗打盹的失职行为，事实也许如此，但是士兵的失职行为应按军中条例处理，并不能成为私下凌虐的借口。

当然，军队的性质决定军中司法系统有其特殊性。在军中，服从命令是军人的天职，指挥官权力之大也是军事行动中所必需的。但是在司法审判中，指挥官在决定是否起诉和决定法庭成员时权力之大，是否会导致滥用个人权力和夹杂个人因素，在美军伊拉克虐囚事件发生后，是有不少质疑之声的。

以常理美军通常不会愿意将这类案子公开，一是家丑不可外扬，以免影响美军声誉；二是军中欺侮现象，就如赵美心所言，是深植于美军文化之中的。廖梓源案和陈宇晖案只不过是冰山一角，之所以被公之于众，是华人政治家和华人群体大声疾呼的结果。因此，华人应响应赵美心的呼吁，要求国会就美军欺侮行为进行听证，呼吁美军杜绝欺侮现象，并采取切实行动公平审理，加强执法。

2012 年 2 月 13 日

“和”文化助华侨华人成中美桥梁

中国国家副主席习近平访美，在会见在美华侨华人时，盛赞旅美侨胞过去30多年来为中美双边关系作出的积极贡献，习近平还对侨胞提出了三点殷切希望。

其中，习近平把继续发扬中华民族“以和为贵，协和万邦”的优良传统放在首位，希望美国华侨华人以此努力，成为与所在国人民和睦相处的典范；同时继续熟悉所在国，了解祖（籍）国的独特优势，努力使之成为促进中国现代化建设与世界人民友好相处的典范；发挥了解中华文化的独特优势，努力使之成为弘扬中华优秀文化和促进中外文化交流的典范。

说到“以和为贵”，中国文化讲究“和”。自先秦以来，“和”字的含义脱出曲调的原意，从广义的和谐到国家之间的和平，“和”的概念发展成为涵盖自然、社会与内心等层面的基本原则，成为修身、齐家、治国、平天下的本质内涵。

可以说，一个“和”字差不多道尽了中华文明的精神特质。美国是一个多族裔多元化的国家，据最新统计，在美华人约为400万，属于少数族裔，但同时，华人也是美国人眼中的模范族裔。这都是与华人继承发扬中华文化中的“和”分不开的。

“和”又不是无原则的，“和”是对多样性的坚守，坚持不同事物或对立因素之间的并存与交融。华人在美有今天这样的成就，是和华人一直以来孜孜以求维护自身合法权益，积极参政议政分不开的。从争取美国国会众议院通过对“排华法案”的道歉案，到近日推动两个华裔军人受辱自杀案的审讯，其中都有华人政治家和华人社团的积极努力。积极融入当地主流社会和努力维护自身合法权益，相承相济以达到“和”的目的。

《荀子·王制》提到“和”时有曰：“和则一，一则多力。”意即“和”能带来合力与双赢。对在美华侨华人来说，“和”的修身齐家治国平天下的含义，更多应表现在像习近平所说的那样，在继续努力为所在国作出积极贡献的同时，抓住中国发展的大好机遇，积极参与中国改革开放和现代化建设，促进中美两国的经济、科技交流与合作。生活在海外的华侨华人深谙所在国的优势，更了解祖（籍）国的需求，能够在所在国与中国之间搭建桥梁。很多华侨华人不仅自己回中国投资，还以促进所在国与中国的交流合作为己任，进而实现自身事业更大发展，最后争取多赢。

中华文化博大精深，林语堂曾在《中国人》一书中分析了中国人的和平主义、豁达大度和老成温厚的文化并指出：“宽容是中国文化最伟大的品质，它也将成为成熟后的世界文化的最伟大的品质。”这种将“和”的意蕴包含在内的中华文化的伟大品质，应该让世界其他的民族和人民了解。

今天，中国的文化形象仍不是那么清晰，中西方文化交流并不完全平等，西方社会对中国文化也时有“误读”。因此，华侨华人有责任向当地的主流社会宣传介绍中华文化，让当地主流社会进一步了解开放的中国，从而改变许多对中国和华侨华人的负面固有认识框架，这对了解和改善华侨华人自身的形象也有很大的益处。

中华文化有很强的凝聚力。上下几千年，中华文明是世界上唯一一个从未中断过的文明，这与中华文化的包容和亲和力有很大关系，而这也正是中华文化的凝聚力和影响力所在。相对而言，美国是中国移民最集中的发达国家，在美华侨华人身在异国他乡，在融入当地社会的同时，仍将中华文化代代传承下去，为此作出很大贡献。我们可以相信，未来美国华侨华人在继承和发扬“和”的中华文化传统下，促进和平与祖（籍）国统一，增强中国与美国的交流、合作与友谊方面的作用将日益显著。

2012 年 2 月 26 日

赶留学大潮，要警惕假洋文凭

中国教育部近日发布的2011年度《出国留学人员情况统计》显示，2011年中国大陆出国留学人员33.97万人，比2010年增长19.32%；其中，美国是大陆留学生和家长的首选目的地。据不完全统计，2011年留美大陆生约25万人，并将以每年20%～30%的速度递增。随着美国政府加快留学生签证的步伐，预计2012年底来美中国留学生将冲破35万人大关。

留学生人数大增，带来许多问题，其中最被关注的是在美国取得文凭的含金量的问题。随着留学人数的持续增长，加之美国经济衰退，就业率低迷不振，留学生要留在美国找工作很难。同时，中国经济迅速崛起带来的机遇，给很多留学生回国就业或创业提供了动力。中国教育部统计，2011年留学回国人数较上年增加5.13万人，增幅38.08%。

与十多年前相比，洋文凭在中国的含金量已有很大变化。顶级或者一流大学的文凭含金量仍然很高，普通大学或名不见经传的学院的文凭的含金量就有可能不尽如人意。中国教育研究机构通过对7 000名留学回国者的调查发现，很多“海归”起薪一般在3 000元人民币左右，超过半数受访者的工作职位是普通员工，与中国一般大学应届毕业生相差不多。一时找不到工作的“海带”也大有人在。

尽管如此，由于美国教育体系的先进，众多学生和家长仍把到美国留学视为首选；众多留学机构也抓住机会赚钱；因经济衰退而经费紧张的许多美国大学也纷纷把目光转向中国，大潮中泥沙俱下的问题开始显露。比如，对于最近披露出来的美国某州立大学的涉嫌滥发文凭事件，不仅该大学自己非常重视并严格审查，也惊动了中国教育部和驻美使馆进行调查。

该大学发布的一份内部审计报告指出，数百名不具备入学资格的外国学生被该校的国际合作项目录取，并在未完成课程的情况下被授予学位。其中，大多数是中国大陆的学生。

此案给留学市场敲响警钟。不仅美国的一些教育专家质疑，许多留学生和家长也在问：越来越多的美国大学和中国机构开拓国际合作，但谁来监管这些项目？中国的中介机构问题早已有之，又由谁来监管？几百名留学生是此案的直接受害者，他们的权益由谁来保障？

对留学生和许多家长来说，美国共有 3 000 多所正规大学和社区学院可供选择，如果未充分了解学校的情况，而轻信某些中介机构推介的“多元化”的捷径，或抱侥幸心理，贸贸然将孩子送到美国，就可能在花费大量金钱和浪费大量时间后不能收到如期的效果，甚至有可能上当受骗。

最好的办法是通过可信赖的中介或机构取得可靠真实的信息，选择适合自己情况的大学或学位课程，并通过正规的方式和渠道来申请学校。前车之鉴，希望类似上述受骗丑闻的悲剧事件不再重演。

2012 年 2 月 28 日

学简体还是繁体，这是个问题

近年来，中文教育是华人家长热衷讨论的话题：身在海外，如何提高子女的中文水平？有句话说得好，兴趣是最好的老师。家长的作用就是发掘孩子的兴趣和帮助老师培养孩子。

海外华人子女学中文，最大的问题是语言环境。学得较好的，都是因为家长坚持在家说中文。这类家长，无论是有意的或是无意的，都为孩子学中文创造了很好的条件。

也有的家长唯恐孩子英语不好，在家故意不说中文。尤其是第一代半（指 13 岁以前来美）子女中，很多家长希望孩子能尽快跟上学校的功课而只与孩子说英文，等孩子英文跟上后，却发现孩子已不会或不愿说中文了。

对于这个问题，首先，家长应认识到孩子的潜力是很大的，学习双语或多语言，刚开始时可能会将多种语言混淆，但很快就能清楚地区分开了，这是儿童区别于成人学语言的优势。其次，孩子的大环境是英语，很多家长的英语不是很标准，不一定能帮孩子忙，不如索性说中文，给孩子多一个语言环境。据科学研究表明，儿童同时用双语表达，对开发其思维能力很有好处。

要使孩子对学习中文产生兴趣，家长应多下工夫，结合孩子的兴趣爱好进行。例如有的孩子喜欢画画，可选择简单的古诗词，引导孩子根据意境画画。

另外，选择简体还是繁体，也是家长经常面临的选择。有的家长选择繁体，因为附近只有教繁体的中文学校；有的家长则认为繁体是中文最本源的表达方式。据笔者对学习繁简不同字体的孩童的观察发现，还是选简体为佳。因为接触拉丁字母语言的孩子，学习汉字有一定困难。笔者不止一次听孩童抱怨：会拼音了还要“画字”。家长可以适当讲解繁体字，但不宜提倡。

在孩子认识一定文字的基础上，家长应该鼓励孩子写日记，刚开始可以让他们一句一句地写，日后再适当增加。可以选择在电脑上打字，这种方法对记忆拼音效果很好，也能加快词语量的积累。当然，不能因此放弃手写训练。回国参加中文夏令营也是很好的办法。孩子的接受能力强，半个月有语言环境的强化训练有时能抵得上一个学期的学校学习效果。

总之，海外华人孩子的中文学习，离不开家长的督促。兴趣固然是最好的老师，但严格要求也是应该的。学习语言其实没有捷径，家长应该对此有充分的认识和思想准备。

2012 年 3 月 11 日

美国大学招生的平权问题和多元化问题

近来，美国“80－20 全美亚裔教育基金会”设计的一份民调书正在网上征集签名。这份因上月美国最高法院决定审理“使用族裔理由来提高亚裔和白人入学门槛”的做法是否违宪而来的民调书，需要5万人签署，然后作为证据资料递交最高法院。目前已经有近4万民众签署。

美国公立大学招生的《平权法案》政策，源于1960年代，当时的约翰逊总统在批准了《民权法案》的基础上，对《平权法案》作了进一步的阐述，认为平权原则不止限于平等，而应视为对非裔等少数民族再就业和就学方面的优先考虑。在美国，西裔和非裔等少数族裔正是因为有了《平权法案》，才得到优先的受教育机会，许多西裔和非裔等少数族裔才有可能获得今天的社会地位和成就。

《平权法案》又是现今美国社会最具争议的法案之一。争议的焦点就是所谓的“定额制”，也就是说，公立大学招生的时候，要为少数族裔留下一定名额。问题是，该法案的本意是照顾少数族裔，但实际结果是白人学生和华裔子女受到了限制。网上广为流传的一份调查资料显示：杜克大学录取的亚裔学生 SAT 平均分数为 1 457 分（满分 1 600 分），白人为 1 416分，西裔为 1 347 分，非裔为 1 275 分。也就是说，在杜克大学，亚裔学生要比西裔学生多 110 分，比非裔学生多 182 分才能被录取。这种状况引起了亚裔学生和家长的广泛不满。

美国《时代周刊》刊登的文章却认为，尽管根据调查数据，亚裔进入大学的 SAT 分数要较其他族裔，尤其是西裔和非裔学生高，但是分数毕竟不是“才能”的唯一考量因素，校方有其他的因素要考虑。美国是一个多元化的国家，美国高校培养学生的目的之一就是要在一个多元化的国家里培养公民和领袖。多元化对美国社会来说是非常必要的，文章提到社会科学家佩吉（Scott Page），佩吉证明多元化的团队表现超过非多元化的天才团队。文章最后呼吁关于这个问题的争论不能局限于狭隘的对话，应该深入讨论为何美国机会这么少，亚裔美国人应该把挑战放到更大范围内，亚裔美国人可以领导这种转变，那才是美国成功的大故事。

《时代周刊》中文章的观点不无道理，如果大学招生没有因《平权法案》向少数族裔中的西裔和非裔倾斜，这些西裔和非裔学生接受高等教育的机会就会受到限制，美国社会的多元化可能受到影响。正是由于西裔和非裔的整体教育水平提高了，才可能出现许多优秀人物，如高院某大法官，甚至于今天的非裔总统奥巴马。

但是，这种对西裔和非裔的优先考虑又在事实上造成了对亚裔和白人学生的某种不公平。美国亚裔问题，因为华裔占多数，可以被认为主要是华裔问题。众所周知，美国华裔读书勤奋刻苦，向来成绩优秀，但因为亚裔在美国总人口中只占4%，远低于非裔和西裔，如果按定额制，华裔子女只能取得很少的名额，所以最受大学招生平权原则影响的是华裔子女。

但另一方面，在取消定额的一些公立大学中，如加大系统的某些学校的华裔学生占百分比较高，被认为是另一种不公平，即“代表过多”的问题。与其他国家相比，美国的教育机会应该不能说是少的。华裔父母的“藤校情节”、华裔争取的自身平等权利和大学多元化的培养目标等等，争议中诸多因素互相作用的影响，值得华人群体深思。

如何在平等权利原则和多元化之间找到某种平衡，从目前来看，不是亚裔美国人有能力领导改变的，需要全社会的参与讨论。无论如何，华裔为自身的利益积极参加争论和联署，是可喜的现象。

2012年3月12日

华人异族通婚的文化同化问题

皮尤研究中心不久前公布的研究报告详细描述了一个多元化的美国。报告显示美国人的婚姻中，有8.4%为异族通婚，远高于1980年的3.2%。

异族通婚是一个涉及社会、经济、文化和种族等领域的大话题。关于在美华人的异族通婚，近来坊间有不少讨论，总体上持较肯定态度。异族通婚表现了社会多元化特征，观察异族通婚，还可以了解种族歧视的历史和现状。

异族通婚对华人来说有很长历程。美国1660年开始实施异族通婚禁令，在臭名昭著的《排华法案》中，就有禁止华人和白人通婚的条款。直到20世纪60年代，美国才全面废除“禁止异族通婚法”，可国会至今尚未就“排华法案”向华人致歉。

华人的异族通婚通常可以分为种族通婚和民族通婚两种。前者如华人与白人或其他种族的人通婚，后者如华人与韩国人、日本人等东亚民族的通婚。无论哪种，文化因素都起了很大作用。一般来说，民族通婚的文化因素影响小一些，毕竟韩、日受汉民族影响很深，婚姻双方同化起来比较容易。

相对较难的文化同化是在种族通婚问题上。这方面有两种不同的观点：传统同化理论认为，异族通婚是少数族裔通过文化同化，被主流社会所接受；新同化理论认为，异族通婚是双方互相接受、求同存异，形成新的文化状态。

这两种现象都是存在的。例如在第二代华人移民与白种人通婚中，基本上是华人全部接受主流社会的文化价值观，即单向地被同化。

而在较年轻华人与白种人的通婚中，我们则可以看到互相影响的因素。这部分婚姻中，华人一方接受主流社会的价值观，同时又保留自己民族的文化特质；另一方则对中华文化抱有兴趣，采取包容并接受的态度。报载有华人女婿接受很多华人风俗，甚至包括对祖宗进香叩拜。

许多异族婚姻的矛盾也会像普通婚姻那样由家常琐事引起，但是这些琐事也常折射出文化因素的影响。例如华人的“坐月子”风俗，不少白人就难以接受。有的白人女性对华人不自觉表现出的大男子主义心存疑虑。如能妥善解决矛盾，这类婚姻确实会形成新的文化状态。

华人社区流传“在美国做华人难，做华人男子更难”的说法，主要指许多华人女性不愿选择华人男性，因为华人男性长期以来被主流社会丑化。这种情况折射出美国社会的种族歧视，但同时还有其他复杂的原因。其实，现在华人男性在很多领域，如高科技、医学、金融等领域都有出色的表现。华人在接受美国文化的同时，也会去芜存菁地保留自己的传统文化；而随着华人社会地位的提高，各种偏见终会逐渐消失。

根据皮尤研究中心的报告，亚裔的异族通婚最近有所减少，从2008年的30.5%回落至2010年的27.7%。这大约与近年来华人大量移民美国，可选择同种族对象的机会多起来有关，也与华人在各领域有出色表现和华人整体地位提高有关。

2012年3月19日

华人参政从政，应舍小利逐大义

华人在美百年，从排华法案起至今，参政不易，道路坎坷。近年来，华人参政从政成绩总体趋向进步，但也付出了种种代价。这些代价通常可分为物质代价和非物质代价。

物质代价多为经济因素。例如很多华人选民不愿投票，一方面，对投票程序和花费的时间、精力、金钱等有所顾虑；另一方面，由于对政治漠不关心，认为即使参加投票，也看不出对自己的生活有什么事实上（经济上）的好处。这种计较的结果，是华人投票率低的一个重要原因。

对从政的华人来说，物质利益常常是需要付出的代价之一。例如有华人辞去大公司高薪职务，任职民选官员，兢兢业业不计个人得失，但几年后在竞选中未获胜，立刻就面临重新创业的难题。这种因素也使得华人社团领袖被推荐入华府担任部门要职时会遭到家人和亲友的反对，理由是未来有太多不确定的因素，可能影响日后的生活。

非物质代价通常是政治因素。有些是个人因素造成的声誉上的影响，例如个人生活不够注意或不够检点，导致从政华人的政治前途受到影响。还有一种则是在参政过程中，主客观原因出现差错，甚至涉及违规违法。我们不能不说，这些是华人从政道路上难免要走的弯路和需付出的代价。

这种代价应该尽量减少。有人认为政治本身就有很多黑灰之处，主流社会一样也会出现种种违规违法现象。诚然，从人性和政治操作方面看，主流社会也一样不可避免地出现种种问题，也包括违规违法问题，但这并不能作为华人从政出现这一类代价开脱的理由；相反，由于华人本身是少数族裔，从政不易，相对主流社会的人士，需要付出更多的努力，因此更应该严于律己，这样才能“出而见之事功”。

在美国的制度下，选票就是力量，华人踊跃参与投票，才会使华人成为被尊重的民主政治力量，华人所关心的议题才会赢得应有的重视。当有华人政治人物竞选时，我们更应努力支持，因为有华人参政，华人的权益会更容易受到保障；华人官员在了解华人的需求和沟通方面是有优势的。只有重视自己的权利，才能更好地保障切身利益。

从短期看，华人参政从政也许没有很直接的好处，但从长远看，积极参与投票，实际上对自身是有好处的。

每个人的成就可能很小，但一代一代积累下来，就能为华人从政开拓出一片天地。美国华人群体正是因为有这样充满信念、勇于付出的政治人物的不懈努力，有华人选民的努力支持，才会出现今天这样来之不易的局面。

最近，纽约皇后区民主党党部正式提名孟昭文参选纽约州第六选区国会众议员。美国西部有或曾有过多个华裔国会众议员，如今，东部华人聚集的纽约有望出现首位国会众议员，且是女众议员，这一消息令人振奋。纽约华人、社团应踊跃投票，支持孟昭文。

2012 年 3 月 28 日

健保案争议对华人影响几何

美国最高法院在过去一周里，用了三天审议奥巴马总统签署通过的健保案，其中焦点在于一项关于强制民众购买健保的规定。根据这项规定，从 2014 年起，所有美国人都必须购买健保，否则将遭到处罚。

这项规定引发全美大争议。支持者认为，为平摊过去没有健保的成百万美国公民加入健保后的费用，强制参与是必需的。反对者认为，强制购买健保，是联邦政府过度干预个人自由的违宪行为。为此，反对者占多数的 26 个州联合向最高法院起诉联邦政府。

媒体 3 月初的民意调查显示，有 52% 的美国人反对健保案，民众对这一法案褒贬不一。在最高法院 9 位大法官中，由共和党任命的保守派倾向的大法官有 5 位（其中肯尼迪大法官一向被视为摇摆票）。由民主党任命的自由派倾向的大法官有 4 位。在许多具有意识形态争议中投下关键一票的肯尼迪大法官，在此案中的表态似乎倾向于保守派。于是很多评论认为，今年 6 月，最高法院很可能最后裁定联邦政府违宪。

至于最高法院关于健保案的判决对华人有何影响，也有不同看法。调查显示，在没有健保的亚裔人群中，华裔的比例最高，超过 30%。很多华裔，尤其是新移民，没有取得健保。他们中的大多数是在小企业工作，这些小企业难以负担高额的保险费用，有些雇主甚至不提供保险，很多个人因此不愿掏钱买医疗保险。

数据显示，在健保法开始实施以来，已有 270 万亚裔（包括华裔）民众取得免费的预防性服务。根据健保法案，从 2014 年开始，Medicaid 将对 3 000 万无健保者中的一半（多数是无儿女的接近贫穷标准的成人）提供健保。因此许多华裔认为，健保案能充分保护华人在美国的生存，更多华人会因此对美国更有认同感；尤其是那些没有身份的华人，也能从社区保健中心得到照顾。如果健保案被裁定违宪，会有更多华人的权益受到侵害。

当然，华人群体中也有许多中产人士认为，将 3 000 万人纳入医疗保健改革所产生的费用，会增加政府财政赤字，而且只好通过提高税收来实现平衡或最终转嫁到消费者身上，最明显的表现就是提高保费以及增加中产阶级的税收。

美国社会经济环环相扣，当健保体系发生重大变革时，如医药、保险、医学研究机构等许多系统，甚至律师行业都会受到影响。政府应当如何在社会各个阶层、各经济环节的利益得失之间找到平衡点，是一个影响深远的问题。就像健保案造成的对立一样，今年 6 月最高法院对健保案是否违宪的判决，肯定会对美国的政治产生很大的影响，首当其冲的就是 11 月的总统和国会选举，届时也会影响许多华人选民的投票意愿。

2012 年 4 月 3 日

少数族裔之间的歧视，不是同根相煎吗

华盛顿特区前市长、现任市议员贝瑞（Marion Barry）近日对媒体说，在他所属的第八选区中，有亚裔开的肮脏店铺，并要这些店铺搬离。这种带有种族色彩的言论招致广泛批评。华裔国会众议员赵美心批评贝瑞时强调，今年是洛杉矶暴乱20周年，当年韩裔商铺遭非裔暴民抢烧，教训十分惨痛。

在美国，自20世纪60年代美国社会开始平权运动以来，种族歧视状况有了很大改善，尤其是在立法方面，从联邦政府到州政府，都有一系列禁止性法令和法律。尽管如此，种族歧视依然存在，只是不再表现为机构性、法律性和结构性，而是在社会、文化、心理和人际关系等更隐蔽的方面表现。而且，种族歧视不仅存在于白人和黑人之间、白人和其他有色人种之间，少数族裔之间也存在着彼此不信任、对立、歧视甚至仇视的现象。当年洛杉矶的暴乱、现在加州奥克兰非裔和华裔的对立都是例子。贝瑞的言谈，也是少数族裔之间矛盾尖锐化的表现。

亚裔美国人从20世纪80年代起，由于自身努力，逐渐被美国主流社会及媒体接受，更被称为“模范少数族裔”。这种称呼，一方面可以视为对华裔移民在经济、教育、社会方面所作努力的肯定，另一方面，有可能引起其他少数族裔的负面看法。因此，即使在主流社会，也有批评认为，此举无助于多元化社会的族裔平等，只会在进一步巩固白人主流地位的同时，更加分化各少数族裔。还有看法认为，这种称呼只会把少数族裔之间在社会、政治、经济和文化地位上的差异明显化，从而造成相互之间的不信任和敌意。无论对亚裔“模范族裔”的称呼持何种看法，由于各种原因，一些少数族裔间的不信任和敌意仍然客观存在着。贝瑞所在的华盛顿特区第八选区的居民主要是贫困非裔，治安差，环境不好，亚裔在那里做生意并不容易。贝瑞无疑是迎合相当一部分当地居民的看法，否则也不可能在3日竞选连任的党内初选中获胜。

对包括华裔在内的亚裔群体来说，一方面，华人当然要坚决谴责这种容易引起种族对立的言论；另一方面，华人也应努力严格要求自己。就在贝瑞所在的选区，也有华人检讨华人商铺的卫生问题，希望他们多注意清洁，这样做既有利于生意，也不会给人以攻击的口实。对善意的批评，不管来自何方，“有则改之，无则加勉”。

少数族裔之间要去除互不信任、互相对立，因为还有很长的路要走。在美国这样的多元化社会，华裔群体不仅要努力提高自身素质，努力融入主流社会，还要对其他族裔多持包容心态，对善意的批评采取积极的态度，消除歧见，和睦共处。

2012年4月9日

南加大血案当引华侨华人反思

南加州大学两名中国留学生近日在居所门口被杀害，在美中两国引起很大反响。案件本身和网上激烈的争论凸显各种问题，令人深思。

其一，给留学生的安全问题敲响一记警钟。据报道，2011 年，中国来美留学生的人数已达到 16 万，预计今年还会增加。过去留学生有时也会出些事故，但这次是重大的案子，随着留学生增多、网络的快速传播，影响也就随之扩大。

南加州大学有超过 2 000 名中国留学生，南加州大学校园外部分地区，是洛杉矶有名的治安不好区域。据报道，在案发街区，五年来共发生过 124 起凶杀案（不含本案）。虽然有关方面过去提醒过留学生注意安全，但还是未能引起许多涉世未深的留学生重视。他们在入乡随俗方面常常缺乏足够的意识和资讯，例如去治安乱区，无意中触犯帮派潜规则，也可能给自己带来危险。因此，提高安全意识是留学生们的当务之急，必须认真对待。

其二，提醒人们防范针对华侨华人包括中国留学生的作案现象。过去一向有观点认为，在美华人由于有多一事不如少一事的想法，加上英语不好等缘故，即使被侵犯也往往忍气吞声不报警，因而有些歹徒专门找华人下手。另外，在一些各族裔杂居的地方，对华人歧视和敌视的现象也是经常发生的。

美国社会经过多年的平权运动，反对种族歧视是全民共识，但由于各种原因，各种种族歧视依然存在。前不久的华裔军人被虐待自杀案、近日华盛顿前市长贝瑞的反亚裔言论，都说明种族歧视依然存在，少数族裔之间的歧视甚至敌视也依然存在。南加州大学学生被杀案尚未侦破，还没有证据说明歹徒是专找华人下手，但是华人群体应该警醒，一旦受袭，无论案子大小，都应及时报警或采取必要措施，改变华人群体软弱可欺的形象。

其三，华侨华人群体包括留学生，应该勇于维护自身的权益和形象。南加州大学学生被杀害的案子在华人中很受关注，关于两个学生的各种猜测甚至是谣言也沸沸扬扬，就因为他们开的是宝马车，不仅网上有言论称其为“官二代”、“富二代”，甚至有部分美国当地主流媒体未经核实，将二手宝马车说成豪华新车，将受害者称为“富二代”，甚至有的还对其进行冷嘲热讽。

过去，很多华侨华人包括留学生，都给人一种遇事沉默忍让的感觉，但这次南加大中国学生学者联谊会的表现却值得赞赏。这些年轻的学子组织起来召开追思会，呼吁大家捐款帮助受害者家人，并且呼吁主流媒体澄清不实报道，这令人想起2008年很多海外年轻学子起来揭露某些主流媒体对中国不实报道的行动。如果一个族裔群体勇于发出自己的声音，那么这个族裔群体的形象就不再会是软弱的，族裔群体的切身利益才能得到保护。

逝者已去，愿他们安息！两位年轻学子的血不能白流，希望这一悲剧能激发中国留学生和在美华侨华人发出更多的声音，从而形成更大的力量。

2012年4月20日

遭遇文化差异，华人应入乡随俗

爱荷华州21岁的中国留学生唐某被控以租房为借口强奸女房主，并在被捕后涉嫌干扰证人。唐某的父母闻讯赶来美国后，被指试图用金钱贿赂受害人让其改变口供，以严重阻挠司法公正进行，达到庭外和解的目的。行为被曝光后，唐某父母遭警方逮捕并被起诉。

但近日爱荷华州约翰逊县检察官珍妮特·莱尼斯宣布，撤销对犯罪嫌疑人唐某父母企图贿赂受害人的指控。莱尼斯在一份书面声明中说，撤销指控是因为"'文化差异'（cultural differences）可能导致这对父母并非有意地触犯美国法律，他们的意图只是想在庭外与受害人解决这件事"。原本要交20万美元保释金的唐某父母，因"文化差异"被取消指控而释放。

唐某父母真要感激检察官莱尼斯，并非所有华人在遇到因文化差异造成的法律纠纷时，都能得到如此宽容。这类例子比比皆是，典型的例子有如电影《刮痧》里的故事：有2 000年悠久历史的刮痧治疗方法，却被美国人认为是对儿童的虐待。因此主人公父子分离、夫妻分居、朋友决裂、工作丢弃，甚至被通缉。最后，几经波折之后，虽然这种文化差异终于被美国法官所理解，但是主人公已经付出了相当沉重的代价。

文化差异一向被认为是华人移居美国后在生活和工作方面都颇受困扰的问题。中国是有5 000年历史文化的古老东方大国，美国的历史仅有200多年，其文化源于欧洲，又是西方最发达的现代化大国。由于地理环境、历史背景、发展过程等因素不同，东方和西方、古老的传统和现代的理念碰撞后产生了巨大差异。这种差异表现在思维方式、风俗习惯、教育理念、家庭观念等方面。

撇开涉及深层次的文化差异问题，华人移民在生活和工作上不适应而产生各种问题的例子不胜枚举。近期的例子就有因为禁鱼翅法案牵出许多中西饮食文化差异方面的争执，以致有华人认为是受到了歧视。有华人移民保留从中国带来的习惯，如在节假日给老师送大礼，以求孩子能得到较好的照顾，此种行为引起本地家长的不理解和侧目。还有华人在教育孩子方面，还带着中国传统文化中“棍棒出孝子”的观念，因而触犯法律。另外，在中国，把幼童独自留在家里是司空见惯的，但在美国就是违法行为。像唐某父母那样寻求庭外和解的事情，在中国的人情社会里可能司空见惯，但在美国就被认为是阻挠司法公正的严重触犯法律的行为。

中美之间的文化差异是客观存在的。有时，文化本身并无一定的优劣标准，人们应该在尊重差异的同时，对不同的文化“取其精华，去其糟粕”，互相学习、互相促进，达到理解宽容、求同存异的境界。

对移居美国的华人来说，在美国生活，首先要努力了解美国的相关法律，避免因文化差异上的问题触犯法律，造成严重后果。同时，在保留自己民族优秀文化传统的同时，要学习美国人的思维方式，了解美国的文化风俗，入乡随俗，和谐融入美国社会。

2012 年 4 月 23 日

警惕忧郁症伤害华裔新移民

硅谷传出来自中国的软件工程师因忧郁症自杀的消息，震动了华人社区，影响波及中国大陆。这位名叫王庆根的华裔工程师，年仅40岁，2003年起在硅谷电子湾（eBay）旗下的Paypal任职，为该公司首席软件工程师。据报道，王庆根因长期工作压力大，患有严重忧郁症，于本月初在自宅车库内自缢身亡，留下年轻的妻子、年幼的儿子和年迈的父母。

噩耗传来，闻者无不扼腕叹息。王庆根出身贫寒，自幼刻苦读书，才华过人，是当年江苏省第一个国际奥赛金牌获得者，后考上南京大学，继而来美在名校斯坦福大学取得计算机硕士和化学博士。

王庆根在家乡江苏省是个家喻户晓的“知识改变命运”和“寒门出贵子”的典范。他的事迹一直激励着年轻的学子。

王庆根的自杀，引起许多思考。有人认为，王庆根担负着超负荷的工作压力，是一个从不肯说不的老好人，由于对工作过于认真，性格又比较内向，导致患上忧郁症；有人认为，王庆根放弃了当初喜爱和擅长的化学专业，改为从事电脑软件工作，是因为生活压力不得已为之，内心并不快乐；也有人认为，王庆根如果回中国发展，文化背景不存在问题，可能在化学专长上有所建树。

逝者已逝，众多猜测难得验证。很多来美学子压力很大是事实，改换专业的也不计其数，“海归”回中国发展的很多，但留在美国的毕竟是大部分。单独抽取种种猜测中的一项，都很难说是王庆根自杀的原因，反而是王庆根患有忧郁症，值得在美工作求学的留学生和新移民重视。

联合国世界卫生组织曾指出，21世纪的三大疾病为癌症、艾滋病和忧郁症。癌症和艾滋病是严重疾病，很容易理解，但很多人很难将忧郁症归于“疾病”，常将其误解为是忧郁、郁闷、想不开等心情问题。

在西方社会，对忧郁症的认识和研究较为深入，根据专家统计，目前在世界范围内，精神忧郁症患者有3.4亿。美国每年有1 900万人患忧郁症，占人口总数的9%，在有自杀倾向的人群中，45%～70%有明显的情绪忧郁，专家的研究还认为，大约20%的人一生中有某个时期会出现忧郁症倾向。

在中国，公众对忧郁症的认识非常少，华人包括华人新移民，也因此对忧郁症没有足够认识，即便有人知道忧郁症，也常觉得是难以启齿的隐疾，不愿就医，因而长期备受困扰。甚至一小部分人因讳疾忌医，最后自杀，给家人带来巨大痛苦。

华人在美国，由于种种原因，生存发展需要付出难以想象的代价，个中压力巨大，众所周知。在王庆根就读的斯坦福大学就有一种说法：斯坦福人像鸭子一样，表面上悠闲风光，水下的鸭掌却在拼命划动。而那些连表面上悠闲都做不到的华人，心底的压力就更可想而知了。

2012年4月30日

通过“排华法案”致歉案，华人还需努把力

5月是全美亚太裔传统月，亚太裔里占多数的华裔，以勤奋、创新、支持家庭的文化传统，使美国的多元化社会更加丰富多彩。许多年来，华裔在不同领域取得很大成就，包括科技、学术、艺术、政府及商界。华裔在美国的成就，是少数族裔实现美国梦的一个比较突出的代表。

今年的亚太裔传统月，有一个令人关心的问题，就是众议院是否能通过“排华法案”致歉案。去年10月，联邦参议院一致通过了“就1882年《排华法案》向全美华人致歉的提案”。由布朗、赵美心等国会议员推动的这项致歉案，要求联邦政府就当年通过并实施了《排华法案》，让在美华人遭遇了排斥及不公正待遇，向全美华人致歉。

参议院通过这项法案，使华人群体振奋。赵美心曾表示，争取在今年春季将“排华法案”致歉案通过联邦众议院表决，以便在今年5月的亚太裔传统月上宣布这一结果。

但目前看来，形势并不乐观，据媒体报道，赵美心的H. RES282提案至今只得到40位国会众议员的支持，与218票的闯关门槛相距甚远。因此，赵美心原来准备为5月份亚太裔传统月送上的礼物恐怕难以兑现，这个目标恐怕要推迟到总统大选之后才能争取完成。

对这样一个看起来是绝对政治正确的提案遇阻，很多华人十分困惑。很多人觉得，众议院为美国曾经颁布的歧视性法律表示歉意是一件理所当然的事情，参议院已经通过，众议院也应该很容易通过，但事实却并非如此。

现实是，尽管大家都承认之前的法案是错误的，但一些人会觉得，那毕竟是很久以前的历史，与现在无关，现在人们有其他重要的事情可以

做。还有一些人根本不清楚事情的来龙去脉，很多包括议员在内的美国人只看到华人在美国社会取得的成功，因此认为要求国会主动为“排华法案”道歉是不切实际的。

只有自己提要求，才可能有结果，提了要求，还需要不懈努力、积极争取，不能想当然地以为自己的政治要求正确、合情合理，就一定会有好的结果。

目前，联邦众议院共和党籍议员的席位占多数，因此争取更多共和党籍联邦众议员的支持，对该致歉案提案至关重要。同时，总统大选临近的美国国内政治的情势、中美微妙复杂的关系等原因，都可能为“排华法案”致歉案的通过增添变数。

尽管有种种可能的不利因素，但是时代毕竟是在进步，国会议员们终究会认识到向华人道歉是应该和必要的。赵美心有信心在435位国会众议员中争取到多数人的支持，她的努力需要一些时间。同时，在美华人也应积极参政、积极投票，大力发出声音，这样才能改变不受重视的现状，最大限度地保护自身的权益。

2012年5月6日

华人争取权益要讲策略

5月的亚太裔传统月里，除了一些例行活动，有几件事颇值得注意：一是奥巴马总统在华盛顿参加亚太裔美国研究院主办的一场活动。在这之前，以华裔联邦众议员赵美心为首的国会亚太裔小组向奥巴马呼吁，希望他不要忽略亚太裔美国人；二是在众议院亚太裔国会小组8日举办的庆祝活动中，众议院少数党领袖波洛西呼吁共和党籍议长博纳，尽快将排华法案致歉案排入议程。

从这两件事可以看出亚太裔在争取权益中的一些问题。尽管奥巴马在去年的亚太裔传统月也曾发表过讲话，但这次是他上任以来首次出席亚太裔团体组织的活动。之前，奥巴马被批评忽视亚太裔，联系他曾出席过非裔和西裔组织的活动，这样的批评并非全无道理。

奥巴马在讲话中提到，亚裔是“模范族裔”，但也有很多问题被忽视，如在教育、健康、就业等方面，甚至还面临仇恨犯罪的威胁等。其实，亚裔被忽视是因为亚裔包括华裔过去被歧视、被边缘化，自身努力还远远不够，现在虽有改进，但和非裔、西裔群体相比，仍然欠缺很多。

亚裔投票热情不高是一个老问题，短期内也不可能迅速彻底改变。领袖表现也是一个问题，据不完全统计，美国亚太裔已有约1 500万人，但国会里亚太裔议员只有10名。华裔人口约有400万，目前国会只有众议员赵美心一人，如果按人口比例，众议院该有6名华裔议员。

华裔领袖过去常常被认为不如主流议员那样善言谈、重表现。曾有媒体评论，由于亚裔议员不善言谈，因此当涉及亚裔问题时，美国主流媒体很少能想到一个亚裔政治人物可以接受采访并清晰地表达意见。这种现象从赵美心开始得到改变，在最近的一系列涉及华裔的事件中，从华裔军中被凌虐案的谴责，到关于对林书豪的种族歧视言行的批评，再到这次对奥巴马的呼吁，都表现了赵美心的策略，就是拒绝接受华裔被忽视的现状，克服华裔给人留下的刻板印象。

众议院少数党领袖波洛西呼吁共和党籍众议长尽快将排华法案致歉案排入议程，是基于华裔众议员赵美心向众议院提交的提案至今只争取了不到50名议员的支持。应该说，像这类政治正确的提案，议员们支持是顺理成章的，但凡事都要讲究天时、地利、人和。这项提案如果放在去年11月之前，民主党掌控国会两院，通过应该不是问题。现在正值大选之前，这样的提案很难进入议员视野也是可以预料的。

因此，即使是政治绝对正确的事情，要做好也应该讲究策略，议题的阐述要能够引起广泛的关注，像排华法案，不仅不少非华裔背景的议员，就是华人尤其是年轻人本身，也有很多人不知道这种事。此外，对议题的阐述必须能够与主流社会的价值观紧密联系，例如排华法案致歉案可引申为不单与华人利益相关，还影响到整个美国社会是否公平、是否能正视历史过错。

当然，对于赵美心等致力于华人群体崛起的领袖来说，做到目前的水平已属不易。虽然时机受到限制，策略有待提高，但是发出声音，引起注意，从而改变刻板印象，本身就是一种成熟和进步。作为华人，应该看到赵美心的成绩和努力，继续用选票等实际行动来支持她以及其他华人领袖的工作。

团结就是力量，随着华人团体的共同努力，相信未来华人的社会地位和形象一定会得到进一步的改善。

2012年5月13日

华人参政，要热情也要谨慎

进入2012年以来，美国华人参政给人加快步伐的感觉。2012年，除了总统选举，还有国会参众议员及各州参众议员的选举。在这些选举中，华人的积极参选很受瞩目。

在美华人的人口近年来增长幅度很快，但人口增长并不自动伴随参政热情的高涨。例如同是亚裔，日裔人口远低于华裔，但是日裔在参政上较华裔积极进取得多。20世纪80年代，日裔不仅当选国会议员的远较华裔多，还有日裔议员当选参议院多数党领袖。因此，华人要普遍参政还有很长的路要走，还有赖华人群体和社团组织的共同努力。

20世纪80—90年代，不少华人参政先行者身体力行，义无反顾地进军政坛，投身到为华人争取权益的活动中。例如当时的特拉华州华人学者、政治家吴仙标，曾当选特州众议院议长和副州长，后来多次参与竞选州长和国会议员，屡败屡战。吴仙标坚持不放弃的精神，给了后来者一个很好的榜样。

在最近的纽约州华人竞选活动中，类似的“决不放弃”的说法，也出现在现任主计长、准备竞选州长的刘醇逸的竞选口号里。在刘醇逸人气直升的情况下，他的竞选团队有人因竞选募款被调查，一些当地媒体群起抨击甚至要求他辞职，但他仍表示：“为了明年的大战役，无论什么困难，我都不会后退。”竞选总有成败，任期也有限制，但这种坚持不懈的精神值得推崇。在纽约，另一位华裔孟昭文正积极参选国会众议员，预计能在6月的民主党初选中过关。不管她最终能否选上，但是其积极参与、坚持不懈的精神，经过一波波、一代代华人的努力，成果一定会逐渐丰硕。

刘醇逸团队成员因政治捐款问题被调查起诉，现在还没有结果，无法置评。从以往华人从政历史来看，这并不是第一次出现关于政治捐款被调查现象。在克林顿总统任期内，就出现过某些美国媒体和政客对亚裔捐款抨击甚至歪曲的“亚裔政治现金风波”，抨击亚裔想以此来左右美国政治，并以此为借口阻挠亚裔参政。当时伯克莱加州大学前校长田长霖的能源部长的任命因此被搁浅。

随着在美华裔经济实力的增强，华裔政治捐款也逐年上升。2008 年大选前希拉里在华人社区筹款，据说 2 小时内就募得 38 万美元。刘醇逸和孟昭文在竞选中都筹集了较为可观的款额，这从另一个角度显示了华人群体参政的热情。

在美国，政治捐款是较为敏感的领域，国会为此通过不少法案。在种族歧视还无法消除的美国，作为少数族裔的华人，在操作上确实应该遵纪守法，慎言慎行，避免授人以柄。唯有如此，才能一步一步地在参政之路上走好。

2012 年 5 月 21 日

华人会支持“第一位同性恋总统”吗

奥巴马5月初在接受美国广播公司专访时说：“我作出了最后决定，我认为同性配偶应该能够结婚。”这一表态使奥巴马成为美国历史上第一个赞成同性婚姻的在任总统，新一期《新闻周刊》更是刊登头版头条文章将奥巴马称为“第一位同性恋总统”。

奥巴马的此番表态受到民主党人、同性恋及其他团体的拥护，并被认为是美国民权进步的一个标准。但共和党人和保守的基督教领导层却对此提出批评，并指责奥巴马意图在大选前造成社会分歧。

路透社与民调机构伊普索斯（Ipsos）最近开展的联合在线民意调查数据分析显示，奥巴马支持同性婚姻的表态可能促使一些民众，尤其是非裔和西裔重新考虑自己反对同性婚姻的立场。数据显示，在奥巴马表态后，民众反对同性婚姻者的比率从原先的27%减少为24%，支持的比率则从39%增至41%。

非裔和西裔是美国人数最多的少数族裔群体，在大选中的作用历来受政治人物重视。对奥巴马来说，非裔的选票尤其重要，非裔选民如果认可奥巴马的表态，对奥巴马争取连任是很有利的。西裔选民在本次民意调查中，有超过半数的选民支持同性婚姻，但是西裔选民很多信仰天主教，这一部分民众未必就认同奥巴马关于同性婚姻的态度。

同是少数族裔，华人的有关数据事实上却很少看得到。华人历来重视传统的伦理观念，传统的华人家庭观念除了（异性）夫妻相爱之外，还负有传宗接代的重要责任，中国传统就有“不孝有三，无后为大”的说法。这种说法因为对传宗接代在“孝”中的过分强调而备受批评，同时华人传统观念重视族裔繁衍的内涵也在其中凸显。

通常华人尤其是新移民在许多议题上支持民主党，但在同性婚姻问题上持反对意见的华人占大多数。华人社区一直流传着“两怕”，其中“一怕”就是怕“儿子是同性恋”，这在很大程度上反映了华人对传统家庭伦理遭到冲击的恐惧心理。

目前虽然没有看到华人赞成或反对同性婚姻的具体调查数据，但在美国华人聚集最多的，也是一向被认为自由风气最浓厚的加州，人们记忆犹新的是，2008 年反对同性婚姻的第 8 号案，加州许多华人团体包括华人基督教团体全力动员支持第 8 号案，很多平时根本不参与投票选举的华人却在此项法案的投票过程中表现出了非常的热情和支持。

奥巴马对同性婚姻的表态，被许多分析家认为是对即将到来的总统大选的一种豪赌。从最近的盖洛普民调看，美国民众对同性婚姻的赞成率稍微超过半数，且总体在升高；这或许是促使奥巴马表态的一个重要原因。但对华人来说，譬如在加州，很难想象在反对同性婚姻的第 8 号案中表现积极的多数华人，会在这个问题上支持奥巴马。

在政治上比较倾向自由化，在道德传统上比较保守化的特点，是由多数华人、非裔和西裔在文化传统上表现出来的差异所致。如果这个议题继续发酵，届时 11 月份总统大选，大多数反对同性婚姻的华人选民是否会投奥巴马的票，很值得关注。笔者预计，对于有着深厚传统观念的华人，不一定会用选票为“第一位同性恋总统”喝彩。

2012 年 5 月 28 日

同属少数族裔　华裔何苦歧视非裔

南加州一华人网民近日在某华人论坛上发表针对非裔人群的涉及种族歧视和仇恨的言论，有其他网民因此向警方举报，在网上引起争论。由此联想到不久前中国广东开始严打非法移民，其中涉及非裔非法移民，他们进入中国并造成了一些问题。当局严厉打击是依法行事，网民对此有议论也属正常现象，但不应对族裔有种族歧视甚至种族仇恨的言论出现，尤其是同属少数族裔的华人。

在美国，华裔和非裔虽同属少数族裔，但是近年来，彼此之间的隔阂和偏见似乎在不断加深。华人对非裔的偏见，是现实中客观存在的问题。例如华人社会中存在的“两怕”的传说，其中一怕就是“怕女儿嫁给黑人”。这种不加掩饰的涉及歧视的说法，多年来在华人社区流传并被很多人私下认可，并没有引起华人社群的重视和批评。

又如2008年大选时，CNN、《时代周刊》等主流媒体报道，美国的大部分亚裔（包括华裔）选民支持希拉里而不是奥巴马。其中的原因，固然有希拉里对华裔社区下工夫拉选票的因素，但是很多华人对非裔有偏见也是重要的原因。

两年前，加州金山湾区的《亚美周刊》杂志就曾公开刊登标题为“我为何讨厌黑人?”的文章，列举对非裔的种种不满，引起民权组织的强烈抗议。此外，不久前在南加大发生的抢劫杀人案中，两名中国留学生被害，警方抓获的嫌犯为两名非裔青年。有报道称，该校留学生受访时，就对学校周围所在社区的非裔族群表示了轻视和不满。

值得注意的是，同是非裔，在中国大陆，总体上一直得到较好的对待，很多非洲留学生能说一口流利的汉语，并能够勤勉学习且待人和气，口碑不错。有些多才多艺的非裔还频频在大陆各电视台出镜，做嘉宾或表演节目，例如曾爆红的黑人歌手好弟就很受欢迎。

关于华人对在中国和美国的非裔的不同看法，就有分析指出，在由中国人组成主流社会的中国大陆，对人数极少的非裔表现的是更多的宽容和包容，而在以白人为主流社会的美国，华裔和非裔同属少数族裔，亚裔又被主流社会誉为“模范族裔”，故不少人会有“比上不足比下有余的”心态。加之非裔群体存在的一些社会问题以及族裔间的隔阂，致使对非裔产生偏见和歧视。

美国是多族裔国家，各族裔之间应该友好共存。对华裔来说，非裔固然有很多历史遗留下来的弱点和本身的不足，但是非裔群体勇于站出来争取自身权益的精神，也是华裔应该学习的。在美国历史上，非裔在争取民权运动上写下浓墨重彩的一笔，亚裔包括华裔不应该忘记自己都是民权运动的受益者。华人在美国生存，不仅应该注重自身努力，也应该和其他族裔互相尊重和宽容。

此外，按照美国法律，构成种族仇恨罪是会造成实质性损害的，或者有明确的伤害威胁或者有实施计划的等。如果只是泛泛地议论，应属于言论自由的范畴。如在网上发表涉及种族歧视和仇恨的言论，虽不至于构成犯罪，但在公共场合发表言论毕竟有别于私下议论，这类政治绝对不正确的言论，如经举报或曝光，就有可能对自身（如工作职位等）造成难以弥补的损害。这种情况并非没有先例。华人应该特别注意去除种族偏见或歧视，更不应在公开场合发表任何涉及种族偏见或者歧视的言论。

2012 年 6 月 5 日

华人是否应投票给华裔候选人

加州初选6月落幕，这是加州选区重划之后的第一次选举，据多家媒体报道，华裔选民投票热情不高。个中原因很多，而华人群体参政意愿较低是主因；其次，不少选民认为候选人“有悬念的不多”；还有的对初选认识不足，尤其对这次首次实行的“开放选举”（选民可以跨党派选举）不予重视。

华人参政至今，热情不高的状况仍没有得到根本性改变。很多华人选民不是不喜欢政治，便是认为选不选对自己或者对改变华人现状没有多大用处。华人群体属少数族裔，很容易被边缘化，与其抱怨自己被歧视，不如主动去争取权益。

华人无论喜欢不喜欢政治，喜欢不喜欢某个政党，都应重视手中神圣的选票。只有投票，政治人物才会重视选民的权益，对选民的呼声才不敢掉以轻心。只要华人群体积极参与，久而久之自然会形成一股力量，令政治人物不敢小觑。

这次南加州初选，七名华裔候选人中有半数过关，进入11月的最后竞选，成绩不错。其中有华裔候选人提出“华人选华人”的口号，得到不少华人选民的支持。但也有华人选民因放弃支持华人候选人转投其他族裔候选人而遭到非议的现象出现，引起争议。

华人是否应该选华人，答案是肯定的。臭名昭著的“排华法案”的道歉案，去年在国会众议院通过，至今尚未在国会参议院讨论通过。目前，华人在美国有近400万人，但在国会只有一名华裔众议员，华人在国会占有的席位和华人占美国总人口的份额不成比例。因此，华人积极参政投票，选出更多的华人进入国会，无疑对争取华人的利益大有好处。

现在美国国会唯一的华裔女众议员赵美心，为争取和保护华人的利益作出了巨大的努力，无论是争取为“排华法案”道歉的提案，还是为华裔军人在军中受凌虐的呼吁都表现出色。华人选华人就是要把优秀的华人推出来成为代言人。华人群体要与政府进行有效的沟通，尤其是涉及华人群体的事务，需要有华人代言人起到桥梁的作用，让国会里有更多华人的声音，增强华人的影响力，对华人群体无疑是有很大好处的。

华人把选票投给华人，对改变华人群体的弱势地位有很大好处。但有华人选民把选票投给其他族裔的候选人，这种现象也不应遭到非议。选民愿意把手中的选票投给谁，是个人的权利。作为华人来说，应该呼吁华人多支持华裔候选人，同时也应该尊重作出其他选择的华人。

美国是民主社会，华人在美国不仅要实践民主参与选举，也要懂得民主是需要包容的。华人要积极参政，提高投票率是关键，推选优秀华裔候选人也是关键。同时，不应忘记民主的理性精神，学会尊重他人的决定和包容不同的声音，华人在学习民主、实践民主的道路上才会逐渐成熟起来，走得更好更远。

2012 年 6 月 12 日

“排华法案”道歉案有遗憾

美国众议院18日全票通过了“排华法案”道歉案，之前参议院已于2011年通过向华人表示歉意的“决议201”。此次众议院表决并无悬念。至此，美国国会对历史上臭名昭著的“排华法案”终于有了个表示歉意的态度。

华人群体都为这迟来百年的正义表示欣喜，有的人认为这是美国主流社会对华人群体的实质性认可，华人终于可以扬眉吐气了；但也有一些不同的看法，例如对于道歉案使用的是 Regret（遗憾，惋惜），而不是更深刻的 Apology（道歉）。

据中国评论新闻网报道，华裔议员赵美心说，最早提出的683号提案，使用的是 Apology 一词，但后来经过很多个月的协商，共和党籍议员希望能使用 Regret 替代表述，理由是共和党籍议员认为他们（或此届国会）对排华法案并没有责任。赵美心指出，这是一个共和党人控制的国会（众议院），为了能够让提案得到通过，所以有必要作出妥协。

显然，Apology 才是更正式的道歉。Apology 与 Regret 两词语义的区别在于：Apology 是承认犯错误了（admission of error or wrongdoing），而 Regret 只是表达不愿意看到事情的发生（wish the event had not happened）；Apology因承认犯错而有连带的责任甚至后果承担，Regret 就回避了责任问题，特别是避开了对经济补偿的追究。

某些共和党籍议员的理由听起来冠冕堂皇，但是只要翻一下历史，就可以知道这种理由是经不起推敲的。美国历史上国会曾经数次通过道歉案：1988 年，国会通过并由里根总统签署美国政府就“二战”时将日裔美国人关进集中营进行道歉的法案，并对每人赔偿 2 万美元。1993 年，克林顿总统对夏威夷土人，就派兵支持推翻夏威夷土著王朝道歉。2009年参议院通过对曾经的黑奴制向非裔美国人道歉案。2010年美国国会通过并由奥巴马签署的再次向对印第安人的不公平待遇道歉案……这些被通过及被总统签署的法案，使用的都是承认错误和承担责任的Apology。

为何单独对“排华法案”就不正式Apology、承认错误、承担责任或作出经济赔偿？将这些道歉案的历史与本次道歉案进行对比，我们可以看到美国政客们令人不敢恭维的素质，也折射出一些美国政客对“排华法案”和华裔群体的某种态度。

赵美心议员为华裔群体争取权益的努力是众所周知并值得钦佩和赞赏的，“排华法案”百年以来，只有到了赵美心就任国会议员，并为此道歉案力争后国会才有可能通过（当然也离不开华人群体的支持和其他议员的支持）。这对一个就任不久，在国会势单力薄的唯一的华裔女众议员来说，已属不易。赵美心议员所说的关于从Apology到Regret的妥协，有其不得已的苦衷，相信绝大多数华人都能够理解赞同。但由于某些共和党籍议员的态度，华人对道歉案的通过，除了表示欣喜外，还应该对华人群体在美国的处境保持清醒的头脑。

其一，一项对历史的道歉案并不能表明华人在美国的地位得到根本性的改变。道歉案的通过固然是美国社会进步的表现，但国际大环境和大选年等政治因素，也是政客们让道歉案在国会通过的原因。其二，表明华人群体的权益，只能靠自己去争取，尽管要求为“排华法案”道歉是多么的政治正确。华人应该总结经验，在未来的各种选举中要积极投票、努力参政，表达自己的诉求，除此别无办法提高华人的地位。其三，华人应该加强团结，关于排华法案道歉案在国会通过，华人群体反应并不相同，欢欣鼓舞的是多数，但也有漠不关心的，甚至在个别地位较高的华人身上也出现这种现象。在美华人群体，由于来源地域甚至意识形态的原因，常常分为不同派别，彼此内耗的现象时有发生。但是对一些事关整个华人群体权益的事情，华人群体应该摒除意见，团结一致共同去争取。这方面，非裔群体和西裔群体是值得华人群体学习的。

2012年6月19日

华人靠什么崛起

皮尤研究中心近日发表《亚裔美国人的崛起》调查报告，称赞亚裔在美国各族裔中受教育程度最高，经济状况最好，更珍视婚姻家庭，更勤奋，事业更为成功。这篇报告甫一发表，就引起很多争议，争议的焦点在于报告里描述的亚裔状况并不能真实地反映亚裔的整体状况。

据不完全统计，美国亚裔目前有 1 500 万左右，其中华裔约 400 万。在美华裔中，许多人的确在各个领域取得了成功，但除了在政治经济方面崭露头角的精英外，还有更多中产阶层和生活在底层的华人，这些群体常被美国主流社会忽视，没有得到应有的关注。亚裔的整体政治经济水平其实并不高，因此，现在谈亚裔的崛起，为时过早。

在美亚裔族群的崛起离不开华裔的贡献，而华裔群体又是如何实现自身真正的崛起的呢?

最近发生的和华人有关的两件大事，一是美国众议院无异议通过对排华法案的致歉案，二是今年是底特律华人陈果仁被涉及种族仇恨杀害30周年。前者显示美国社会在反对种族歧视方面有着共识，并且不断进步，这都是华人群体多年奋斗的结果，也是华人必须有自己政治代言人为之争取合法权益的最好佐证。但陈果仁遇害已有 30 年，杀人凶手不仅没有坐牢，凶手之一的 Ebens 甚至至今仍未按当时法庭的判决进行赔款，亚裔民权组织仍在为此努力，力争讨回公道。两件大事显示，华裔力量已经显现，但华裔的崛起还有许多困难要克服。

目前，在国会的华裔议员只有一人，即使是华人精英群聚的“百人会”，所起的作用和影响也有限。有人认为华裔要崛起，首先要在经济上取得成功，像犹太人那样。早在 1985 年，《福布斯》杂志统计，美国 400

个大富翁中将近1/4是犹太人。经济上的成功固然是基础，但仅此并不能实现族群崛起，如果可以，以石油为后盾的富裕的阿拉伯裔就应有能力在美国的中东政策上与犹太裔进行较量。

犹太裔是少数族裔融入美国的一个成功的例子，当年很多犹太裔来到美国，在社会底层生活，他们勤劳节俭，善于经商，注重家庭和教育，和华裔的文化传统很相似。现在华裔群体遇到的边缘化问题，当年犹太裔群体都曾经历过，但他们最终克服了困难，实现了崛起。犹太裔和华裔最大的不同是，犹太裔有很强的凝聚力。在美犹太裔人口约500万，与华裔数量相差不远，但华裔的凝聚力远不能与犹太裔相比，政治影响力方面更是望尘莫及。

华裔开始显示自己的力量，华裔要崛起，需要有一定的经济成就作为基础，还需要族裔内部的凝聚力。而凝聚力需要组织动员，现在全美华人的组织虽多，但是缺乏有效的团结，缺少更多具有优秀组织动员能力的华人精英。对于人口增长迅速，有一定经济地位的华裔群体而言，如果没有组织动员能力将华人群体充分凝聚成一股力量，积极参政参选，那么，离真正的崛起目标将是十分遥远的。

2012年6月25日

二

2011年《侨报》专栏文章

华裔老人遭虐，中华传统文化不可丢

报载芝加哥罗希大学医学中心发表的调查报告，美国华裔老人受虐待的情况十分普遍，引起各方关注。华裔老人所受到的虐待，主要是精神方面的虐待。例如对老人表现冷淡，或者置之不理，有的人以恶言相待，甚至对老人说出大不敬话语。此外，在物质上也有虐待行为，有的人让老人忍饥挨饿，更为恶劣的是骗取老人的福利和食品券。种种表现令人心寒。

中华文化传统美德最重要的一点是孝悌。从社会文化学的角度来说，敬老是社会文化传承和积累的重要载体。中国人讲究“家和万事兴”，尊敬老人、孝顺父母是家和的根基，也是社会稳定的重要因素。孟子曾说过：“老吾老以及人之老”，意思是要孝敬自己的老人，然后还要孝敬其他老人，这种说法与孔子的“人不独亲其亲，不独子其子，使老有所终……”之理想是相通的。

在中国也有虐待老人的现象，但是这类现象一经发现，就会受到舆论谴责。曾有报道，美国一对华裔夫妇虐待死老人被起诉后，弃保逃回中国，遭到中国亲友的唾弃，无地自容，最后只好回美国投案。相比之下，海外华裔老人一旦遭到虐待，处境较糟，原因是华裔老人大多语言不通，很多人投靠子女来美后，与外界几乎无法沟通，遇到虐待求助无门，只能忍气吞声。还有的老人受传统的面子心理影响，认为“家丑不能外扬”。有的人则怕说出去遭到子女的报复，未来日子更加难过等。同时，美国人的习惯是，只要不触犯法律，没有人愿意多管别人家的私事，许多华人也受此影响。这些因素都加剧了受虐待老人处境的艰难。

不过，华裔老人受虐待的情况并不普遍，以笔者的观察，总体上，华人还是保留了中华文化的敬老美德。华人移民在美国生存不易，现在经济不好，很多人觉得压力太大，确实有人把压力转而发泄到老人身上。也有的人自认为在观念上融入主流社会，应该像美国人那样不必承担养老责任，而把老人当作包袱或推向社会。

前者是一种很自私的行为，后者则是对现代观念的误读。他们忽视了一点，西方人认为在子女18岁以后，养育的职责就算完成了，父母亲不再管孩子的生活，孩子将来也不需赡养父母。但是，很多华人18岁以后还靠父母付学费和生活费，自己有了子女，也常常靠着父母帮助养育，等到父母年老了，自己不需要帮助了，就视父母为包袱。

现在，西方许多社会学家在研究东西方文化对家庭的影响时，已开始认识到中国传统文化对家庭稳定以至对社会结构稳定所起的重要作用。海外华人离开祖籍国在外谋生，应努力融入当地社会，但是也应把中华民族文化的优良传统传承下去。

2011年1月3日

申请一胎化政治庇护的前景黯淡

近日，美国移民改革联盟发布新的研究报告，认为美国的一些难民和政治庇护政策已背离初衷，被政治利益团体利用，从原先出于移民特殊情况的小项目，逐渐变成难民准入的重要部分。因此，有些庇护政策已经成为一些非法移民通过造假而获得合法身份的主要途径。报告特别指出，“一胎化庇护政策”可能助长了中国人的偷渡之风。

“一胎化庇护政策”源于美国 1996 年的《非法移民改革和移民责任法》，认为外国政府的家庭计划生育是一种“政治迫害”。美国政府每年针对中国的一胎化政策给予 1 000 个政治庇护名额。这一做法导致来自中国的关于一胎化政策的政治庇护人数直线上升，其中偷渡来美和非法居留的占相当大的比例。

在 20 世纪 80 年代末，很多申请一胎化政治庇护的人都得到了批准。但到了 90 年代末以后，美国有关方面对一胎化政策申请者的看法开始有所改变。一方面，中国政府不断强调说明计划生育对中国作为人口大国的必要性；另一方面，申请一胎化政治庇护的人被发现造假说谎的越来越多，招致美国方面的反感，社会上对“一胎化庇护政策”的质疑声一直不断。

许多人为了达到留美目的，不惜造假、说谎甚至出卖人格，偷渡集团也借此招揽“人蛇”，教唆他们如何利用“一胎化庇护政策”获取留美身份。例如，有的人偷渡到美非法居住，声称自己在中国被强迫堕胎，但是政府律师却调查出此人在美国曾自愿堕过两次胎；有的人拿出中国医生证明，说自己在三年内三次被迫堕胎，但是三份证明都一模一样，无法令法官相信；还有的人说自己是妇产科医生，因拒绝为他人堕胎而遭到迫害，但在细节上经不起盘问。

在美国，能考上法学院读完法学博士的都是人中尖子。如果说移民法官一开始对中国国情不甚了解，随着经验的积累，他们都能很容易地看穿申请一胎化政治庇护者的谎言，有的法官可能会睁一只眼闭一只眼，更多法官出于对说谎者的反感，会拒绝申请人的要求。2010 年，美国第二巡回上诉法庭驳回了 24 个“受一胎化政治迫害”的中国公民寻求政治庇护的上诉案，这些案子是在被“移民上诉委员会”拒绝后再次上诉又再被驳回的。这样一次大规模的驳回传递了一个信息：利用“一胎化庇护政策”改变身份的前景已经黯淡。

即使是成功申请了一胎化政治庇护的人，取得绿卡后就回中国，再次返美时有人会被没收绿卡。既然回了中国又安全返美，说明原先的申请理由是谎言，海关人员会毫不犹豫地没收绿卡，说谎者可能被原机遣返。还有的人自以为聪明绕道第三国回中国，这在日后申请入籍时会遇上严格审查，一旦被发现作假，就可能被没收绿卡，遣送回国。

华人移民为了追求美好的愿望，应该遵循正常合法的途径。美国是法治国家，诚实守法是每个人的基本义务，是每一个希望来到美国的人都应该明白的基本道理。

2011 年 1 月 11 日

中美结合的教育方式才是最理想的方式

美籍华人、耶鲁大学法学教授蔡美儿，近日在《华尔街日报》上发表《中国母亲何以更优越》的专栏文章，十多家美国媒体进行了转载，引起华人母亲和美国母亲以及关心教育的网民们的热议。这篇摘自蔡美儿《虎妈的战歌》一书中的文章，解释了“为什么中国妈妈能够培养出令人羡慕的优秀学生”等美国家长心中的疑问。

蔡美儿生于美国，以荣誉毕业生毕业于哈佛大学法学院后，嫁给耶鲁法学院一位教授，育有两个女儿。像蔡美儿这样中西结合的家庭，通常会按美国方式教养孩子，但是蔡美儿对女儿却按“中国式妈妈作风”教育孩子，而且颇为成功。

蔡美儿这篇文章引起热议，是在全美上下都在质疑美国的教育质量以及由此而来的“中国教育威胁论”的背景下展开的。去年国际经合组织OECD发布的2009年国际学生评估项目PISA测试结果显示，第一次参加该测试的5 100名上海学生，科学、阅读和数学三个项目都名列第一，而美国学生只排名第32、第17和第23。这个结果震惊了美国。

美国教育部部长邓肯在接受媒体采访时说：“美国学生在多数项目中名列第23或者第24，我们可以对成绩的评判吹毛求疵，我们也可以面对残酷的事实，认识到我们教育的落后。”他还强调：“我们必须把这当作警钟。”而奥巴马在北卡罗纳大学演讲时也提到中国和印度参与国际经济时的教育问题，他说：“我们有落后的危险。”美国人在教育上感到了来自中国的威胁。怪不得在这次讨论中有美国媒体说，中国家长的严厉、强烈的竞争意识，同美国家长的温和、溺爱放任形成鲜明对比，如果美国妈妈继续纵容不能自律又总是期待赞扬的孩子，不难想象终有一天美国会在世界的竞赛中被中国击败。

过去美国人一直认为中国学生只会死记硬背，缺乏创新精神，但是PISA实际上包含了创新思维的测试。中国学生的好成绩固然和中国开始的教改有关，也同中国家长对教育的强力介入有关。即使在同样的教育环境下，学习刻苦、成绩优秀的美国华人孩子很普遍，会一项或一项以上的才艺也很普遍。以致美国大学在照顾涉及平权的少数族裔招生问题上，要把包括华裔在内的亚裔学生排除在外。

不是所有人都认同蔡美儿的严厉教育方式，但也有很多人不赞成美国妈妈的放任方式。中国传统文化中对严格教育的重视，以及中国传统文化中孝道的影响，使得中国家长在教育孩子方面具有权威性，能够实施对孩子的严格要求。

在美国则不一样，美国文化崇尚个人主义，崇尚自我。家长通常对孩子采取比较放任的教育方式，强调尊重孩子的自尊心及孩子自己的想法。因此美国的孩子通常行动更自由，也更有主意。如果孩子不愿意学习才艺，很多美国家长不会勉强，学习成绩不好，也不敢责备。而且，美国的家长自己也是在这种文化中长大的，他们对孩子只是尽父母的责任，不会牺牲自己的更多精力与时间在孩子身上。

世界重心正开始从西方向东方倾斜，中国传统文化中的精华部分也引起了越来越多美国人的注意。蔡美儿的文章引起了争论，表明美国人在感受到危机时对中国妈妈教育方式的看法的改变。当然凡事不能走极端，最理想的教育方式应该是中美结合，培养出既具有独立人格又有强烈的竞争意识、努力刻苦、奋发向上的人才，这才是天下妈妈们的心愿。

2011 年 1 月 16 日

华人选区划分应因地制宜

随着十年一度的美国人口普查的结束，选区划分已经日益被各地提上议事日程。本月4日，伊利诺伊州在华人团体的力推下，以67：46的票数，通过2011年伊州投票权法案，规定少数族裔的选区划分可以有多种选择。这个被当地华人称为“华埠法案”的新法，在新的选区划分中将使原来被划分归属于3个州参议员选区、4个州众议员选区的华人居住区，有机会被整合为单一的选区。

选区划分在美国选举政治中是一件大事。选区划分的是美国的政治地图，美国总统选举初选和众议员选举，以及各州自己的议员选举都在选区进行，因此划分选区是一个大学问，具体划成什么形状，往往由当时各党派力量较量而成。历史上因为选区划分，曾有过很多政治趣闻。2003年得克萨斯州的52名民主党议员因认为共和党人操纵选区划分而拒绝投票，并躲避共和党州长拟动用警方的“邀请”，连夜逃到俄克拉荷马州“避难”，该事件当时曾轰动全美。

有意操纵选区划分的手法，在美国早已有之。1812年，马萨诸塞州州长杰里签署一项法令，在该州实行不规则划分选区，划出的选区有的像蜥蜴的尾巴，应运而生的是“gerrymandering（杰里蜥蜴）”这个名词，专指不公正地操纵选区划分。

通常划分选区的办法有几种，将一群人划分在一起，叫做“packing”，例如将某个族裔划分在一起，这样可以保证少数群体可以有一定的代表性，但这种做法也有可能使少数族裔边缘化。另一种划分叫做“cracking”，把某种群体打散，这样做，少数族群可能成为被争取的对象，但也可能出现少数群体处于劣势的情况，不容易选出自己的代言人。

对华人来说，过去华人较少，参政意愿也不高，在选区划分中一直被“cracking”，就如伊利诺伊州华埠那样，分属3个或者4个选区。这一直被认为可能使华人处于劣势。但是在过去十年，尤其是近几年，处于这种选区状况的优秀华人候选人还是有很多被选上，例如联邦众议员吴振伟、赵美心等，其他各个层次的华人民选议员和官员也越来越多。

当然，这些华人候选人能够被选上，华人选民功不可没，但争取到其他族裔选民的支持也很重要。在很多地方，华人选民的选票并不足以左右选情。过去十年，华人在被“cracking”的状况下，尤其是去年，也成为许多主流社会候选人或其他族裔候选人争取的目标，在加州和纽约，出现了一些白人候选人专程到华埠拉票的现象。不过这种划分法也有不足，即当选的华人议员占华人总数的比例确实偏少。

对于前面所说的伊利诺伊州的“华埠法案”，当地华人希望采取被“packing”的分法。这种分法可以保证华裔能够在自己的选区选出华裔议员，可以让华人选票发挥最大的力量，有利于争取华人群体的利益。但这种做法容易使华人群体自成格局，长此以往就有可能被边缘化，导致不容易被主流社会重视，在一定程度上也不利于华人融入当地社会。

两种选区划分法对华人群体来说各有利弊，华人群体如何最大限度地争取群体的利益，又避免被边缘化，从而更好地融入当地社会，各地华人应根据情况争取有利的划分方式。

2011年1月24日

春节是华侨华人的精神家园

中国农历新年临近，美国华人聚居的地方，人们张灯结彩，筹办年货。中国驻美使领馆举行新春招待会，各华侨华人社团、中国留学生组织都举办各种庆祝活动，一片喜气洋洋的气氛。从某种意义上说，人在他乡，更重视祖（籍）国的传统春节，因为它寄托了人们太多的乡情和眷念。由于历史原因，春节的许多传统习俗在海外华侨华人中保存得更完整，又因为处在其他民族文化的氛围中，浓浓的中国年味更显得别致。

回想去年春节，因为经济危机造成很多社团经费困难、赞助减少，而使庆祝活动缩水。经过一年的努力，美国经济开始复苏，最新的数据显示失业率已开始下降，因而今年的庆祝活动略见起色。虽然还不能恢复到经济危机前的盛况，但并不影响华侨华人过年的心情。

春节未到，各团体都在紧锣密鼓地排练，都准备在春节庆祝活动中大显身手。传统年菜、年糕、饺子等中华美食，不但成为华侨华人过年的盛宴，也吸引了无数的当地民众。庆祝中国传统春节已成为美国华侨华人聚集的城市的一道风景。

过去一年，在美华侨华人和中国留学生人数不断增加，导致春节期间回中国的机票大涨约三成，因此有更多人留在美国过年。随着中国经济的飞速发展，人们生活水平的提高，来美探亲过年、旅游过年也成为一种新时尚。许多人将父母接来美国团聚，使在异国他乡的春节充满了亲情和乡情。在纽约州，春节已经成为法定节日，不少游客专程到纽约过春节，感受美国的春节气氛。

今年春节前夕，恰逢中国国家主席胡锦涛到美国进行国事访问，胡锦涛特别向在美国的华侨华人拜早年，使华侨华人感受到了来自祖（籍）国的温暖。美国华侨华人不仅关心经济复苏，而且关心美中关系，一边是居住国，一边是祖（籍）国，无论从感情上，或是从切身经济利益上，华侨华人都希望两国友好。胡锦涛访美时提出美中要增进互信、加深友谊、深化合作，推动两国关系继续发展，使去年以来一直关注美中关系波动的华侨华人都可以过个心情舒展的春节。

随着中国的和平崛起，中国在世界上的影响不仅表现在经济方面，中华文化也引起越来越多人的关注。春节前夕，在华人聚集的地方，很多美国人都被中华文化所吸引，参加庆祝活动。纽约社团举办大型春节晚会“欢聚纽约”，就有美国联合之星合唱团参加演出。微软公司总部的华人协会举办了庆祝晚会，包括微软员工和美国工商界人士共有 4 000 人出席，微软总裁到会拜年致辞。

中国国务院侨办副主任许又声在被誉为海外春晚的“四海同春”慰侨艺术团即将出访时说，希望海外朋友体会到优秀的中华文化，像中国人热爱圣诞节那样热爱“中国年”。如今，春节已不仅是海外华侨华人热爱中华文化的精神家园，也开始成为中国走向世界的重要载体。

2011 年 2 月 2 日

新的一年，留学生在美就业压力大增

新春佳节热热闹闹地过去了，对许多沉浸在农历新年气氛中的中国留学生来说，随着即将毕业的喜悦而来的是就业压力。报载洛杉矶加州大学不少中国留学生在新年晚会的许愿墙上都写下了尽快找到工作的心愿。

尽管美国的经济开始复苏，失业率也有所下降，但经济形势依然严峻，就业市场仍然不容乐观。以 H1B 签证的配额使用情况看，留学生找工作面临着很多困难。H1B 签证主要发给在美工作的外籍专业人才，分为普通申请者和高学历申请者两种，普通申请者须具备本科以上学历，高学历申请者须具备硕士以上学历。

在金融危机之前，这类签证非常抢手，往往在 4 月份开始申请的第一周内就被抢光。金融危机后，美国经济陷入低谷，失业率居高不下，H1B 签证配额从 2009 年直到年底才勉强用完，2010 年的情况也并未好转。直到 2010 年 12 月，6.5 万名额的普通 H1B 签证，还有 1 万多名额虚位而待，高学历申请者的 2 万 H1B 也尚未用完。

上一年名额一直拖到年底才用完，积压下来的申请很少，是此类申请者减少的原因之一。另外，经济危机以后，美国移民局对小公司尤其是咨询公司的申请审查日趋严格，要求递交的文件不断增加，甚至要求提交数年的工资单、税单等。在过去，一些印度人开办的咨询公司在没有项目的情况下也递交申请，现在这种情况不可能通过审查了。

经济危机和高失业率致使很多企业减少招聘新员工甚至冻结 H1B 申请，使工作机会不断减少。有的跨国公司也招聘新员工，但是采取在海外招聘本土人员的做法。现在的美国，不仅制造业搬到外国，有些服务业也出现类似趋势。例如有会计事务所接到生意，打包送到印度做好再送回，以利用新兴国家的便宜人工成本。还有一些公司，在目前日益高涨的反移民情绪下，对雇用外国人才也存在顾忌。这些都是 H1B 申请减少的原因。

当然，美国很需要专业人才，真正拔尖的人才还是能找到工作，但对一部分即将毕业的留学生来说，找工作仍然很不容易。现在中国已超过印度，成为留美学生人数第一的国家，留美的中国留学生 2009 年至 2010 年度已增至 12.8 万，2011 年毕业的中国留学生数目也很可观。美国移民局发放的 6.5 万普通申请者和 2 万高学历申请者的名额，是面向所有国际学生的，中国留学生只能取得其中一部分。如果不能取得 H1B 签证，这些留学生就不能合法留在美国。

对此，很多人寄希望于移民改革。确实有国会议员的提案，有的提出要提高 H1B 的配额，有的提出要给所有学习理工科的高学位者绿卡，甚至有人提出取消全球绿卡抽签，将名额都给高学历人才。这些提案都有利于缓解留学生的就业压力，但我们也应看到，现在移民改革在美国是一件难事，未来情况如何很难预料，因此，来美留学的中国学生应该了解这种情况，及早做好准备。

2011 年 2 月 7 日

华侨华人如何为“十二五”作贡献

在即将召开的中国“两会”上，“十二五”规划将成为热点议题，也引起了海外侨胞的关注。

中国“十二五”规划全称是“第十二个五年规划”，去年10月召开的十七届五中全会已审议通过关于“十二五”规划的建议，目前有关方面正在研究编制“十二五”规划，将于今年5月正式推出。综观“十二五”规划建议，如果顺利完成，中国就能够使民众物质文化生活得到明显改善，就能在转变经济方式上取得实质性进展，提高抵御风险的能力。而要取得这些成就，与过去几十年中国的建设发展一样，都离不开海外华侨华人的支持和帮助。

海外华侨华人对中国的投资，过去几十年来一直值得称道。这方面的投资，因为中国经济的快速发展，取得了很好的效益。同时，海外华侨华人的投资又促进了中国企业的发展，为中国经济的发展作出了应有的贡献。因此，海外华侨华人对中国的投资是一个双赢的结果。

近年来，海外华侨华人的投资比重一直处于上升阶段，海外华侨华人的投资具有资金雄厚、管理先进的优势，尤其是华人的跨国公司。过去华侨华人的投资主要集中在IT产业、生物制药业、一些传统行业如食品玩具以及投资科技园区等。随着中国经济的快速发展和目前转型的需要，海外华侨华人的投资也应适时作出调整，例如进一步向民生和社会事业、农业建设、科技创新、生态环保及资源节约等领域发展，在战略性新兴产业，低碳和循环经济以及开发西部方面，华侨华人的投资大有可为。

中国吸引外资和对外投资是并重的战略决策。中国企业走出去，已经成为国家的重要战略之一，海外华侨华人在帮助中国企业走出去方面具有得天独厚的条件。海外华侨华人熟悉海外市场，是居住国当地的现存资源，又因为是华侨华人的身份，与中国文化有着血脉联系。因此，华侨华人在中国企业走出去的过程中，可以提供重要的帮助。一方面，可以通过合作的方式提供资金资源、本地人脉资源，在海外工程承包、农业国际化合作、能源资源互利合作等方面帮助寻找商机，牵线搭桥；另一方面，还可以为中国企业解决管理人才资源问题。中国企业走出去，迫切需要国际化人才和通晓中西文化的国际化经营管理人才，而华侨华人中受高等教育的比率大，在科技、创新、研发方面，人才资源丰富。

祖国和祖籍国的繁荣昌盛，是海外华侨华人的共同愿望，海外华侨华人为祖国和祖籍国可以做的事情很多。在“十二五”期间，无论是投资中国还是帮助中国企业“走出去”，凡有利于中国和居住国、有利于华侨华人本身的好事情，都应该积极提倡。

2011 年 2 月 14 日

美国为何迟迟不对“排华法案”道歉

近日，美国共和党参议员布朗承诺，将与另一位民主党参议员范因斯坦一起，要求国会就“排华法案”向美国华人道歉。这是继2009年加州议会和旧金山议会通过相关决议案，以及众议员赵美心为民间就“排华法案”要求国会道歉背书后，美国主流社会有人第一次公开表示国会应为“排华法案”道歉。

美国“排华法案”产生于1882年，是美国历史上第一个也是唯一的通过国会立法进行种族歧视的法案。“排华法案”延续几十年，一直到第二次世界大战后才逐步取消，其间不断修正，例如不允许新移民来美，不允许华人成为美国公民，不允许华人与白人通婚，视华人女性为妓女等。很难想象，这样违反美国宪法和人权精神的“排华法案”能够在美国实施几十年，且当局至今没有人对华人道歉。

国会并非不肯为其历史上的错误进行道歉。1988年，美国政府就“二战”时将日裔美国人关进集中营进行道歉，并对每人赔偿2万美元。1993年，克林顿对夏威夷土人，就派兵支持推翻夏威夷土著王朝道歉。2006年美国政府对曾经的黑奴制向非裔美国人道歉。2010年美国政府再次为对印第安人的不公平待遇道歉。

国会迟迟不对“排华法案”道歉究其原因：一是虽然也有极少数美国议员和人权团体对此表示谴责，但美国总体上对“排华法案”给华人造成的伤害缺少反省，在总统罗斯福将之称为“历史性的错误”后，多数美国人对此采取了忽视的态度。二是美国仍然有一些人对华人存在偏见。三是华人普遍缺少争取自身权利的努力。很多华人第二代对“排华法案”的历史没有多少认识，在过去几十年，华人很少会提及这段对华人祖辈不公正的历史。华人的传统陋习，如耽于内耗、一盘散沙、疏于抗争等也是重要原因。当年日裔美国人从集中营放出来后，就在民权团体的支持下，通过各种渠道向国会施压要求道歉，才得到后来的道歉赔偿结果。非裔美国人也是如此，夏威夷土著和印第安土著，争取自身权益的努力一直延续至今。事实证明，如果不去争取，道歉永远不会来临。

布朗等国会议员提出的承诺是在中国崛起的背景下作出的，美国主流社会开始认识到华人的重要性。根据统计，美国华人已接近400万，2020年有望达到600万，成为美国第三大少数族裔。华人在美国政治选举中开始逐步改变形象，扮演着越来越重要的角色，对各种选举产生了不容忽视的影响。华人社团也开始团结起来，全美有100多个华人社团联名请求众议员赵美心为此背书，推动国会向华人道歉。

“排华法案”是美国移民史上最黑暗的一页，其后果是既无助于美国华人融入主流社会，也使一些华人始终对美国保持戒心。同时，也对美国的自由民主立国精神和人权捍卫者形象不利。因此，国会应正视该问题，尽早就“排华法案”向美国华人道歉。

2011年2月22日

“四海同春”展示中国软实力

由中国国务院侨办主办的“文化中国·四海同春”，在北美、南美、欧洲、非洲和澳洲开展慰侨演出，在各大洲掀起了一股中华文化热、春节文化热，好评如潮。

“四海同春”艺术团规格高，阵容强，有许多海内外知名的艺术家参加演出，节目以富有喜庆气氛、充满浓郁民族风格为特色，节目传达的祖（籍）国人民的祝愿和真情，深深地感动着海外华侨华人。

中国文化肩负着实现中华民族伟大复兴的历史使命，中国要想成为真正意义上的世界大国，就必须全面提升中国文化对世界的影响力和辐射力。中国文化又肩负着实现中华民族伟大复兴的历史使命，中国的和平崛起就在于它摒弃了对外扩张这条近代以来大国崛起的老路，选择了一条全新的以和平方式实现崛起的道路。因此，就中国崛起目标的实现来说，文化将发挥不可替代的重要作用。现在中国文化的影响力还有局限性，中国文化的构成要素还没有建立广泛的世界认同。注重重构中国的传统战略文化，以增强中国文化的普适性，就是实施对外文化战略的一个重要方面。“四海同春”赴海外演出成功，在中国的对外文化战略上有着重要的意义。

中华传统文化是联系海内外华侨华人的重要纽带，同时也是中国软实力的重要组成部分。“四海同春”的演出以文化艺术为媒介，已经超越了文艺演出，达到了中外文化交流的层次。演出借助富有浓郁民族风格的节目，向海外同胞和当地主流社会展现了中国开放文明、自强自信的形象以及丰富而深厚的文化传统。这样的演出既丰富活跃了当地的文化生活，又给当地民众开启了了解中国的窗口，以侨搭桥，成为沟通中国与世界的桥梁。

“四海同春”演出，不仅给海外华侨华人带来祖（籍）国的慰问和关怀，使海外华侨华人感受到祖（籍）国的繁荣昌盛，也增强了海外华侨华人对中华文化的凝聚力和向心力。在演出期间，侨办官员与演出团长还开展了形式多样的侨务考察，与华侨华人社团座谈，了解情况，鼓励华侨华人团结与和谐发展。尤其是这些演出活动推进了两岸华侨华人的进一步了解和沟通，促进了两岸侨社的和谐发展。这些活动扩大了慰侨的覆盖面，深化了文艺演出所传递的内蕴，取得了“文化搭台侨务唱戏”的良好效果。推动和鼓励海外华侨华人成为祖（籍）国建设的参与者、中华文化的传播者、中国和世界各国人民友好关系的维系者。

随着中国的和平崛起，中国在世界的影响力越来越大，中华文化也得到越来越多的关注。“四海同春”的演出，不仅受到了海外华侨华人的热烈欢迎，而且引起了当地主流社会的关注。美国前劳工部部长赵小兰、巴西总统卢拉都给到达当地的“四海同春”演出团发出了贺电；马来西亚副首相应邀观看演出，并给予了很高的评价。各场演出都有当地政要出席，还有很多当地的民众，他们观看演出后，表示对中华文化有了新的认识，产生了很浓厚的兴趣。这些都说明中国因崛起而备受重视，华侨华人在当地得到越来越多的认可和重视，也说明中国对外文化战略的实施取得了一定的成功。

如今，春节不仅是海外华侨华人热爱中华文化的精神家园，也开始成为中国走向世界的重要载体。通过驻外使领馆和中国有关机构的努力，以及海外华侨华人的支持，春节正被越来越多的各国民众所接受。

正如国务院侨务办公室副主任许又声所言：“让全世界和我们一起过春节。”未来，“文化中国·四海同春”将在让各国人民和华侨华人一起分享节日吉祥的同时，成为推动中华文化走向世界、增强中国文化“软实力”的一个重要文化品牌。

2011 年 2 月 28 日

和谐侨社需要各方共同努力

新上任的中国驻洛杉矶总领事邱绍芳，对不少来自台湾的侨领、社团释出善意，伸出友谊之手。农历新年以来，他以电话拜年、邀请吃饭聊天等形式让社团、侨领感受到来自中国使领馆的温情和盛情。

邱绍芳的温情之举受到许多华侨华人的肯定，但也有一些不以为然的声音。有观点就认为邱绍芳之举是拉拢台侨，并指“攻势凌厉”。

应该说，在海峡两岸政治立场依然存在敏感之处的情况下，有人有这种看法也不足为奇。但这种看法也显示出某些台侨对“侨务休兵”的不自信。

随着中国的快速发展，海峡两岸也开始和解，经济交流频繁，文化交流也不断升温。在这样的背景下，在美两岸侨界的互动也渐趋频繁而紧密。

一方是“和谐侨社”，一方是“侨务休兵”，无论哪种提法，前提都是大家皆同属炎黄子孙，在经济全球化和国际竞争日趋激烈的形势下，海外华侨华人的生存都面临新的复杂环境和新的课题，应该避免“零和之争”，争取互相认同，和谐相处。

事实证明，华侨华人团结面越广，就越有利于在当地生存发展，越有利于华侨华人整体事业的提升和扩大。

其实，两岸侨胞以及侨领之间的互相往来早已存在，台海两岸的和解与频繁交流，使海外两岸侨社之间的意识形态争执渐趋弱化，从前那种“有我无你”，要求侨胞选边站的情况已越来越少。华侨华人社团在维护华侨华人利益的时候，已经能够搁置不同意识形态而互相支持、配合。侨团侨社成员成分也开始发生变化，开始形成“你中有我，我中有你”的现象。两岸华侨华人的交流不断加深，认同感也在加深。这些都是构建和谐侨社的重要因素。

当然，两岸的侨务工作都带有官方色彩。由于历史原因，两岸侨务的交流也确实存在一定的障碍。但是，台湾方面既然有“侨务休兵”之说，就没有必要惊呼“攻势凌厉”。邱绍芳可以向台侨释放温情和善意，台湾方面的侨务官员也可以向来自中国大陆的侨民释放善意。双方以开放的姿态互相来往，彼此沟通，创造条件，努力服务于华侨华人，促进两岸交流往来，有利于海外华侨华人的生存发展。

这样的良性竞争，看谁做得好，又何乐而不为?

对于侨团侨社领袖来说，识大体，顾大局，以维护华侨华人的利益和民族大义为要，也是构建和谐侨社的重要因素。海外华侨华人社团的和谐相处，需要各方互相尊重，放下争议，平等参与，这样才有利于推进两岸侨界从过去的对立走向缓和、走向团结，有利于促进海外华侨华人以各种方式发展和推动两岸经贸合作、人员往来等各项交流，最终有利于维护和推进实现祖国统一大业。

2011 年 3 月 7 日

在美华侨华人期盼侨务新政

随着中国经济的快速发展，海外华侨华人更加关注中国的形势。正在召开的中国“两会”，就是在美华侨华人关注的热点，主要集中在经济发展和侨务两方面。

本次中国人大会议议程的重中之重，就是讨论并通过“十二五”规划。“十二五”规划描绘了大陆从2011年到2015年的发展蓝图，将从根本上改变中国的经济发展模式，从过去30年以出口和投资为导向的模式转变为消费拉动型经济。这种转变将对亚洲乃至全球经济产生影响。在美华侨华人，尤其是在工作生活上与中国保持密切关系的人，也是受到影响的一大群体。

许多在美的华侨华人都认为，即将通过的“十二五”规划是中国保持高速发展和社会稳定的重要举措，也是他们所乐见的。中国稳定繁荣、国力强大，海外华侨华人的腰杆就挺得直，也能在各方面受益，有利于自身的发展。作为国际化程度高于中国本土人才的华侨华人，获得的机遇和可以协助中国发展的领域，也会因为“十二五”而得到扩展。比如低碳、新能源、高端制造业等都会给海外华侨华人带来全新的机遇。又如，关于如何帮助中国企业“走出去”的议题，也是从事商贸工作的华侨华人所关心的。如何发挥资金、资源和熟悉本地情况的优势，帮助中国企业来美生存和发展，从而获得双赢以致多赢的结果，对华侨华人来说是一个非常吸引人努力的方向。

这些年来，政协不断加强与海外华侨华人的联系，邀请海外侨胞列席政协会议。列席参加的不仅有来自各国的侨社侨团领袖，还有为中国建设尽心出力的普通华裔人士。今年，美国著名刑事鉴识专家李昌钰博士以

“海外列席人员”受邀参加政协会议。这位从小在中国台湾长大、美国第一位任州警政厅厅长的华裔，在四年前台湾“3·19枪击案”后曾赴台做独立调查，并因此名声大噪。如今，他受邀出席政协，可以解读的信息很多，此举受到海外尤其是来自两岸华人的关注。

政协通过邀请知名人士，征集海外华侨华人的意见，在鼓励华侨华人加强民间往来、反“独”促统、支持中国企业走出去、发展华文教育等方面发挥了重要作用。在美的不少华侨华人已成功融入或正融入当地主流社会，尤其是很多来美读硕博后留下来的人，大都学有专长。这部分人既了解中国国情，又熟知美国社会的情况，对中国经济建设，尤其是关于侨务建设的一些问题，从不同的视角提出了建议。

中国侨务机构将在“两会”后推出新的侨务政策，海外华人都寄予了很大希望。“十二五”期间，中国政府重视民生民富，致力于和谐社会的建立和公正社会的形成，将为吸引海外人才、资金提供环境保证。有了良好的社会环境，华侨华人还希望有更好的侨务政策，不仅提供更优质的服务，还能为愿意回国工作或投资的华侨华人提供更多实际的优惠措施，方便他们投资、居住和两地来往。

海外华侨华人希望一年一度的中国“两会”能有更多的委员关注侨务工作，能有更多的涉侨提案。

2011年3月11日

加州地方选举：华人的参政空间仍有限

加州地方选举最后的结果，有的人认为达到预期，大部人则认为逊于预期。

本次地方选举先期选战的气氛很浓，华人候选人参与度高，不少华人候选人不辞辛苦“扫街”争取选民支持。选举前表示愿意投票的华人选民也较以往多，投票当天，不少选民不辞辛苦起早赶去投票，一部分投票所的华人选民投票率有七成之高，但从最终开票结果看，华人候选人获得的票数和有投票权的华裔公民数不成比例，最后的结果仅是基本维持原有格局，令不少人失望。

近年，美国华人在参政上取得了很大进步，而且主流社会的候选人也开始重视华人选票，以各种方式吸引华人选票。但这些并不足以说明华人的参政空间已经很大。与华人在美国的人数相比，华人联邦众议员只有两位，参议员一个都没有，远不能形成足够的为华人代言的力量。国会至今尚未为“排华法案”道歉，华人的影响力微弱也是其中的重要原因。

主流社会对华人的了解还十分有限，对华人参政也存有疑虑。例如在加州地方选举中，蒙特利公园市的华人居民已占60%，有四个候选人——两个白人，两个华人，当地主流社会选民基本都投白人的票，像警察消防工会更是百分之百投白人候选人的票。一名白人选民被问到投谁的票时，他回答：“我投美国人的票。”他的意思当然是说投白人候选人的票。在其眼里，华人即便加入了美国籍，也不是“美国人”，至少不是“百分之百的美国人”。这应该不会是个案。

一个事实是，美国主流社会对来自非洲、亚洲、拉丁美洲的美国籍人，都冠以非裔、亚裔（包括华裔）、西裔等，从来没有把来自欧洲的盎格鲁—撒克逊美国人称为欧裔美国人。因此，面对主流社会选民对华人的看法，华人要扩大参政空间，不仅为华人所认可，而且需要争取主流社会民众的认可。

在一个华人居民已占60%的城市，如果华人不去投票，当地白人又不投华人候选人的票，那么如何出现能帮助华人争取利益的代言人？

华人候选人即便被选上，是否能够很好地施政，也是影响华人选民投票意愿的因素之一。今年春节期间，蒙特利公园嘉年华因为天气原因提前清场引发冲突，演变成官民冲突，甚至一华人牧师被铐上手铐，华人社区对此议论很大，不满情绪很多。市长赵谭美生在进行道歉后，马上有其他市议员表示反对。赵谭美生不得不承认自己被处处牵制，言外之意是对此无可奈何。当时蒙市5名议员有4名是华裔，虽然有些技术上的问题可以解释，但这样的表态很难得到民众认可。在选举时就有选民质疑，此事至今尚未作出令人满意的说明，民选官员若如此无能，选不选有何意义？这种观点虽然有失偏颇，但是也从另一个角度说明，华人参政空间的扩展，不仅有赖于选民的积极支持，也是对已选上的民选官员的施政能力的一个考验。

加州是在美华人的主要居住地之一。加州华裔参政的人数及席位的广泛性远高于纽约及其他州。因此，加州华人如何努力扩展参政空间，对其他地方的华人有重要意义。

2011年3月21日

美国国籍对华人的吸引力在变化

美国亚太法律中心和加州华人一些社团，近日在加州发起一场鼓励亚太移民入籍美国的运动。加州是美国华人聚集最多的地方，开展这样的活动，引起在美华人关于入籍问题的议论。

今年2月，马里兰大学美籍亚裔中心的报告称，在美华人已经接近365万，占美国总人口的1.2%。专家认为，2020年，美国华裔有望超过犹太裔，成为美国第三大少数族裔。随着华裔移民的增加，拥有美国公民身份的华人也越来越多。根据美国国土安全部2010年公布的数字，从2000年到2009年，共有34.945万名中国人加入美国籍，平均每年约有3.9万华人入籍。根据估算，在美华人接近3/4的人拥有美国公民身份，没有入籍的，一部分不符合入籍条件，例如新移民；一部分则因各种原因愿意保留中国国籍。

随着中国人加入美国国籍人数的增加，华裔选民也不断增加。尽管随着华人选民的增加和参政意识的觉醒，华人在美国政坛上的影响力肯定会越来越大，但华人在总人口的比例仍偏小，尤其是新移民融入主流社会的能力不足，参政热情相对偏低。要改善这种情况，第一步就是鼓励在美华人加入美国国籍，这是华人参政和享有公民权的关键一步。只有成为美国公民，才能更好地融入当地社会，积极参政议政。

在亚太和华人组织鼓励新移民加入美国籍的同时，居住在海外，如港台的许多美国公民却选择了放弃美国籍。主要原因是美国政府对公民海外资产征收越来越重的税赋，并要求他们承担资产申报义务。美国是世界上唯一要求本国公民为海外收入支付所得税的发达国家。经济危机后，美国国税局颁布了新的整治避税方案。过去美国也有这方面的规定，但经济好就睁一只眼闭一只眼，经济不好就大开杀戒。最新的海外资产申报方案，保证不追究主动申报者的法律责任，只要他们在规定限期之前进行申报即可。但是，即使是主动申报，也还是要补交税款和罚金。而那些没有主动申报的美国人，则面临更加严厉的罚款，甚至是刑事追究。

越来越多居住在海外的美国公民，发现要保持美国人身份的成本越来越高，麻烦也越来越多。新法颁行之后，居住在本国的美国人已很难在海外处理金融事务，何况是长期居住在海外的美国人。据专门办理移民和税法的卫达士律师事务所说，近来办理放弃美国国籍或绿卡身份手续的客户数量已发生了“指数级的增长”。

对长期住在海外的美国人和居住在美国的富人来说，脱籍也不是一件容易的事情，打算脱籍的美国人首先要证明自己过去五年当中一直在照章缴纳所得税。如果曾经漏税，按照新的主动申报方案当中的规定，这些人得补交 8 年的税款和利息，外加一笔罚金，罚金数额为受罚人过去 8 年当中最高账户余额的 25%。而且，根据《里德修正案》规定，以避税为主要目的的脱籍公民不得再次加入美国国籍。此外放弃公民身份之后的 10 年之内，只要一年当中在美国居留的时间超过 30 天，向美国政府缴纳所得税就依然是必需的义务。

居住在美国的外国移民大都希望加入美国籍，居住在海外的美国公民和少数美国富人却因为不堪税赋而放弃美国籍，这两类人中都有相当部分是华人。华人的入籍与脱籍，一方面说明美国国籍对普通移民的吸引力，另一方面说明在经济不好和税赋沉重的情况下，美国国籍对少数海外华人已失去吸引力。

2011 年 3 月 28 日

面对“以华制华”，华人要淡定

“以华制华”的意思，多半指非华人委派或者雇用华人进行与华人有关的工作，因为华人了解华人的文化传统、风俗习惯、处事方式等，因此可以取得较好效果。但这个词语的用法，常常带有贬义成分。

前不久，现任商务部长骆家辉被奥巴马总统提名为驻华大使接棒人，此事在海外华人圈及中国大陆都引起热烈讨论，其中有个观点就是奥巴马使用“以华制华”的手段来处理美中关系。其实这件事从好的方面说，骆家辉在中国有广泛的人脉关系，熟悉商务运作，也了解美中贸易摩擦，双方坐下来谈，彼此容易沟通。谈总比不谈好，沟通总比吵架好。但从另一方面说，骆家辉的华裔身份也可能给他带来更大压力。骆家辉之所以反复强调“我是百分之百的美国人”，就来源于这样的压力。

骆家辉的这句话，基本上不是说给中国人听的。尽管中国也有人认为华裔担任驻华大使有利于双边关系，但是谁都知道骆家辉是美国人，不会有多少不切实际的想法。但在美国就有所不同，骆家辉的这句话实际上是说给美国尤其是国会的反华议员们听的。骆家辉要打消那些议员对其华裔身份的质疑，这样的质疑某种程度上体现了在美国尽管政治正确，但是族裔身份在很多时候仍会被另眼看待。试问有哪一个非华裔、非西裔、非非裔的美国人需要反复强调自己是一个“百分之百的美国人”？这种压力使骆家辉未来在处理双边关系时，不能排除会对中国持更加强硬的态度。

无独有偶，在华人聚集的南加州，就有关于国税局雇用数百名双语华裔担任查税员的议论。坊间认为这是国税局“以华制华”。因为这些华裔更了解华人文化，了解华人的习性，更了解华人做账的方法。有会计师表示，有的华人查税员为了撇清自己，甚至对华人更苛刻、更不友善。也有的查税员私下诉苦，如果都没有查出问题，担心上司会以为他为华人护短，不好交代。

这种说法，国税局当然不会承认，是否有这样的考量，也很难证实。但是对华裔查税员来说，华人在美国社会谋生，要融入主流社会本来就不容易，如果有一份工作，勤快是很自然的，当然不排除有人为了保住工作，对华人更加严厉。因为他们不可能像骆家辉那样可以有机会反复解释自己是“百分之百的美国人”，所以只能以实际行动来证明自己。

对此，当事人不应过多诠释查税员的态度，大家都在以其他族裔为主流的社会谋生，应尽量互相体谅。若别的族裔的查税员挑剔就可以接受，华人查税员挑剔就不能接受，这种想法本身是错误的。当然，如果有人无理挑剔，当事人也可据理力争，毕竟美国是法治社会，只要依法行事，自己行得正，就不怕别人挑剔，不管是哪个族裔的人。

无论是对待骆家辉的大使任命，还是国税局聘用华裔查税员，华人对“以华制华”这个话题应该以平常心对待。华人在美国是弱势群体，是现实存在，华人应消除华人之间的歧见，这样既有利于团结，也有利于融入当地社会。

2011 年 4 月 4 日

留学生刺母，多重因素叠加致悲剧

近日，发生在上海浦东机场的留学生刺母案件，惊动了海内外留学生家庭。赴日留学 5 年的 23 岁青年汪某，因为母亲表示无法供其继续留学，竟然用水果刀对前去接机的母亲连刺 9 刀。然而，被刺重伤的汪母却尽量为其子开脱，可怜天下父母心，读罢令人欷歔。

汪母对汪某的教育可谓呕心沥血。据称，汪某在日本读书 5 年，没有打工，生活费、学费完全靠家庭负担，每年约开销 30 万至 40 万元人民币，这对一个普通家庭来说是很沉重的负担，甚至令汪家到了举债的地步。汪某的行为引起公愤，身为人子，毫不体恤母亲供其留学的艰辛，既无感恩之情，更无回报之意，反而做出丧尽天良的弑母行为。

造成这一悲剧的原因在哪里？是家庭教育问题、教育体制问题，还是心理健康问题？或兼而有之。

中国父母的溺爱教育方式，在汪某事件中可以看到。留学本应自立或部分自立，但汪母出于对孩子的溺爱，包办了一切。现在不少家庭送孩子留学，生怕孩子在外受委屈，宁可举债也要帮孩子负担所有费用。有的孩子懂事，知道努力学习，辛勤打工，减轻家庭负担；有的孩子虽没有汪某的极端行为，但也会将父母的供养当作是理所当然的事，完全不为父母着想。经济上包办，精神上关注不足，养而不教的后果，是汪某极端行为产生的根源。

现在有一种倾向，只要孩子一出问题，就把一切都归于中国的教育制度，这种做法未免偏颇。中国的教育体制确实存在瑕疵，素质教育和品德教育虽然说了很多年，但学校依然重点关注基础教育，素质品德教育多为走过场。中国传统文化，注重“孝”道，古人说的“夫孝，德之本，教之所由生也”，关于德之本的教育如果乏善可陈，其他的品德教育也容易处于流失状态。汪某自然是极端的例子，但学校教育应把传统文化中对品德教育的重视传承下来，把品德和素质教育放在首位。

此外，海外留学生也面临心理健康问题。近年，海外留学生不断有悲剧发生，就在弑母案之前，瑞典发生了一起留学生杀人案。家庭、社会、学校教育对一个人的影响很大，但有时，个人的心理问题常常是悲剧发生的最后一根稻草。在美国的大学，常常有为学生设立的心理咨询处，配备心理医生。如果学生因为压力大、精神紧张导致心理问题，可以及时咨询、就医。与西方文化不同，中国的传统文化不重视心理教育和心理健康问题。据了解，中国留学生很少主动去接受咨询。这也同中国人的性格有关，相对比较内向，不善于吐露心事，有的更因保护面子而把所有问题都压在心里，缺少疏散的渠道。

留学生在海外生存不易，语言障碍、学业负担、经济负担及人际关系等产生的压力外人难以了解。留学生们应该重视自己的心理健康问题，除了在学业上努力奋斗外，还应多参加活动，多交友，努力融入周围环境，一旦觉得情绪有恙，一定要及时去作心理咨询，以便顺利完成学业之后回报父母和回报社会。

2011 年 4 月 18 日

移民大辩论，华人要发声

由于经济复苏缓慢，美国民众反移民情绪上升，许多州陆续提出各种不利于移民的提案。涉及宪法第 14 修正案的出生地公民原则，在最近的民调中，也有 60% 以上的民众表示反对。“梦想法案”十次冲关未果，许多符合法案条件的非法移民子女面临遣返命运。在这样的背景下，总统奥巴马近日在白宫举行了移民改革高峰会，讨论移民改革问题。

参加高峰会的有政、商、警及民权组织等各界知名人士。针对共和党对移民改革的批评，奥巴马强调，综合移民改革既要加强边境安全，也要修复破损的移民系统。如果留不住有才华的国际学生，商界就不能可靠地雇用合法劳工；非法移民和美国工人存在不公平竞争；幼年美国公民与非法移民父母分离势必带来社会问题……那样必将阻碍美国赢得未来。

奥巴马在竞选时曾信誓旦旦承诺，一旦上台就会立刻进行全面移民改革。但两年半过去了，移民改革丝毫没有进步。最重要的是，在去年中期选举以后，民主党失去了对众议院的掌控，错失了推行移民改革的最佳时机。因此，奥巴马此时重提移民改革，很明显是为其 2012 年大选连任争取西裔及其他少数族裔选民的选票。

上周末，国会西裔小组的移民小组委员会主席古提艾雷斯不客气地警告，如果奥巴马再不推动移民改革，他将不会替奥巴马在全国向西裔选民拉选票。这不能不说是一个很严重的信号。去年结束的人口普查表明，在美国，西裔选民远较原先估计的人数要多。而且，西裔选民团结，对争取自身的利益热情高涨、投票积极，是政客不敢低估的群体。

自亚利桑那州推出反移民苛案后，美国一部分地方反移民情绪高涨，加上民主党失去在国会的主导权，因此在 2012 年大选前，实行全面移民改革的希望很小，甚至渺茫。但无论如何，不管奥巴马的动机是什么，能够再次表示要推动，并承诺要有实际行动，就是值得期待的。

能进行全面移民改革自然最好，如果暂时不可行，逐步进行也是不失务实的做法，例如可以以个案再次推动“梦想法案”，以政府行政权暂时制止遣返符合“梦想法案”条件的非法移民学生，以及停止有些地方的执法机构进行移民身份检查和逮捕非法移民的移民法287（g）条款。从个案做起，一步一步前进。当然，奥巴马应该提出一揽子全面移民改革方案并努力推动，以挽回少数族裔选民的信心。

华人社区对移民改革的热情一向不如西裔社区。美国是一个移民国家，移民改革牵涉千千万万个家庭，华人不可能置身度外。对奥巴马提出的在未来数周到数月内要就移民改革发起公民辩论的做法，华人群体应积极响应，在社区和社会各领域参与辩论、发出声音，与其他族裔一起向政府表达支持全面移民改革的心愿。

2011年4月25日

“反语言歧视案”对华人意义重大

上个月，加州参议院通过了议员余胤良提出的111号提案，在州民权法中加上禁止语言歧视的内容，明确禁止商家由于顾客所说语言而拒绝为其服务，尊重商业顾客的尊严和多元性。

提案的起因是在2008年，美国“女子职业高尔夫球协会”作出规定，从2009年开始，所有的运动员都要说英文，如果不会说英文，将禁止她们参加比赛。该协会宣称，这是基于球员与媒体沟通的必要。这种明显的语言歧视的做法，在当时招致了50多个机构的反对，是以余胤良议员开始起草并提出提案。

据美国1964颁布的民权法第七章，禁止基于种族、肤色、宗教、性别或原国籍的就业歧视。对原国籍的歧视，包括出生地、血统、文化及特定族群的语言。因此，对于在工作场所将英语定为唯一语言这项规定，除非雇主能够说明这项规定是经营企业所必需的，否则便涉及歧视。

华人移民到美国居住生存，广泛存在着受到语言歧视的现象。华人学习语言、努力融入当地社会，但语言学习并不能一蹴而就，尤其是成年人，有的人英语不好，有的人虽然能够使用英语，但是带有外国口音，因此，在找工作和工作中，不可避免地会涉及语言方面的歧视。有些机构、公司、工厂把英语定为工作场所的唯一语言，他们不知道这样做违反了联邦法律。

因语言歧视而导致华人权益被侵犯，还在于很多华人居住地的选举投票站。在各种初选和大选时，由于没有中文说明或没有提供完备的翻译服务，因此许多不谙英语或者英语不好的华人选民无法投票，或者投票被作废。这直接影响了华人选民行使公民权利，影响了华人为保护自身权益所作的努力。

同样的道理，商业机构由于顾客不说英语而拒绝为其服务，例如美国“女子职业高尔夫球协会”的规定即属语言歧视。因为打高尔夫球是一项运动，运动过程对语言并没有要求，“球员必须和媒体沟通”的说法，并非协会经营该项运动所必需的。由于之前在这方面没有相关法律予以禁止，余胤良议员的111号提案弥补了这方面的空白，也是全美第一个关于语言歧视的提案，更是华人对美国相关法律的一个贡献，值得称道。

余胤良的提案，从提出到在加州参议院通过，用了两年时间，该提案并不受某些人的欢迎和认可，余胤良不断地收到恐吓他的电邮、传真，很多恐吓和恶毒的语言已经超出对语言的歧视，涉及对华人的种族歧视。虽然这只是一部分人的行为，但说明语言歧视在美国有相当的基础，同时从另一个角度证明余胤良提案的必要性。

美国有其主流文化，美国的民主又提供了多元文化并存的可能性，反语言歧视提案的通过，对华人来说意义重大。美国的华人移民都应该努力学习英语，积极融入当地社会，同时，也应该了解“反语言歧视案”，学会利用相关法律保护自己的权益不被侵犯。

2011年5月5日

中国“海归”潮与美国移民改革

中国“海归”人数近年逐渐增加，引起美国主流媒体的重视。《今日美国》近日报道说，由于科技人才签证严格，排期过长，加上现在生活费用昂贵，在外国出生的科技专才纷纷返回祖国创业，尤其是中国和印度，每年回国的数字达数万至数十万。许多美国人对此现状感到忧心，担心长此以往，美国的科技和创新实力受到影响。

据中国教育部发布的数据，2010 年中国留美学生有 13.48 万人回国，比 2009 年的 10.8 万增加了 25%。

中国留学生选择回国的原因很多，有一部分人本来就打算回国创业，但大部分人受签证影响。

现在申请美国的 H1B（特殊专业人员/临时工作签证）很不容易。当前美国经济不好，失业率居高不下，雇主雇用外国人的意愿下降。近两年，每年 H1B 签证名额到了年底还没用完或勉强用完。按美国政府公布的最新绿卡排期，中国大陆出生的留学生，如果按职业移民第二优先（高等学位专业人才）的排期，现在只排到 2006 年 10 月 15 日。实际上雇主很少会在雇员一开始工作就答应为其申请绿卡，这样等待的排期就更长了。当然，这个排期会有变化，但是大步跃进的可能性不大。而且申请者在这期间还不能失去工作，一旦失去工作，原来的申请就终止了。

很多人认为美国的生活费便宜，实际上即使是主流媒体也不这样认为。居住在美国不仅仅是吃饭，还有租房、生活杂费，尤其是医疗费用很高。近来油价高涨，带动其他商品物价上涨，中国留学生喜欢聚集的大都市如纽约、洛杉矶颇有“长安居，大不易”的感觉。一些雇主也趁火打劫，要求一些留学生自付申请 H1B 签证的费用，甚至有些留学生为了取得签证，甘心做“实习”或“义工”的无薪或者低薪工作。

美国是移民国家，美国的发展受益于大量移民，早年被称为美国移民第一族的德国移民，在飞机制造、汽车制造、农业、食品、科技等领域都作出了巨大贡献。现在的加州硅谷，是外国移民以其聪明才智和创新精神对美国科技作出重要贡献的缩影。但这一缩影正开始失色，由于人才外流，硅谷的一些美国科技公司开始出现“人才荒”的现象。

而迅速发展的中国，给“海归”们提供了更多的创业机会。中国政府制定了海外高层次人才引进计划，例如“千人计划”，还对留学生回国提供了更多的优惠条件，包括最近出台的户口政策。各个城市也纷纷推出海外人才引进计划，对回国创业的“海归”加大扶持力度和政策的灵活性。按当前中国的发展，很多人认为现在是回国创业的最佳时机。这一切也对留学生归国产生了很大的吸引力。随着“海归”潮的上升，“海归”们开始在中国的科研发展和科技公司的发展上扮演着重要角色。此外，文化认同也是“海归”潮上升的一个原因。

在当今世界，从某种意义上说，人才的争夺决定国家的实力，因此，奥巴马总统已经感觉到留住人才和移民改革的迫切性。他在得克萨斯州演讲敦促加快移民改革时，呼吁努力留住外国高科技和高技能人才，为美国的创新事业加油。他说：“不想看到下一个英特尔或谷歌诞生在中国或者印度。”

美国移民局最近刚刚宣布，扩大理工科外国学生在美延长实习期限的适用范围，比以往增加了50个专业，期限最长可达29个月。

这是奥巴马承诺修补移民政策的一个步骤，但是这一切远远不够，美国为留住人才，应该尽快进行全面移民改革。

2011年5月16日

华人月子中心不应游走于灰色地带

近一段时间，南加州不少华人月子中心受到了严查，一些被关闭，部分孕妇和婴儿受到影响。

此事追本溯源，来自去年主流媒体对华人月子中心的大幅报道并质疑，因关涉移民问题，又涉及主流社会对美国宪法第14修正案的讨论，加之有举报认为外国孕妇涉嫌造假，冒领本地母婴健保和低收入母婴健保，故当局进行严查。3月，南加州主要华人居住区圣盖博市相关机构联合进行了执法行动，接着蒙市也进行了调查。目前，对其他月子中心的调查也在进行中。

从披露的情况看，被关闭和罚款的月子中心的主要问题是无照经营、建筑违规。事实上大部分华人月子中心都是无照经营。经营者并非不知道无照经营是非法的，但申请执照缴纳的费用和由此引发的雇用人工的成本，加起来就是高额费用，很多经营者选择了不注册，假称照顾亲戚朋友，游走于灰色地带，实际上成为无照经营者。又有许多经营者为了招徕更多孕妇，赚更多钱，对房屋进行违规改建，有的把车库改成卧室，卫生间改为婴儿室，这些违规建筑都存在安全隐患，是当地法规所不容许的。无照经营还会带来诸如逃税、用工以及孕妇婴儿可能发生安全事故等问题。

虽然媒体报道华人月子中心时提到宪法第14修正案里的出生地原则，但是，华人月子中心被严查的问题却与此项法律无关。出生地原则是众多中国大陆和台湾孕妇蜂拥来美生孩子的动机，确实有很多当地人对此不满，认为这侵占了本地纳税人的权益，但法律并没有阻止外国孕妇来美生产。尽管有种种呼声要求修改宪法第14修正案中的出生地原则，然而，在美国对宪法作出修改是一件非常困难的事情。因此，生一个美国公民的孩子对许多中国人来说还是有很大诱惑力的，华人月子中心还将继续存在下去。

目前，一边是当局严查违规无照经营，一边是游走于灰色地带的月子中心仍在发展。有些月子中心甚至帮助孕妇冒领当地妇婴保健和低收入妇婴保健的服务。有的孕妇不知情，一旦被查出，未来再进入美国就可能被拒签，违规的月子中心也难逃责任。

还有人认为，严查关闭华人月子中心涉及种族歧视，因为华人孕妇来美生子是合法行为，较之非法移民占用公共资源而无人监管，月子中心并无过失。这是把合法来美生子问题和月子中心违规经营问题混淆起来。当局严查违规无照经营，并不涉及种族歧视。

华人月子中心的经营者应该把眼光放长远些，在美国经营生意，守法是头一条。要杜绝只要没人告发投诉就不会有问题的想法，实际上无照经营的月子中心一旦被发现，就只能关门大吉，还可能面对诸多法律问题。只有离开灰色地带，合法经营，赚钱才能赚得安心，从而形成良性循环。华人要在美国立足，改变不良经营者的形象，必须从守法开始。

2011 年 5 月 19 日

刘弘威案凸显两党意识形态争斗

去年2月被奥巴马总统提名为联邦第九巡回上诉法庭法官的刘弘威，在当时有望能够成为第一名华裔联邦巡回上诉法庭法官，并且被认为有希望在未来成为第一名华裔联邦最高法院大法官。但由于被推迟辩论提案而过期且被奥巴马再次提名的刘弘威案，本月19日在联邦参议院遭共和党议员通过“阻挠议事”程序封杀，参议院以52∶43票未能达到终止辩论所需要的60票。国会参议院最终决定不就奥巴马这一提名案进行表决。

刘弘威今年39岁，现为伯克莱加州大学法学院副院长，美国宪法学、教育政策、民权和最高法院学专家，著作等身，影响颇大，是华人的骄傲。自从去年2月奥巴马提名以后，全美尤其是美西的亚太裔各组织，一直致力于推动这一提案。

如果刘弘威获得任命，无疑是亚太裔包括华裔所希望的。刘弘威目前的成就已经表明他实现了美国梦，如果能更上一层楼，会给华裔以更多的鼓舞。刘弘威的任命也将给美国的司法系统带来多元化色彩，改善亚裔律师在法庭上常受到不平等待遇的状况。可惜提名案最后功败垂成。

六年前，参议院两党曾达成一项协议，除非极特殊的情况，否则不用阻挠议事的方式阻止司法提名案。现在刘弘威案就成了极特殊的情况。其实这带着很明显的党派意识形态斗争色彩。共和党议员反对的主要理由是刘弘威的意识形态色彩过左，质疑如果其当了法官，不会公正。其他理由还有刘弘威从未当过法官或诉讼律师，缺乏经验等。

联邦第九巡回上诉法庭位于旧金山，负责审理美西地区九个州的案子，是全美13个巡回上诉法庭中最大的一个，现有29名法官。联邦第九巡回上诉法庭历来被共和党批评为具自由派色彩的法庭，令人瞩目的亚利桑那州新移民法案，就是在联邦第九巡回上诉法庭被判败诉，以致州长鲁尔发誓要上诉至最高法院。共和党议员觉得有理由担心刘弘威被任命后，会把第九巡回上诉法庭引向更左的方向。因此共和党议员反对刘弘威提案具有很明显的意识形态和党派因素，实际上共和党参议员也毫不掩饰这一点。

有人从刘弘威提案的失败，联想到亚裔包括华裔在进入司法界的失败，事实上亚裔包括华裔进入司法界固然不容易，但不乏其例。去年被提名的第二巡回上诉法庭法官——华裔陈卓光，最后得到参议院全票通过，成为联邦巡回上诉法庭第一名华裔法官。但由于被提名的亚太裔包括华裔人选多属民主党人，因而难免被卷入两党争斗的旋涡之中。

刘弘威提案是奥巴马政府最具争议的司法人事案，共和党议员的阻挠，除了意识形态方面的因素，也被认为是一项“阴谋”：共和党人希望拖延并否决这些任命提案，冀求在2012年大选中若共和党人上台，就由共和党籍总统来任命。实际上去年中期选举以后，民主党失去了在参议院的绝对多数地位，不少人认为刘弘威提案被杯葛的可能性更大了。此外，据传刘弘威本人曾在参议院作证公开反对现任最高法院首席大法官罗伯茨和大法官艾里托，虽然刘弘威表示过歉意，但还是得罪了共和党人，这也为他的提名案失败埋下了隐患。

2011年5月23日

警惕留学美国黑中介

彭博社网站近日刊载了一个遭遇黑中介的中国留学生的故事。一位姓林的留学生在听了留学中介天花乱坠的介绍后，付给中介5 000元人民币的中介费。之后他被送到康涅狄格大学的一个小分校，住在偏僻的乡村旅馆，每年费用超过4万美元。实际上，被黑中介误导的中国留学生不在少数。

根据中国教育部最新发布的数据，2010年，中国出国留学的学生总数已经达到28.7万人，是2000年的7倍以上，其中中国留美学生达13万。中国出国留学生中超过60%的自费学生是通过留学服务中介机构办理出国的。自从2000年中国官方为第一批留学中介发放资质认证开始，现在中国已有400多家留学中介机构。这些留学中介机构良莠并存。

"9·11"事件后，美国收紧了留学签证，之后，中国留学生转而涌入英国、加拿大和澳大利亚。这些国家把吸收外国留学生当作一种产业，收费高昂，签证也相对容易。一些留学中介与当地的华人机构联合起来，以各种不实之言误导欲出国的留学生及其父母，从中牟利。

金融危机后，美国开始认识到留学市场的重要性，许多美国大学受财政困境的影响，纷纷到中国招生，美国政府也在留学签证上作了改革。有一阵子甚至有签证"水过"、"秒过"的说法，形容留学美国的签证容易获得。由于学生和家长对美国的教育制度缺乏了解，故求助于中介机构。资质较差的中介机构就把原先在英国、澳大利亚等国使用的手段转而用到留美学生身上，对顾客虚报或者隐瞒美国学校的情况。例如田纳西某大学被介绍成是名校，实际上这是一所很普通的大学，每年学费却高达5万美元，还得花费额外的生活费用。有的留学生被介绍到公立学校读中学，中介对外国学生在美国公立学校只能读一年就必须转到私立学校的规定含糊其辞，结果到时候又得再找中介机构介绍私立学校，不仅花费增多，还涉及签证问题，麻烦多多。还有的中介机构与当地华人不良分子勾结，介绍到他们的语言学校，从中收取高昂费用，最后发现该学校有欺诈行为，并非正式机构。还有的中介机构甚至帮学生做造假材料，一旦事发就会引发严重后果。

其实，西方国家的名校都只接受学生报名，不接受中介机构的代为报名，也不像黑中介所言的——只要多花钱就能进好学校。美国确实有很多学校到中国招生的目的是为录取优秀学生，但也有学校多招收中国学生是为了弥补部分财政困难。有些学校为了招徕学生，采取与中介机构合作的方式，这就必须向中介机构付费，这一部分费用自然是“羊毛出在羊身上”。有的留学生花费20万至30万美元，最后只拿到一个普通大学的毕业证。美国本土大学生的失业率尚在10%徘徊，留学生要找一份工作是很困难的。

要想来美读书，最好的办法是自己申请。美国的大学都有自己的网站，申请手续并不繁琐。如果因为语言问题，必须求助中介机构的家长和学生，首先要核实中介机构的资质认证，找一家口碑好的机构；其次要详细询问学校的情况，包括学习和生活方面的情况。如果有海外代理，就应确认授权代理的资格。当签订合约时，要注意条款含义明确等等，避免花了钱又上当受骗。

2011年5月31日

划分选区：多元化还是美国化

划分选区历来是美国政治选举上的大事，两党议员为了各自的利益，往往绞尽脑汁在划分上做文章。对华人来说，与往年不同的是，今年划分选区出现了考虑华人聚集地的做法。近日伊利诺伊州参众两院公布了选区图，华人团体多年推动的“大华埠社区地域”划分获得满意结果，超过2.3万名华人被划进一个选区，而且该选区有一个州参议员和众议员名额。这非常有利于华人争取自身的权益。

在加州，蒙特利公园等几位华人市长和华人团体共同发布了《选区重划计划书》，要求对加州联邦第32选区及州参议院、众议院若干选区进行重划，要求重划时考虑小区内利益统一，不分割现有城市的原则，尊重华人小区利益和平等参政的权利。

伊州华人聚集区选区的重划和加州华人对选区重划的呼吁，都是美国多元化社会的反映。美国是一个移民国家，也是一个同化的国家，即移民到了美国，就必须美国化，接受美国社会的文化和价值，即盎格鲁—新教文化。在20世纪60年代中期之前，美国对移民的同化是成功的，其中重要的一点就是移民分散居住的政策。历史上爱尔兰移民曾要求美国政府为他们专门划出一块土地，就遭到政府的拒绝。

美国开国总统华盛顿曾说，如果让移民定居在一起，他们就会保持语言、文化、风俗等；如果让移民和美国人混居，他们或他们的后裔就会同化到我们的习俗、规矩和法律中。杰斐逊和富兰克林都有类似的意见，而且在当时都得到国会的确认，这是美国移民政策的一个基点。

但随着美国移民人数和速度的增长及美国社会多元化思潮的兴起，越来越多来自亚洲和拉丁美洲的移民形成自己的聚集地。例如迈阿密，那里被称为是来自古巴及其他拉丁裔的“飞地”。对华人来说，在南加州，圣盖博谷地的小城市里华人占了半数以上，纽约华人居住的一些地区也出现了这样的趋势。

美国的多元文化社会是现实存在的，30 年来，大量移民涌进美国，华人的移民速度也一直在加快，越来越多的移民在民族背景、语言、宗教、政治等方面和美国人不一样。对华人来说，主要是语言和文化背景问题。在20 世纪初，来自东南欧的移民曾经使本地居民抱有戒心，现在华人移民聚集区的本地居民，也有人对华人移民抱有一定的戒心。当年来自东南欧的移民美国化的程度相对很高，华人移民是否有这样的前景，是否需要或者应该很快融入美国社会？答案是肯定的。华人移民中的精英和成功人士，通常都是在同化或美国化的过程中取得成就的，即使他们保持了对中华文化的认同。

现在美国社会逐渐认可多元化。日益多元化的美国开始为少数族裔包括华人提供了更多的机会，包括进入政坛。华人进入政坛，需要华人群体更多的支持，将华人聚集的地方划分成一个选区，无疑这将有利于杰出的华人代表进入政坛，就像伊州的选区划分结果那样，华人的凝聚力、动员力肯定会得到加强，从而有可能改善该选区华人的地位。

但是以族裔划分选区与美国化之间又存在着矛盾，华人聚集地的华人越多，使用汉语和受中国传统文化影响的人就越多，熟练使用英语的人数会下降，与美国文化的隔膜也会加深。当然，对处于边缘化的华人来说，当务之急是有更多代言人，以争取和维护华人自身的权益。但以族裔划分选区，也可能加剧主流社会对华人社区的不重视，因为在这样的选区，华人当选的可能性增大。如果华人选民的人数渐多，非华裔美国人可能会放弃对这个选区选民的争取，客观上导致华人群体边缘化的加剧，事实上又不利于华人融入当地社会。如何寻找一个两全其美的办法解决这一矛盾，值得华人群体思考。

2011 年 6 月 6 日

移民欺诈害人害己

美国国土安全局和司法部及联邦贸易委员会近日宣布，全力打击移民服务欺诈行为。移民局总部和洛杉矶、纽约等六个地区的分部共同发起在全美打击移民欺诈的活动，主要针对未授权移民法律执业者。这次行动将对移民法律执业者进行严查，同时在社区推广移民知识教育，制止移民欺诈事件的发生。

在美国，只有执业律师，或者虽然是非执业律师，但经过移民上诉法庭授权的“法律代表”，才有从事移民法律咨询业务的资格。但近年来，非执业律师或非经授权的人员从事这方面的活动很常见，这些人员常常利用移民，尤其是非法移民迫切需要改变身份的心情，进行移民欺诈活动，赚取高额费用，不仅对移民的切身利益造成极大损害，而且对美国国家利益造成损害。

移民欺诈名目五花八门，过去婚姻移民一度十分流行，以“假结婚”骗取绿卡，后来这类活动遭到移民局严厉打击，欺诈活动开始转向，例如转向宗教移民签证：有的谎称能够办理宗教签证，继而可以办理宗教移民，有的与一些不法宗教从业者串通，假造证明，甚至假造被迫害材料，办理政治避难。仅在 2007 年，移民局就否决了 70% 的申请宗教签证的案子，可见欺诈风之盛。

还有的在工作签证上做文章，谎称可以办理工作签证，用欺骗手段骗取移民局和劳工部的工作签证，甚至转手倒卖。据移民局公布的数据，2008 年 H1B 签证申请有 21% 属于虚假欺骗。金融危机后 H1B 签证审查趋严，虚假案例才开始减少。还有的不法人员看上职业移民第一优先的跨国公司 L1 签证，因为这类签证没有劳工证要求，获得绿卡相对容易，不法分子就利用造假材料进行欺诈以获取这类签证。2009 年，这一类欺诈案的数字达到了 31 827 起，以致现在移民局对这类签证审查非常严格。

移民欺诈分子欺诈的对象往往是自己的同胞，综观欺诈手段，都具有收费高、谎称移民局有熟人、许诺替没有资格的非法移民申请绿卡或谎称有政治庇护绿卡的特殊配额等特点。很多新移民或非法移民不谙英语，对移民事务所知很少甚至一无所知，出于对同胞的信任，往往轻信上当，很多人白白交了很多钱却一无所得。还有的无良从业者熟知对非法移民的要求，明知案子不会成功，故意承诺能够办理，帮助造假材料，收取高额费用，非法移民案子失败，非法移民被遣返，无处投诉，不法分子也得以逍遥法外。

不法移民欺诈人员中也有执业律师，据说甚至有法官和政府官员被牵涉在内，因而过去确有不少欺诈成功的例子。但是天网恢恢疏而不漏。现在美国移民局会同许多部门全力进行打击，移民欺诈者不仅害人，自己最后也逃脱不了法律的惩罚，在纽约华人社区广为流传的某移民基金会和前州法官因移民欺诈被调查就是例证。

这次打击活动的力度很大，同时，移民局也提供了综合性资源，以防范移民欺诈，华人申请人可以参考这些资源选择法律和代理人。有关部门可以特地公布举报电话，受害人可以匿名举报，而且，举报移民欺诈，案子可以要求重新审理。因此华人移民如果发现受到欺诈要及时举报，不要因为担心身份问题而忍气吞声，只有这样，才能保障自己的利益不被侵犯，同时使不法分子无处遁逃。

2011 年 6 月 13 日

来美生孩子的近忧和远虑

美国主流媒体最近关注中国妇女赴美生孩子的问题，关于是否修改宪法第 14 修正案的讨论声又起。

根据宪法第 14 修正案规定，在美国出生的孩子可以自动取得美国公民身份。早先是从中国台湾和香港开始的，有条件的富人纷纷来美生孩子。这两年，这股风开始吹到中国大陆，不仅有富人来美生子，有条件的中产人士也开始打这个主意，更有相关的公司和代理推波助澜，被认为是“比抢银行更合算”的投资。

来美所生的孩子是美国公民，可以享受美国的公校教育和福利，可以有选举权，21 岁以后可以把父母移民美国，好处极多。但除好处之外，有没有忧虑？

近忧是免不了的。小美国人回到中国，因为中国不承认双重国籍，因此小美国人取得美国国籍，就等于自动放弃了中国国籍。那么，孩子回到中国，就是外籍人员，不能享受中国公民的免费义务教育等福利，要为孩子的上学交一大笔费用，每隔半年或若干时间，需要出境重新办理进入中国的签证等。

当然，有人会做假户口，这样就可以安心享受中国公民的义务教育。《时代》周刊就披露过类似案例，孩子去美国，需要申请香港通行证从香港绕道，进入美国再使用美国护照。但是假的就是假的，来美生孩子，回中国时都必须到中国驻美使领馆办理孩子的回国证件，孩子的名字都记录在案。现在没有查，不等于将来不会查。作为外国公民享受中国公民的福利，中国纳税人肯定有意见，现在没问题，不等于将来也没问题。

远虑也不是没有。通常在孩子 13 岁之前送来美国，融入美国社会相对容易，13 岁以后再送来美国，要做一个“百分之百”的美国人就很难了。美国的公立学校和全世界的学校一样，都有好坏之分。13 岁未成年的孩子，被送往美国公立学校，请别人做监护人，家长是否放心？未来孩子要上大学，并非只要是美国公民就可享受本州学生优惠。在加州，如果孩子成年，需出示在加州至少一年缴税的证明，才可享受本州居民的优惠；如果孩子未成年，需要家庭地址和父母在加州缴税的证明。如果父母住在加州，但收入来源在中国，也不可享受本地居民的优惠。

最近美国作家科克伦根据官方数据写了一部名为《在美国养一个孩子要花多少钱》的书，其中提到，到 2029 年，本地居民就读公立大学的学费预计为一年 5 万美元，读一个学士学位需要 20 万美元，私立大学就更不止了。现在美国居民读公立大学的学费，以伯克莱加大为例，这两年涨价以后，一年需要大约 1.3 万美元，还不算生活费，非本州居民或不符合条件的本州居民的学费是翻倍的。以美国现在的经济状况看，未来学费只会越来越贵，奖学金越来越少。2011 年生的孩子，到 2029 年正好 18 岁。那时的学费，是中产阶级也不得不考虑的负担。

到了孩子 21 岁，父母亲一般也过了 45 岁，如果移民美国，除非已有一大笔钱，否则移民过来，买房子就是很难负担的费用，到这个岁数重新打拼也是一件艰难的事情。当然可以申请救济，住廉价老人公寓、吃福利。放弃在中国的中产阶级生活，放弃所有的社会关系，来到美国做穷人、吃福利，是否值得？

让孩子做美国公民是很多人羡慕的事，但实际上，近忧远虑也很多。就像《时代》周刊报道中那位女士所感慨的：在美国生孩子是个美好的梦想，但这个梦想太昂贵了，选择这条路的人不仅仅要付分娩前后的费用，和其他人相比，他们的余生都得为此付出更多的东西。

2011 年 6 月 20 日

同性恋问题，华人心态纠结依旧

6月是美国的同性恋月。不久前在洛杉矶同性恋大游行中，来自中国的4名同志受到了关注。这是中国同性恋者41年来首次参加洛杉矶每年一度的同性恋大游行。同时，洛杉矶本地华人同性恋问题也受到关注。尽管洛杉矶也有华人同性恋团体参加活动，这些华人同性恋者在同性恋聚集区活动时也表现得相当活跃，但一旦回到自己的生活和工作区，大部分华人同性恋者都不约而同地保持了沉默。

保持沉默的主要原因是担心受到歧视。加州是美国自由主义思潮较为浓厚的一个州，旧金山更被认为是同性恋的大本营，洛杉矶的同性恋团体也相当活跃。尽管如此，2008年加州8号案（禁止同性恋婚姻合法案）公投，加州选民以52%的微弱优势通过了8号案。在双方对决中，加州许多华人团体包括华人基督教团体几近倾巢而出，全力动员为法案通过大造声势。很多华人平时几乎不关心政治，不参加选举投票，但在支持8号案的态度上，表现出了异乎寻常的积极态度。

在美国，同性恋问题是极其敏感的政治和文化话题，如何表述也属于"政治正确"问题，主要因为同性恋问题富有争议，而同性恋者又处于弱势地位。人们对同性恋态度又有一些不同，有的民众不能接受同性恋现象，有的民众可以接受同性恋现象，但是不能接受同性恋婚姻合法化。加上刚刚在纽约州参议院通过的同性婚姻合法法案，美国只有马萨诸塞州等6个州和哥伦比亚特区的同性婚姻属合法。

加州8号案禁止同性恋婚姻通过之后，同性恋伴侣及相关组织多次就8号案提出法律诉讼。2010年8月联邦第九巡回上诉庭沃克法官裁定8号案违宪。但因沃克本人被认为是同性恋身份而引起争议。目前在各种力量的纷争中，第九巡回上诉庭已经决定无限期推迟对8号禁令违宪案的审议，因此即使在被认为是自由开放的加州，同性恋婚姻是否合法也还是前景未明。

美国的基督教徒众多，在许多保守的基督教徒看来，《圣经》里主张的是男女婚姻，因此同性恋违背基督教义，违背上帝的旨意。华人的基督教组织近年来在美国华人中的影响力日益扩大，尤其是华人保守福音派基督教组织，在力推8号案的过程中发挥了很大作用。力推加州8号案通过的华人基督教组织领袖在出庭作证时，就曾引用圣经语句，坚持认为保持传统婚姻对华人来说非常重要。

除了宗教方面的因素，华人的中华文化传统也是很重要的因素。很多华人认为，男女婚姻是华人社会的核心价值观。此外，中国传统文化的“不孝有三，无后为大”的观念，在华人中尤其是保守的华人中根深蒂固。因此，一旦允许同性恋婚姻，华人世界的道德伦理将面临巨大挑战，甚至被根本动摇，这是很多华人无法接受的。

因此很多华人同性恋者选择“不出柜”，在华人区保持沉默。他们担心一旦公开自己的性取向，就很可能受到歧视，甚至饭碗不保。目前华人社区对同性恋及同性恋婚姻的普遍看法，使得华人同性恋者即使在自由开放气氛浓厚的加州，也面临着短期无法改变的困境。同时，在同性恋婚姻合法的地区，由于“联邦婚姻保护法”把婚姻定义为“一男一女间的公民结合”，在移民问题上，同性恋者还不能享受替配偶移民申请绿卡的权益，这对华人同性恋者移民也是一个不利影响。综上因素，华人对同性恋现象的纠结还将会继续存在下去。

2011 年 6 月 27 日

海归们为何脚踩中美两只船

俄勒冈大学副校长斯丹尼不久前接受中国媒体的采访时说，中国海外人才归国的形势尽管在改变，但是情况还不理想，很多人采取了“脚踩两只船”的办法。同时，中国也正在想方设法和美国进行“人才争夺战”。

目前美国的人才流失是不争的事实，奥巴马总统不止一次地提及，一些议员也一再提出改革移民法案的提案，希望改变这种状况，留住更多的人才。美国的人才流失、经济复苏缓慢、物价高涨、失业率高是一个原因；移民政策导致的签证难是一个原因；新兴国家发展的大好机会也是重要原因之一。

所谓“脚踩两只船”指的一些海归在中国创业，家仍然留在美国。这些人一般是指20世纪八九十年代或以后在美国留学并留在美国工作生活的人。他们大都处于事业家庭都比较稳定的阶段，很多人在事业上取得一定成就，也安了家，房、车都有了，实现了美国梦，生活稳定，但渐趋平淡。

在美国，对华人来说，在事业发展上有着难以逾越的“透明的天花板”，使得很多人的发展停滞在一定的水平。在中国改革开放的情况下，很多在美华人发现中国有很多机遇，这激发了他们新的事业心，他们希望能够有新的机会大展身手。大部分成功创业的海归都集中在高科技领域，尤其以从事互联网、IT和通信行业为最，其次是咨询、法律服务和教育等领域。

这些海归的成功吸引了更多海归，很多海归在美国有一定的基础，在中国又有亲友同学，能够建立关系网，因此很多人觉得回国创业，既能获得中国政府的优惠条件，又能利用多年打下的基础吸引美国投资。双边获利的有利条件，使一些海归乐于“脚踩两只船”。

“脚踩两只船”的另一个原因是这些海归也面临着如何安置家庭的困难。尽管中国政府和地方各级政府都对回国创业的海归提供了优惠条件，但海归的子女教育是一个大问题。都说中国教育尤其是数理化打的基础好，但已在美国受过教育的孩子，回到中国后真正能够适应的很少。孩子的教育通常也连带着家庭的团聚问题，有的海归妻子本来就不愿意离开美国，最后只好两地分居，“脚踩两只船”。

美中两国现在都在努力争夺人才，中国目前急缺各种人才，尤其是高端人才。过去中国一直扮演“人才输出国”的角色，即使现在也未完全改观，因此中国政府推出各种计划吸引人才。中国近年推出的“千人计划”已引进海外高层次人才 1 100 多人，今年初又出台“青年千人计划”，两项加起来超过 4 000 人，未来还会有更多吸引人才的计划出台。我们相信，这些海归当中难免会有许多人“脚踩两只船”，但只要能促进中国的经济发展，同时有利于海归的个人发展，“脚踩两只船”也无妨，于个人于祖（籍）国都是双赢。

2011 年 7 月 5 日

家庭暴力报案　华人应谨慎对待

近期华人社区发生几起滥用家庭暴力报案的事件，对家庭造成严重的后果，引发华人应如何对待家庭暴力报案问题的议论。

华人家庭已成为家庭暴力的高发群体。经济危机导致的失业、华人热衷于赌博、家庭纠纷、个人素养等都是家暴发生的导火索。在华人新移民中，也包括异族通婚的人群中，家暴问题有增多的趋势。

华人发生家暴以后，报案求助的比率一向很低，这种现象深受中国传统文化的影响。对待家庭纠纷，向来有两句话：一是“清官难断家务事”，二是“家丑不可外扬”。前者说的是家庭纠纷，只有当事人自己能感受到，尤其是夫妻双方的事情，外人很难辨明是非。后者说的是家庭纠纷，只限于家庭内部解决，不应传扬出去惹人笑话。有的人是为了孩子有个完整的家庭不敢报警，还有很多华人妇女因为身份问题，担心一旦报警就会被遣返。此外，异族通婚的家庭则往往因为文化背景不同难以沟通而致家暴。

普通的家庭纠纷应该在家庭内部解决，但是涉及家庭暴力，在美国就是违法行为。华人受害妇女应充分认识到报案求助的重要性，如果姑息养奸，就会助长施暴者一方的虐待倾向，导致家庭暴力增加，甚至危及受害人的生命安全，酿成家庭惨剧。近年华人社区多次发生杀妻案，给社区敲响了警钟。

另外，华人社区多次传出滥用家庭暴力报案。例如，有的仅仅因为谁接孩子而发生口角，男方推了女方一把，女方一怒之下就报警说有家暴；有的则因为女方要去锻炼，男方因故阻止，拉了背包带一下，导致女方向前摔倒，女方一怒之下报警。

夫妻过日子，这样的磕碰是少不了的。对待这样的小事，双方冷静克制一下，一方做些让步，事情也就过去了。这几个案子中女方的原意都是在盛怒之下想要给男方一个教训，但滥用报警也会难以收场。报警后，警察来到现场录口供，当事人如果不知道可能造成严重后果，说出的话被记录在案，等警察要带走男方，女方才发觉事态严重，但这时改口已来不及了。美国警察只管按口供执行逮捕，案件的是非判断不是他们的职责。

男方被警方带走，需要花钱取保候审，案件进入程序，女方不可能再凭改口供就能中止案件，结果又需花钱请律师。这不仅是金钱上的损失，更大损失是严重伤害夫妻感情。男方即使因为请律师而被撤控，也会留下被捕记录，对未来的事业发展甚至移民留下隐患。更有人因为无法撤控，男方被判罚款和社区服务，导致感情破裂，双方最后以离婚告终。

中国有句古话叫“入乡随俗”。华人到美国工作生存，在遵守当地法律时，要了解不同的国情，了解当地法律的执行程序。一方面遇到家暴时要勇敢报案，维护自身权益；另一方面也要防止意气行事，滥用家暴报案。

2011年7月13日

美中大学毕业生创业精神之比较

“后金融危机”时代，美中两国都有许多大学毕业生找不到工作，但也有许多毕业生积极投入到创业之中。

美国人马修·布鲁诺毕业于康奈尔大学，获商业管理硕士学位，八年前，他还是中国青岛大学的一名外籍教师。八年后，马修的优创（青岛）数据技术公司已经拥有900名中国员工。他的创业经历成为哈佛商学院的案例之一，激发和影响了许许多多有志于创业的青年学子，也被雄心勃勃的商业精英们观摩和学习。

马修在中国的成功，部分受益于中国改革大潮提供的机会，但更多的是得益于美国的多元化教育——果敢地迈入当时中国的新兴行业——外包服务。同时，马修的成功还在于他重视团队精神和人才培养。在比较美中两国教育的时候，人们都注意到两国教育体系在开发创造力方面的区别，虽然中国的教育理念现在也在进步，但传统的影响并不那么容易改变。同时，与中国传统教育缺乏合作精神训练相反，美国人在教育中更注意团队精神，这也是中国教育的不足之处。

与中国同龄人相比，美国年轻人创业的历史要长得多，无论是在学校还是在社会，创业成功的故事比比皆是，这就在客观上形成了一种乐于创业、敢于创业的风气。前不久在洛杉矶路边摊美食节上，有两个华人大学毕业生的流动餐车颇引人注目，一个是毕业于伯克莱加大的曾姓同学，一个是毕业于南加州大学的朱姓同学。两人在经济危机造成失业率高的背景下努力创业，凭自己的双手打天下，并希望以此积累经验，为未来的创业做好准备。

在中国改革大潮和美国经济衰退的背景下，有很多像马修那样从美国名校毕业的大学生到中国找机会，其中不少人也不免有点盲目，但这种勇于探索、不怕失败的精神却是中国年轻毕业生所缺乏的。在中国，大学毕业生在找不到工作的情况下，能像那位出身名校的美国留学生那样勇于创业并甘于从流动餐车做起，恐怕人数寥寥。

中国年轻人的创业史太短，没有多少创业故事可以用来激励后人。按照中国的传统观念，大学毕业就应该做“人上人”，很多年轻大学毕业生在找工作时挑肥拣瘦，宁可回家啃老，也不肯从最低处做起，更不要说披星戴月或披荆斩棘地开创自己的事业了。而且，中国人喜欢以成败论英雄，年轻人如果创业失败，往往要面对家庭和社会的巨大压力。

马修的创业史被选入哈佛商学院案例不是偶然的，类似伯克莱加大毕业生经营流动餐车也不是个别案例。从两国大学毕业生不同创业精神的背后可以看到，美国的教育制度鼓励创新精神，重视团队合作，这是美国年轻毕业生得以成功的重要因素。中国在这方面应该迎头赶上，让年轻人能够把握时代给予的机会。中国年轻人所需要的创新和创业精神，勇于探索不怕失败的精神，善于抓住机会、注重团队合作的精神等，不仅有赖于教育制度的改革进步，同时也需要整个社会对传统观念进行反思。

2011 年 7 月 25 日

华人精英上下位：修身方能齐家治国

最近华人有两位精英见诸报端，一位是伯克莱加大法学院副院长，知名自由派宪法学者刘弘威被加州州长任命为加州最高法院大法官；一位是俄勒冈州连任7届国会众议员的吴振伟因涉嫌性丑闻而辞职。这一上一下在华人社区掀起波澜，引起人们对华人参政的思考。

刘弘威的被任命在不少人的意料之中。这位被称为“华裔之光”、著作等身的宪法学者具有优秀的才华和素质，曾被奥巴马提名为联邦第九上诉巡回庭法官，被认为是未来联邦最高法院大法官后备人选，有望成为最高法院首名亚裔大法官。刘弘威的联邦法官提名在参院多次被共和党议员拖延阻挠，最终被共和党人全力封杀。刘被封杀，更多地显示出他实际上成为两党意识形态争斗的牺牲品。尽管加州州长的任命还要经过一个委员会的讨论，但基本可以说刘弘威成为加州最高法院大法官没有悬念。

刘弘威今年40岁，有美满的家庭，妻子也在伯克莱加大法学院工作，有两个可爱的孩子。真可谓家庭美满，事业成功，而且个人私德亦没有瑕疵。

和刘弘威一同毕业于耶鲁的俄勒冈州民主党众议员吴振伟，也曾是华人的骄傲。吴振伟是美国历史上少有的华裔国会议员，在众议院，吴振伟致力于许多民生议题。对华人来说，吴振伟最值得称道的是他在国会提出并促成亚太裔高等教育机会法案的通过。

吴振伟在华人参政上有个值得后来者学习的优点，就是注重与主流社会的交流和获得认可。在俄勒冈州，吴振伟所属选区华人只占5%。吴振伟连续7次连任成功，可以说相当不容易。华人参政者不仅需要华人支持，更应努力争取主流社会和其他族裔的支持。

吴振伟因性丑闻下台，大多数华人都感到十分惋惜。尽管吴振伟为自己辩解是双方同意的，但他已没了机会。众议院民主党领袖波洛西要求道德委员会调查吴振伟，表明民主党内已不支持他，党内不支持当然有吴振伟本身丑闻缠身的原因，但是选举政治的影响也很关键。2012 年民主党面临严峻的选战，不容许有任何负面因素出现。

吴振伟下台后，国会众议院就只剩下赵美心一位华裔众议员了。去年国会中期选举前，国会还有 3 位华裔众议员，给了许多华人以鼓舞。如今可谓世事难料，也凸显了华人参政中个人道德修养问题的重要性。中国有“修身齐家治国平天下”之说，其身不修，何以齐家继而治国平天下？后来者为吴振伟惋惜的同时，应该汲取吴振伟从政的经验教训，为华人在美国参政开拓更大的空间。

2011 年 8 月 1 日

骆家辉学中文：一堂不可少的课

骆家辉，美国第一位华裔州长，第一位华裔商务部部长，现在又是第一位华裔驻中国大使。他被奥巴马提名，并成为美国驻华大使，令在美华人引以为豪。对美国华人而言，骆家辉是实实在在的“美国梦”的实现者：祖父移居美国，当过侍者；父亲开过小杂货铺；本人在美国出生长大，受到了良好的教育，进入主流社会担任高官。

但现在骆家辉说要学习中文。这个被很多人忽视的信息，有很多含义。骆家辉尽管娶了台湾籍妻子，但是他不会说中文，这与能说流利的汉语和闽南话的前一任驻华大使洪博培相比，显然略逊一筹。

有华人在盛赞骆家辉的驻华大使任命时，用“知己知彼”这个词。骆家辉在中国确实有不少人脉关系，这对他处理美中经贸关系有正面作用，但未必能称得上知己知彼，因为他不会中文，很难了解中华文化，能知己却不够知彼。

骆家辉曾在“百人会”第 20 届年会上感慨地回顾了自己年少时如何想做“标准的美国人”而“挣脱中华文化”的心路历程。整个青少年时代，他既要面对教师要求的“美国化”，又要面对父母的“努力往回拉”，例如他希望自己午饭能像美国同学一样带烤苹果派，而不是米饭。骆家辉的挣扎是很痛苦的，甚至为此和父母关系紧张。骆家辉最后说，成年以后，他才开始在忠爱美国的同时，深深认同自己的华裔身份。

美国是个移民国家，又是个多元文化的社会。亚洲移民因为人种原因，很难像大部分欧洲移民那样被完全同化，故在美国有“华裔美国人”、“非裔美国人”、“西裔美国人”等称呼。华人实际上永远摆脱不了“美国人”前面的“华裔”二字。

骆家辉成年以后，之所以会一改初衷地认同自己的华裔身份，与这种因素分不开。

骆家辉担任华盛顿州长时，就曾到广东台山寻根。现在以华裔身份出任美国驻华大使，不会说中文，不管怎么说也是一个缺陷，这也是骆家辉说要学中文的缘由，哪怕只是个象征。

在美国，像骆家辉一样的华人二三代，不会说中文的很多。即使 1980 年代以后来美华人的下一代，不会说中文的也大有人在。出现这种情况，多半是家长希望孩子能成为“标准的美国人”，而不在家中和孩子说中文。但这些“标准美国人”长大后，都像骆家辉那样不同程度地认识到族裔身份难以改变。

很多华人父母过去对孩子不会中文不以为意，现在，中国已成为世界第二大经济体，并且和美国经济关系密切，很多人感到，有族裔的根，孩子可能有更多的机会。

现在中文学校和青少年中文夏令营大热，给华人年青一代提供了学习和了解中华文化、寻找族裔之根的机会。骆家辉学中文给华人的启示是，无论华人在地球的何处，都应认同自己的族裔身份，努力学习中文，了解中华文化，并一代一代地传承下去。

2011 年 8 月 9 日

华人的国会议员情结

去年11月前，国会众议院有3位华人众议员。不过8个月的时间，夏威夷共和党籍华人众议员周永康连任失败，俄勒冈州民主党籍、已连任7届的华人众议员吴振伟因为性丑闻缠身辞职。如今只剩下加州民主党籍众议员赵美心一人。曾经欢欣鼓舞的华人社区面对这样的现状，无不感到遗憾和叹息。

当然，华裔国会议员人数的减少并不表示华人参政进入低潮。目前，不少州、市选举仍然有许多华人候选人积极参加。例如即将进行的旧金山市长选举，当地重量级华裔候选人就有3名之多。纽约市在2013年即将进行的市长选举，也已有华裔重量级候选人宣布参选。

近年来全美华人的参政热情和投票率较以往有进步，在华人聚集的洛杉矶和纽约，华人民选官员明显增加，但华人需要在政府的各个层面都有代言人，尤其是在联邦一级。如果有更多的联邦议员，赵美心在提出要求国会为“排华法案”道歉时，就不会显得那么势单力薄。

最近，康涅狄格州民主党籍州议员汤伟麟宣布参加康州联邦参议员席位的竞选，获得许多华人的大力支持。汤伟麟有很多有利条件，年轻、有气魄、有眼光。敢放弃胜券在握的州议员选举，投身前景不明的联邦参议员选举，尽管汤伟麟上位的可能性不是很大，但是这种积极进取的精神值得所有立志参政的华人学习。

汤伟麟所在的康州并非华人聚集较多的州，反而是在加州和纽约，到目前为止，没有华人再竞选国会议员。当然，竞选联邦一级的议席确实很难，天时、地利、人和缺一不可，但个人的进取心态也很重要。

此外，汤伟麟出生于中国大陆，父母曾是无身份者，几乎被遣返，后辗转留在美国以开餐馆为生。大陆出生的美国华人参政在过去凤毛麟角。20 世纪 80 年代后，大陆有大批留学生来到美国，现在这部分人大都事业有成，许多人对美国政治了解颇深，但肯出来参政的极少。

今年 2 月的美国华人人口研究报告指出，华裔美国人约 363.858 2 万人，占美国总人口的 1.2%，未来 10 年，华人有望超越犹太裔，成为美国第三大少数族裔。犹太裔美国人在美国影响相当大，将来华裔能在多大程度上扩大自己群体的影响，是否有足够多的国会议员相当重要。

2011 年 8 月 16 日

美中孝道不同，华人很纠结

华人移民美国，时间久了，感到美中文化冲突比比皆是，很多观念与出生在美国的下一代人的观念格格不入。报载一梁姓华人的 ABC（America born Chinese，指在美出生的中国人）儿子对他说："你老了我可不养你，你自己去住养老院吧。"做爸爸的肺气炸了，打了儿子一耳光，大吼道："你不养我，当初我和你妈干吗要生你？"此事的直接后果是，老爸"家暴"，被警察关了 24 小时。

中国传统文化讲究孝道，古代以孝治国，又有"百善孝为先"的说法。传统的另一面就是根深蒂固的养儿防老的观念，很多中国人认为孩子是自己的私人财产，打骂是应该的，辛苦把孩子养大，孩子就应该为自己养老。如同上述报道里的梁先生，殊不知打骂孩子的做法不符合时代要求，也违反美国法律。

在美国出生的第二代华裔接受的是美国教育。美国人的传统是，父母把孩子养到 18 岁就完成了抚养义务，许多年轻人靠自己打工赚钱，读大学也自己申请贷款。父母老了如收入低于贫困线，可申请老年公寓、领取补助、接受免费医疗等。因此美国人认为自己没有赡养父母的责任。ABC 不过是把他接受的美国文化直截了当地说出来而已。

这个故事当然比较极端，但美中的孝道文化不同，对华人尤其是新移民确实是很纠结的问题。移民来美国，并未考虑那么长远、细致，孩子在美国出生，接受美国教育，很多父母希望孩子做百分之百的美国人，ABC 长大了自然以美国观念行事。

也有一些人移民美国以后把父母也移民到美国，父母没有收入就申请老年公寓、生活补助和医疗保险，父母在老年公寓可以交朋友，参加各种活动。但亲情是任何事物都不能代替的。无论有钱还是没钱，有人做伴还是没人做伴，孩子都是自己的血脉、生命的延续，随着身体的衰老，父母对亲情的要求更为迫切。

很多一心想把年幼孩子送到美国留学的家长，对此也应有充分的认识，如果不对孩子加以传统文化教育，让孩子完全接受美国文化教育，将来父母可能会在这方面感到失落。

对华人来说，最好的办法是在孩子接受美式教育的同时，接受中华传统文化教育。让孩子同时汲取两种文化的精髓，使孩子能够既融合文化的差异，又能避免两种文化的冲突。

2011 年 8 月 23 日

华人应珍惜与重视选区划分的有利因素

加州选区划分近日敲定。本月15日，加州选区重规划委员会正式批准选区重划方案。

该方案与华人有关的是，知名民主党籍国会众议员赵美心由原先任职的第32选区改为第27选区。新选区所辖范围大都是赵美心长期为选民服务的地区，也是赵美心的铁票所在，尤其是圣盖博市，华人已占近半，虽然会有一些新的情况，但可以说赵美心基本上是胜券在握。

另一可能受影响的是华裔市议员罗达伦，这位本打算进军州议会众议员的加州最年轻的市议员，在选区重新划分后，他所属的第24选区与现任加州华裔众议员方文忠的第22选区出现重叠，为罗达伦的竞选带来不确定的因素。罗达伦已表示，如方文忠决定竞选连任，他会暂时退出，两年后再战。罗达伦的表态很受华人赞赏。毕竟，两位华人同时参选，可能分散华人选票，不利于华人代言人上位。

当然方文忠也可以选择竞选州参议员，因为第13选区的一位州参议员明年任期届满，这样罗达伦就有可能继续参选。不过目前选区划分对方文忠竞选州参议员未必有利，因此保守地看，方文忠可能选择竞选连任州众议员。

但此次全区划分还难算定论。在美国选举政治中，十年一度的选区划分一向令人瞩目，这种政治地图是各党派争夺的重要阵地。目前因对选区划分不满，尤其是在州参议员选举上对共和党不利，加州共和党委员会已决定采取法律手段挑战该方案。

被认为有浓厚共和党背景的“公平可靠重划选区”组织已向州检察总长办公室递交请愿书。共和党准备发动民众联署提出公投案，但其必须征集 50.5 万名选民联署，才能把提案印在明年大选的选票上。

加之加州公投只需简单多数即可通过，如共和党联署成功，又获得公投胜利。那么，明年大选期间，选区划分有可能要再大动干戈一番，很难说会不会影响到华人利益。不过那影响的可能是下一届选举了。对于本届选举，华人候选人成功的几率还是很大的。

美国华人在政坛上的每一点进步都来之不易，无论是加州华人已获得的有利选区因素，还是伊利诺伊州华人争取通过的《华埠法案》，都离不开华人群体的努力。华人应该珍惜这些有利因素，积极参加投票。

2011 年 8 月 30 日

华人应如何看待言论自由和仇恨犯罪

据报道，近来一些华人在公共场所遭到种族歧视性辱骂，气愤之余却缺乏应对措施。有华人警察建议在这种场合下保持克制，因为只要没有受到肢体伤害，这些言论属言论自由范围，受到宪法第一修正案关于言论自由权利的保护。

通常来说，宪法保护公民的言论自由。但是在美国，言论自由并非没有限度。美国联邦和大部分州都通过了一系列关于“仇恨犯罪”的法案，根据《1969 年联邦仇恨罪法案》，任何人因为他人的种族、肤色、宗教或者在祖（籍）国的背景下对其造成伤害、恐吓或骚扰的，都可以按仇恨犯罪起诉，其中包括语言恐吓。

去年 3 月，加州高等法院判决洛杉矶顶尖私立中学哈佛—西湖中学 6 名学生，在网上对一名 15 岁的华人男孩发出“要死还是要活”的威胁言语，不受美国宪法第一修正案关于言论自由权的保护。尽管判决引起很多争议，案中的小男孩也并未遭到肢体伤害，但这样的语言确已不属言论自由范畴。

还有一个知名的案例，佛州一名男子在一个非裔家庭查看他家旁边待售的房屋时，在自己的院子里竖起一个十字架并焚烧，对非裔家庭的男孩说：“我不想在这里看到你。”这种言行也未涉及肢体伤害，但该男子后来因触犯仇恨罪被判处 14 个月的监禁。

只要没有行动的语言就能受宪法第一修正案规定的言论自由的保护，是一部分人认识上的误区，上面例子的共同特点都是没有行为（或者尚未进行），不存在肢体伤害，但都受到了法律的制止或者制裁。

不过，受到种族歧视侮辱的华人要因此以仇恨罪起诉歧视者也有一定难度。上面所举例子的一个显著特点就是证据确凿，华人如果在街边或者公共场合单独受到涉及种族歧视的辱骂，除非掌握有确凿的证据，至少让警方能够取证，否则很难起诉成功。因为同样的言行，仇恨罪判决要比普通刑事犯罪重得多，因此警方对待这个问题时往往很谨慎，尤其是在没有肢体伤害的时候。

据不完全统计，华人在美国仇恨犯罪中受害的比率较低。有专家说，这与华人善于隐忍有关：多数华人觉得多一事不如少一事，有的则觉得证据难取、抗争不易。

华人在受到种族歧视性辱骂恐吓时，自己先要评估是否有确凿证据，如果没有，确实应该谨慎对待。当然，如果遇到严重涉及仇恨犯罪的言论行为，还应勇敢保护自己的正当权益。

2011 年 9 月 6 日

如何顾全大局考验华人参选智慧

加州在选区重划以后，出现美国历史上第一个以亚裔为主的选区，其中亚裔选民超过了55%。新划出的第49选区，包括了南加州华人聚集的大部分城市，例如阿罕布拉、圣盖博市、阿卡迪亚、蒙特利公园市等等，出现这样的选区，华裔选民的力量被集中，有利于华裔代言人的出现，体现了华人参政的进步。

在另一华人聚集最多的地方纽约，皇后区的华人选民正在为华人选区划分的不公表达不满意见。根据2010年人口普查，纽约亚裔成长速度呈两位数递增，以皇后区为例，目前皇后区亚裔人口已达22.8%，比曼哈顿和布鲁诺高10%，增速比其他地区快17倍，但皇后区一直未有亚裔进入州议会或者国会。目前州议院只有一位华裔议员孟昭文，代表纽约州最大的华人社区。

在美国，由于历史原因，一提到关于选举权保护的问题，人们往往就想到非裔和拉丁裔，很少有人提到亚裔。在亚裔选民中，华人占绝大多数，因此，这个问题实际上也是华人的问题，在纽约皇后区最近的选区重划图中，亚裔聚居区被分割，尤其是华人居住的艾姆赫斯特被严重分割为4~5个州参众两院和4个国会选区，这大大分散了华人的选举力量。因此，纽约皇后区华人选举权的被认可和被保护，还有待法拉盛华人们团结起来努力争取。

话题再回到加州，出现美国历史上第一个以亚裔为主的选区，令华人选民感到振奋，况且第49区自2001年以来一直是华人担任州众议员。但是，在担任三届州众议员的伍国庆卸任后，如果以为既是以亚裔为主的选区，下一届众议员一定顺理成章是华人，或许过于乐观，原因就是最近在该区出现了多位意欲参选的华人候选人。

多位华人积极竞选州议员是好事，说明华人在积极参政。但另一方面，多位华裔候选人参选可能会分散华人选票，最终很有可能使华人失去第49区州众议员席位。目前阿罕布拉市长阿里亚拉已公开宣布参选，成立助选委员会，并得到了许多民主党人的支持。这不能不说是对华人候选人的一个警讯。

如何避免出现最坏的情况？最好的办法是多位华人候选人能够协商协调，找出避免分散选票的办法，再在民主党内初选，争取有利提名。当然这样的运作并不容易，对每个积极参选的华人候选人来说，参选是一种权利，也是一种自我价值的体现。但从大的方面来说，华裔作为少数族裔，保住华人作为代言人的已有席位是更重要的事情。

随着华人群体参政意识的觉醒和积极性的提高，以上谈及的问题相信一定会继续出现，如何妥善解决可能出现于华人内部的问题，有待华人参政者和整个华人群体展现更多的智慧和顾全大局的宽容及妥协精神。

2011年9月14日

中国留学生应“入境问禁”

新学年开始，中国留学生在美国各地尤其是东西两岸非常引人注目，大批中国留学生给美国许多大学校园增添了一道亮丽的风景。

据美国国际教育协会的最新资料显示，2009—2010 学年全美外国学生人数为 69.092 3 万，中国最多，有 12.762 8 万，比上一年增加了 30%。2011 年中国留美学生人数也有一定幅度的增长。过去两年以来，中国留学生申请美国签证，一直有“水过”、“秒过”一说，形容美国的大使馆给中国留学生签证的速度之快和数量之多。而刚刚赴华接任美国驻华大使的骆家辉，不久前还表示将加快中国留美学生的签证速度。中国经济的飞快发展，使更多的父母能够负担得起子女的留学费用，相信未来会有更多的中国留学生来美读书学习。

中国来美留学生从过去主要读研究生到现在有大量高中生来美读本科，加上一些来美读中学的低龄学生，留学生低龄化越来越明显。年轻的留学生接受能力更强，更容易适应美国的生活，给校园带来更多活力，但同时也带来了一些问题。

中国有“入境问禁”之俗，语出《礼记·曲礼上》：“入境而问禁，入国而问俗，入门而问讳。”意为入境一个地方要先问当地有没有禁止做的事情，到一个国家要问当地的风俗习惯，到人家家里要问清避讳。这些都做到了，才能在新地方平安顺利地工作生活。留学生来美，应该了解美国的法律法规、学校的各种规章制度以及当地的风俗习惯，尤其要注意“问禁”，否则触犯法律法规会引起诸多麻烦。

例如，近日有留学生来美，随身携带 3.5 万美元现金而没有如实申报，在海关抽查时被查获而全数没收，立刻就陷入无法交学费和没有生活费的困境。这就是没有了解到美国海关“凡随身携带现金超过 1 万美元或等值外币都须申报”的规定。

还有的留学生驾照过期，因暑期学校关门，第二天要飞回中国，为省旅馆费在车里过夜并驾驶汽车，被警察拘留后，法官让他在“认罪即释放和扣留一周时间调查”中选一项，该同学因为购买的回国机票是当天下午的，故选择认罪释放之后飞回中国，不料开学前返签时却因有刑事案底而被拒签，无法回美继续学业。

还有的学生不到 21 岁，在同学聚会等场所喝酒，认为喝点啤酒没关系，实际上已经触犯了法律。还有的学生开车右转弯不礼让行人，吃了罚单还觉得很冤枉，因为在中国没有这样的法规。

上面提及的案例虽然都是个别现象，但也应引起所有留学生的警惕和注意。随着一波又一波中国留美潮的到来，留学生们都应该努力了解美国的法律法规，大学里中国学生联谊会应多做宣传，老生应帮助新生，这样大家才能在美国平安顺利地完成学业。

2011 年 9 月 19 日

华人家长在中文教育中的关键作用

随着中国的日益强大，越来越多的美国人意识到，如果你想了解中国，想和中国人相处，学习中文很重要。在华人聚集的南加州，时常可以看到说一口流利中文的美国人。前驻华大使洪博培也说得一口流利的中文，拜登副总统到访中国，还特意谈到其孙女正在学习中文。这些都显示，随着两国交流的增多，学习中文受到重视。在美国，华人子女学中文是比较热门的话题。

而对华人来说，学习中文的动机和重要性比美国人更多。华人对子女学习中文，大致有几种现象。一种家长对子女学习中文非常积极，不仅送孩子上中文学校，还在家里尽量说中文，为孩子营造较好的语言环境，暑假还会送孩子参加夏令营回中国参观学习。这一类家长很希望孩子了解中华文化传统，保持传统的根之所在，同时也使孩子多掌握一门语言。这类孩子多半中文说得不错，对祖籍国有概念，对中华文化有感情。

还有一种家长虽然也主张孩子学中文，但是不甚积极，或因工作忙碌，采取顺其自然的态度，这类孩子学中文的积极性不高，常常只是每周去中文学校上一次课，由于缺乏家长的督促，进步很小。家长在家为了省事，也常常和孩子说英文。这一类孩子大都对祖籍国没多少概念，但他们中的一部分，长大后由于中国的影响日益增大，同时对自己的族裔身份产生认同感，会开始对祖籍国产生兴趣，进而重新学习中文。

还有一种家长，对孩子学中文采取拒绝的态度，家长自己对中国有很强的排斥感，因此拒绝孩子学中文。这些当然是个人选择，但由于家长的影响，孩子基本不会中文，也完全没有祖籍国的概念。这类孩子长大以后会怎样，是否会像骆家辉那样，成年以后逐步认同自己的族裔身份，然后再表示要学习中文，尚不得而知。

从上面可以看出，在孩子学习中文的问题上，家长起着至关重要的作用。笔者曾听到一对母子的对话，儿子说："当初为何不送我去学中文?"母亲答："怎么没有？是你自己不去，我尊重你的选择。"儿子说："我小时候没有能力思考这些，如果依我，最好连学校都不要去，你会同意吗?"这段对话凸显了子女教育中家长对教育应该承当的责任。

在语言学习中，年龄是很重要的因素，13 岁之前是语言学习的黄金年龄段。那种长大以后才发现自己应该学习中文的孩子，虽然犹未晚也，但毕竟错过了黄金年龄，是很可惜的。因此，华人家长应该重视和帮助子女学习中文，进而认同自己的族裔身份，即便只为将来多一些就业机会，也该创造条件让孩子学中文。

2011 年 9 月 27 日

华人在美国送礼应入乡问俗

一些华人新移民来到美国，不知不觉地将在中国大陆的一些送礼习惯带到美国。对于这些行为，如果尺寸掌握不当，常常会引起他人的误会、不快，也使新移民感到尴尬。

有新移民家长把孩子送到学校后，会送老师一份重礼，有的家长在孩子第一天到校就给主管和老师各送数十元的吉福卡和月饼。有的家长则定水果篮和鲜花，还有的家长甚至送 iPad 等作为礼物。有的新移民几次考不过驾照，最后终于考过，为表达谢意给考官送礼等，也有的华人在办事过程中为了能够顺利达到目标而给对方送礼。这些在美国人当中都会引起非议。

美国人并非不送礼，一到各种节日，如圣诞节、情人节、母亲节、教师节、秘书节等，亲友之间像过生日、结婚、毕业等，美国人都会互相赠送礼物。但一般来说，美国人送礼物都是属于礼轻情意重，买件小礼物，仔细包装一下，表达一下自己的美好祝愿。

美国家长在节日也会给老师送礼，但大都是一些小礼物，一张孩子自己制作的贺卡、一份自己家里烘烤的点心等。但是美国人不会有送礼而希望老师特别关照自己孩子的念头，因为如果老师这样做了，不仅不符合职业道德，也对其他的孩子不公平。美国人更不会为了办事顺利给政府雇员送重礼，政府雇员为纳税人办事本来就是应该的，不需要另外表达谢意。按法律、按规定照章办事是美国社会通行的基本原则。

美国公务员或雇员对送礼有很严格的规定，通常一次不能超过 20 美元，也不能接受现金、礼券等。如果送贵重礼物给公务员或者雇员，不仅不被接受，弄不好还会有贿赂嫌疑，通常对方都会坚拒。有一位华人家长送学校招生老师一个 iPad，认为礼物不算太贵重，但是对方婉言谢绝，家长一再表示诚意后，老师则说可以代为转赠学校图书馆。但是后来学校还是退了回来，理由是如果收下了，就会影响孩子的招生，学校希望孩子是凭自身的优秀条件而不是因为家长的礼物而被录取。还有新移民通过路考以后送考官一份礼物也被拒绝，对方还教导他在美国不要做这样的事情，以免被认为是行贿而引起麻烦。

中国传统自古尊师重道，中国社会也属于人情社会。应该说，大部分人送礼的愿望是好的，只是希望表达自己的谢意。送较贵重的礼物，虽然与美国当地风俗格格不入，但只属于文化差异方面的问题，通过了解学习改变做法。另一种情况，有人因为受大陆不良送礼风气的影响，希望通过送礼来达到某些目的，例如希望走后门让学校老师特别关照孩子，例如在驾驶路考之前为其做些特别安排，或者在开办公司一类事宜上给予方便等。这一类就属于陋习，应该坚决制止和杜绝。

新移民来美国，应该“入国而问俗”，了解所在国的风俗习惯、入乡随俗，不要把过去的人情习惯或者陋习带到美国，像这类不当送礼，既加重了自身的经济负担，也容易引起当地人的非议或者误会，进而影响华人的整体形象。

2011 年 10 月 4 日

反对禁售鱼翅，也应遵守法律

加州州长布朗本月7日签署一项法案，该“AB376”法案规定，自明年1月1日起，加州禁止进口鱼翅，已经进入加州的鱼翅必须在7月1日处理完毕。争执多时的禁止售卖鱼翅案至此尘埃落定。

此案由加州众议员霍夫曼和华裔众议员方文忠在今年2月提出。提出伊始就在华人社区引起强烈反响，从5月23日加州众议会以65票比8票通过，到9月6日加州参议院以25票比9票通过，直到7日布朗州长签署该法案，历时5个月的时间。期间，政界、业界和普通民众都呈现出两极分化的态度，并进行了激烈的争论和各种游说。州长布朗签署该法案后，反对禁止案的一方更是表示极度失望，声称要诉诸法律。

依笔者看，虽然说双方使用的环保观念和涉嫌种族饮食文化歧视的理由都属于政治正确，但是由于主张禁翅方牵头的有一位华裔众议员，故反对禁翅方涉嫌种族饮食文化歧视的理由就很难成立。

当然，此方案也不是没有可商榷的地方。例如，反对禁翅方提出，既然鲨鱼肉可以出售，鲨鱼油和鲨鱼软骨也可以出售，为何单禁止只有华人才食用的鱼翅？而且合法捕捉的鲨鱼被切割后，鱼翅只能归捕鱼的渔民食用，未免有点牵强。再例如，美国联邦法律规定，只有完整的鲨鱼可以上岸，实际上这条法律就杜绝了把鲨鱼割掉鱼翅抛入大海的现象出现。

反禁翅方指出，加州应该在联邦有关法律的基础上，参照新加坡等地的做法，即立法禁止捕捉属于濒危品种的鲨鱼，也有一定道理。

但是禁翅方的理由也很充分，根据环保组织的资料，加州是亚洲以外鱼翅需求量最大的地方，美国85%的鱼翅干货都由加州进口。而且商家进口鱼翅，并非全由加州渔民捕捉，在世界上其他地方，由于鱼翅存在巨大的利润，并不能制止对鲨鱼的残杀。据报道，因为鱼翅利润丰厚，全球每年有7 000多万条鲨鱼被杀，在美国市场，一磅鱼翅售价超过600美元，而一磅鲨鱼肉的售价还不到1美元。

因此要保护环境，保护鲨鱼，只有釜底抽薪，才能够坚决制止。在加州之前，美国已有夏威夷、华盛顿、俄勒冈等州以及关岛禁止鱼翅交易活动。

对于反禁翅方提出的经济问题，在加州经济不振、失业率居高不下的时候，此提案一旦实行，就会给华人业界造成打击。如果说禁翅方指反禁翅方把社会平等问题和环保问题混为一谈，但对于涉及的经济问题，禁翅方认为环保高于一切，那么并不能说服在经济衰退大环境下反禁翅方的诉求。

美国的政治制度是代议制，议员代表选民的利益，像“AB376”提案，双方各执一词，各有各的道理，但无论有多大的争议，在议会里只能遵守少数服从多数的原则。美国又是法治国家，任何提案经过议会通过，再经州长签署，就成为州法律而存在。对“AB376”案不服的民众，即便可以诉诸法律，但在法庭裁决之前，也必须遵守该法律。

2011年10月12日

华裔军人需防种族歧视

死于阿富汗军营的华裔美国陆军军人陈宇晖近日出殡，逾百名亲友街坊前去为陈宇晖送行，有送行者与陈母抱头痛哭，观者无不潸然泪下。虽然军中派来一名陆军将军送行，并给予葬礼鸣放21响礼炮的最高礼遇，但是未公布其真正死因。陈的家人向前去祭拜的将军要求死亡真相，当时获肯定答复。

媒体此前报道，陈宇晖在阿富汗为国捐躯，遗体运回美国，纽约州为之下半旗悼念，纽约市长彭博在电台讲话中称，陈宇晖为保卫国家牺牲，人们应该永不遗忘。不过半个月，却有消息传来，称陈宇晖是在军中自杀身亡。尽管如今案情未明，但陈宇晖死前受到上司虐待和种族侮辱，不仅华文报纸，许多英文媒体也有报道。

无独有偶，半年前，另一名华裔陆战队员廖梓源也有类似遭遇。廖梓源的家人被告知其在阿富汗阵亡，而后却又被告知廖梓源是自杀身亡，进而知道廖梓源因在岗位上打盹，被三位同袍（编者注：旧时在同一军队工作的人的互称）殴打，全副武装伏地挺身，吃土，遭受踢打，逼迫挖坑4小时，最后廖梓源不堪凌辱在自己挖的坑中举枪自杀。

据称，陈宇晖则是因为忘了关热水炉，被上司从床上直接拽到地上，背部着地拖得皮开肉绽，还遭受种族歧视性的人身攻击。

廖梓源的遭遇让军中种族歧视的问题浮上台面。9月9日，在国会众议院军事委员会举行的军中自杀防止计划的听证会上，国会华裔女众议员赵美心曾以她的表外甥廖梓源的不幸遭遇为例，呼吁严惩军中虐待行为。不过一个多月的时间，又传来华裔军人陈宇晖受虐疑是自杀的消息，令人十分感慨。

军中虐待问题虽然一直被隐而不发，其实为很多人所知。参与护送陈宇晖遗体的一名华裔退伍军人就提及他在军中曾受到的歧视和暴力对待。

在美国，虽然在政府机构遇到歧视可以提出民事诉讼，但是军队享有豁免权。军队有自己的军事法庭，然而，在军事法庭上要证明施虐方是虐待而不是“捉弄”，并不容易，要证明被种族歧视，需要当事人出具证据，也是非常不容易的事。

2010 年美国军人自杀的统计为陆战队 37 人，海军 39 人，空军 56 人，陆军 300 人。虽然自杀的并不都是由于虐待和歧视的原因，但是这两名华裔军人的死因都很相似，不能不引起人们的深思。

很多华裔青年视参军为荣。不少华裔军人被派到前线，也有死在战场上的，但像廖梓源、陈宇晖这样，一心报国，壮志未酬，却因受歧视和受欺凌死于军中隐而不宣的情况，令人扼腕。

我们相信，廖梓源和陈宇晖都不会白白死去，他们的父母和亲戚朋友，还有许许多多的华人，要做的就是追查真相，要让廖梓源和陈宇晖的牺牲有价值。尽管是被迫的，但两位年轻人能用宝贵的生命改变军中的虐待和歧视行为，换来时代的进步，他们是值得肯定的，他们的灵魂也能得到安息。

2011 年 10 月 18 日

在诚信社会做一个有诚信的人

最近媒体曝光中国游客在美买到赝品或货不对版。很多中国游客来美前都以为，在美国这样的国家一定不会买到假货。虽然这是少数现象，但是这种现象很多时候发生在导游带去的华人商号中。

近日，另一个与华人诚信有关的事件是广东省实验中学在美国开办分校之事，不仅华文媒体广泛报道，《洛杉矶时报》也专门长篇揭露广东省实验中学的假象，同时揭露了参与事件的某基金是营利机构，而该基金负责人为华人，曾冒用过加州政府教育官员的头衔。

同样的例子还发生在处理移民事务的一些无良华人律师身上，很多新移民都被告知，美国是个法治社会，律师更是可以信赖的，结果上当受骗的不少。

美国的确是一个法治国家，同时也是一个诚信社会。在美国生活的人都觉得环境很好，不仅指自然环境，更包括社会环境，这样的社会环境具有良好的道德观基础。在这样的社会中，诚信是个无形的行为准则，无论是在与个体交往还是在社会工作中，一个人如果没有信用，很难找到工作，买房买车时也很难从银行取得贷款。

过去常听见对中国社会缺少诚信、假货蔓延的批评，很多人觉得在美国根本就不该有这种事。但是实际上美国和任何社会一样，并非一块铁板。好的制度只是尽可能地遏制人性恶的一面，并不能安全消除人性恶的一面。如果遇到制度不能覆盖的地方，或者外界条件发生变化，例如经济危机，人性中的恶就有可能择机显露。

因此，即使在美国，人们也应该保持适度的警惕，例如办事走正规程序，尽量找正规或有信誉的机构；购物也应找有信誉的商家，尤其是中国旅客热衷购买的保健品，一定不能贪便宜，也不要轻易相信某些从业人员的推荐。

有人觉得许多欺诈卖假的事情发生在美国华人身上，令人十分遗憾，认为这些华人住在美国这么久，居然不能很好地融入美国社会，反而发扬了陋习。事实上，绝大部分移民来美的华人，都能接受美国社会的行为准则，保持很好的诚信记录，但也有一些华人，即使来美多年，也不能融入诚信社会，或者看人下菜，利用国人轻信美国华人信誉的心理进行诈骗或作假。这种行为不仅损害了他人的利益，也给在美华人的形象抹了黑。

但是假的终究是假的，那些售假货赝品、进行作假诈骗活动等终究会被揭露出来，甚至被绳之以法。因此，每一个在美国生活的华人都应该遵守法律和道德行为法规，在诚信社会里做一个有诚信的人。

2011 年 10 月 25 日

模范族裔光环下的华裔群体

最新调查显示，美国华人人口已突破400万，成为美国最大的亚太裔群体。华裔群体历来勤奋刻苦又勤俭节约，从早期的移民多从事餐饮洗衣业，到现在新移民越来越多地进入美国的金融、商业、法律、高科技等行业，取得相当令人瞩目的成绩。华裔群体总体教育水准高，家庭教育较严格，道德、观念上也比较保守，加之华裔群体较为安分守己，很少抱怨，因此华裔一向被认为是模范族裔，在主流社会里有一定的口碑。

但在模范族裔的光环下，华裔的发展也存在许多问题。

在光环背后，华裔群体还有更多不容忽视的问题，如两极分化明显，除取得成就的人群外，也有受教育程度低的，有些人会把在原居住国的陋习带到美国，影响华人形象。

很多华人不重视融入美国社会，不了解当地的各种法规、习俗，造成许多困惑和麻烦。华人群体普遍不重视精神疾病问题，不懂得或者不愿意就医，从而引发各种社会问题。

不喜欢参与政治也是华裔作为模范族裔背后的一种缺失，他们不重视个人或群体利益，埋头赚钱，甘居社会边缘地带。很多人遇到不平的事情只采取隐忍和息事宁人的态度，以致许多歹徒都知道华人的习惯是"有现金，没有枪，不报案"，因而把华人当作犯案的首要目标。在中小学校园里时常出现的霸凌事件中，作为少数族裔的华裔也常常成为受害者，甚至在军中，也有令人遗憾的华裔军人被虐待的事件发生。

数十年来，尤其是近年来，随着祖籍国的崛起和华裔群体自身的不断努力，华人在美国政坛上开始有一定的影响，华人选民开始被主流社会的政治人物所重视，以华人为主要居住成分的选区开始出现，这些都有相当重要的意义。

近来最重要的大事，是美国国会众议院通过了关于排华法案的致歉案，可以说是美国华人社会的里程碑式的大事。其实，排华法案在“二战”中已被当时的总统认为是错误的，又过了半个多世纪才致歉，显露了华人群体过去的软弱和不足。

另一值得注意的消息是，美国卫生与福利部根据健改法开始设定新的族裔分类法，亚裔将被分成七类，华裔独占一类。过去由于华裔人数较少，不仅疾病控制与防治局在取样上存在不足，就是在医药行业进行药物人体实验中也独独被忽视。华裔被忽视的后果自然是健康受到影响。随着新的族裔分类法实施，华裔群体会得到更好的服务。

从大到排华法案致歉案通过，小到卫生与福利部的族裔分类法趋细，现在越来越多的华人认识到，自身的利益只有自己努力才能争取到。华人群体要努力向主流社会传递更多的信息，争取更多的权益，否则，即便被认为是模范族裔，也无法避免被边缘化和群体利益受损的结果。

2011 年 11 月 1 日

在美华人的性教育和种族歧视

纽约市教育局将从明年 1 月开始在公立中学开办性教育课程并将之列为必修课程。与当地主流社会的热烈讨论不同，很多华裔家长发现自己对此一无所知。

为何不知道？据说是纽约市教育局没有发过一张中文通知。很多华人家长反映，他们向学校提出开设性教育讲座后，才知道教育局已安排必修课。不少华人家长知道后，普遍认为当局公布的教学内容尺度过大，超过可接受的程度。这门课是否应该列为必修课，也有人持反对意见。此外，也有宗教组织、民选官员等持反对意见，因此教育当局最终删去了有争议的内容。

性教育是被普遍关注而又充满争议的一项教育。性教育开始的年龄也是颇有争议的，一般来说，专家会认为在 5 岁前开始，青春发育期前完成最好。5 岁前的孩子开始对性别有朦胧感，充满了好奇心，青春发育时期的青少年更是处在性意识萌动、对性感到困惑的阶段，由于青少年自制力较弱，容易出现偏差。因此在这之前完成一定的性教育，是合乎青少年发育教育规律的，学校将其列为必修课是有道理的。

内容尺度当然是可以讨论的。一般来说，华人家长相对比较保守，认为只要有最基本的性教育即可。这些家长其实不了解，在资讯已如此发达的当下，青少年获得的资讯远远超过家长的想象。对充满好奇心的青少年，与其堵，不如适当疏导。青少年时代容易产生的逆反心理，就是你不让我知道，我就偏要知道，甚至亲自尝试。只要适当引导，一些被家长认为是出格的资讯，其实也并非洪水猛兽。

学校将性教育课程列为必修课程，实际上体现了对青少年的负责和关爱，在美国的文化背景下，性启蒙和性教育能够帮助青少年以平常心培养较为成熟的性意识，因此华人家长应该对学校的性教育持较为开放的态度，积极支持，只有这样才能更好地帮助孩子度过好奇心强和躁动的青春期，有利于其学习，也有利于其成长。

至于有的家长把没有收到中文通知书视为带有种族歧视色彩，笔者认为应慎重看待。要将一种行为界定为种族歧视，需要很多因素，例如学校是否被要求向各族裔家长发送不同语言通知书，却仅仅漏掉了华人家长？如果不是这种情况，只是行政方面的失误，很难指责当局的做法有种族歧视行为。种族歧视在美国社会是十分敏感的问题，提法应该慎重。

另外，对于出现主流媒体在学校性教育问题上的热烈讨论和争论，华人家长对此却一无所知的情况，有些华人家长们本身似乎也应该检讨一下。努力融入当地社会是在美华人的共识，居住在美国，孩子上美国学校，华人家长便应该主动加强与学校之间的沟通，多了解和关心有关的教育信息。

华人一贯被认为是重视教育，但是也应该注意对子女的全面教育，而不是仅仅停留在学业和才艺上，只有这样，才有利于孩子的健康发展。

2011 年 11 月 9 日

警惕华人选举中的负面手段

不久前的加州地方选举，旧金山华人参政热情高涨，选出了旧金山建市以来第一位华人市长李孟贤，为华人选举史翻开新的一页。

旧金山市是美国华人聚集的重要城市之一，美国华人的血泪史从旧金山起步，将获得国会为之致歉的《排华法案》也从这里开始，因此第一位华人市长的出现，不但说明了华裔群体在旧金山的地位不断上升，也体现了华人的参政热情和信心得到前所未有的提高，令人振奋。

我们在庆祝华人选举再创新纪录的同时，盘点胜选诸因素，也应该看到不足的地方。

值得注意的是，伴随着华裔群体参政意识的增强，一些不健康的政治手段也随着增多。例如不负责任的互相攻击、出现黑函、谣言满天飞、拉关系、搞小动作等等。这些手段都在选举中出现，令许多积极参加投票选举的华人感到十分失望。

中国城内华人竞选人之间的紧张关系，甚至被某些人认为是类似自相残杀的政治斗争手段，也为竞选蒙上了阴影。

这种不良状况在竞选中不断出现，例如选举前在旧金山民主党委员会为这次选举投票决定背书人选时，被决定公开背书的2名候选人均为西裔，5位华裔候选人无一入选。

事实上在旧金山，西裔人口远远少于华裔人口，但是一直以来西裔群体表现出很强的团结扶持。反观华裔委员们，或不支持最有希望当选的李孟贤，或不支持任何人而出现空票，以致在对旧金山民主党员有重大影响的背书结果中，即便10名最主要的市长候选人中有5名华人，最后却没有任何华裔候选人入围，令外界大跌眼镜，也令许多华人扼腕痛心。

华人政治人物之间的互相攻击，在某些时候达到了毫不忌讳主流社会观感的程度，一些候选人不顾形象的公开攻击，散布种种不负责任的负面信息，不仅在华人社会成为茶余饭后的谈资，也出现在当地主流英文报纸上，对华人的整体形象非常不利。

值得庆幸的是，最后李孟贤顺利当选了。但是选举中的不良倾向仍然值得人们警惕，这些一直以来就存在于华人社会中的政治糟粕，过去虽也有出现，但持续时间没有这次这么长久，表现亦不如这次明显。这可能说明，随着华人参政机会的增多，华裔群体内部出现的问题也会随之增多，一些华人参选中出现的负面手段不但不会消失，还可能会更多。这应当引起华人群体的警惕。

也许有人会说，类似的政治手段在主流社会选举中也可能出现，华人既要融入主流社会，就不应该把华人选举中出现的问题另眼看待，言外之意就是华裔候选人之间的竞争关系应该等同于主流社会正常的竞争关系。这样说有一定道理，但从华裔整体来看，在美国社会依然是少数族裔，而对所有的少数族裔来说，选出自己族裔的代言人，都是十分重要的问题。从这点出发，华裔群体不仅要积极参政，还应该顾全作为少数族裔的大局，善用自己的民主权利，加强团结，以便更好地进步。

2011 年 11 月 14 日

华人从政任重道远

近来关于华人从政的新闻不少。最值得华人社会欣喜的是旧金山选出开埠以来首位华裔市长，翻开了华裔参选的新篇章。华人政治势力的增长开始令主流社会刮目相看，但华人候选人参选时暴露出来的内部团结的问题也令人忧虑，一些华人参选中出现的负面手段导致主流社会的批评也令人担忧。

其一是北加州奥克兰华裔女市长关丽珍，在示威民众“占领奥克兰”的活动中，由于要求警方清场后又支持抗议者返回，被指责为立场摇摆，引起各方批评，奥克兰数个社区团体向市府提出罢免案，要求罢免关丽珍的市长职务。与此同时，关丽珍力推的土地征税案也遭到否决。再加上数位重量级的幕僚相继辞职，关丽珍的民意跌至上任以来的最低点。

其二是纽约市现任主计长刘醇逸，报载其竞选募款者之一，因涉嫌利用人头募款的欺诈方式募款，而被联邦检方逮捕并起诉。此事在纽约政治圈引发震动。有资深分析人士认为，此事是否会左右刘醇逸未来的政治前途走向，目前还很难有结论，但是相当的负面影响已经造成。也有人认为，刘醇逸的清廉形象和财政监管能力一向令人瞩目。如果此事继续发酵，对刘醇逸争取 2013 年竞选纽约市长会造成影响。即使刘醇逸不竞选市长，争取连任主计长，也会增加困难。

刘醇逸的律师对《纽约时报》表示，该募款者的作为并未得到刘醇逸的允许，但《纽约邮报》刊文要求刘醇逸对此事件作出解释并辞职。华裔社区很多人士因此认为，主流媒体对华裔有偏见，认为不应夸大事实和随意下结论。

虽然关丽珍和刘醇逸都面临着严峻挑战，但可喜的是他们都保持了积极乐观的态度。

关丽珍坦言自己在过去的一个月得到了很多经验教训，她绝不会轻易放弃，在困境中仍然会保持当初竞选时的坚韧不拔的斗志和孜孜不倦的工作精神，调整战略，积极呼吁民众支持其振兴奥克兰的施政，并抵制对她的罢免案。

刘醇逸则以“君子坦荡荡”的风度回应媒体及社会上的质疑和指责，积极自证清白，并更进一步地高调宣布参选2013年纽约市长，以此回应所有关心、支持他的民众。刘醇逸的做法很明智，也让很多华人感到振奋和骄傲。

华人从政，最近几年高潮迭起，涌现出很多杰出人物。但在华人社区外部，参政者同样要经受主流社会的各种检视和批评以及可能出现的负面政治手段。从政不可避免地会有对手，有对手就有可能出现各种各样的挑战，甚至刻意抹黑的种种伎俩，这在主流社会也是常见的现象。坦率地说，社会上是有人有种族歧视的想法，但华人也无须一遇到抨击就简单地认为是种族歧视，这个在美国社会是政治正确的敏感问题，过分强调对华人参选并无好处。

华人参政者应该汲取经验教训，保持坦荡心胸和坚韧不拔的意志，努力在各方面做得比别人更好，所谓“路曼曼其修远兮，吾将上下而求索”。

2011 年 11 月 23 日

“黑色星期五”与中国人的购买力

刚刚过去的“黑色星期五”购物潮，可用热火朝天来形容。各大商场和零售店为了争取更好的营业额，都提前开门营业，有的商家甚至在星期四晚21时就开始营业。消费者蜂拥而至排队抢购打折商品和特价商品。在众多消费者中，中国消费者的身影格外引人注目。

笔者在这个黑色星期五，到南加州棕榈泉的直销店购物时发现，熙熙攘攘的人群中，中国人占相当大的一部分，尤其是一些中国人喜欢的名牌直营店，例如Burberry、Gucci、Coach等，甚至需要排队轮候进店购物。看着广场上的中国人群，听着广播里的中文欢迎声，感觉就像身在中国的北京王府井。都说中国人喜欢购买奢侈品，对美国奢侈品消费贡献良多，至少在南加州棕榈泉的直销店，这个星期五是中国人撑起来的。

据世界奢侈品协会今年6月发布的《世界奢侈品报告蓝皮书》显示，截至今年3月底，中国奢侈品市场消费总额已达到107亿美元，其中还不包括私人飞机、游艇和豪华汽车。中国已成为全球第二大奢侈品消费国。中国人的消费能力日益增强，随着人民币的升值，在海外的消费能力更是令人刮目相看。

中国人来美购物，特别青睐奢侈品，一方面是中国人现在整体富裕起来，另一方面是在习惯上有长时间的积蓄、集中消费的习惯。来美国旅游消费的更是有备而来；而美国的奢侈品和中国相比，由于关税、流通量等原因，价格远比中国的便宜。

所以，美国商界一直敦促政府，加快中国来美商旅的签证，希望通过中美政府合作，延长中国公民的游离屡次签证期限，以吸引更多的旅游者和前来商谈的投资者，拉动美国国内的消费。为此舒默等议员提出议案，要求放宽给中国人的签证，给中国人来美5年多次往返签证。

与此同时，美国政府宣布准备向中国加派50名能说中文的签证官，美国驻华大使骆家辉在其任商务部长时，就多次表示要促进美国对中国人签证的便利化，骆家辉上任驻华大使后，更是大力推进此事。过去，中国人申请签证要等60～90天，现在不到30天就能拿到签证了。可以预料，未来中国人申请赴美签证的速度可以更快。

美国人希望中国人来美消费，有些中国人就夸大中国人的购买力对美国经济的影响。中国人的购买力对美国到底有多大影响？据美国国务院副助理国务卿莫亚表示，2011财政年已发放100万个中国来美旅游签证，预计2012年会达到130万个。100万个旅游签证，保守估计按平均每个人5 000美元计算，约50亿美元。据不完全统计，2011年前5个月的外国旅游者在美国的总消费是610亿美元，全年估计约1 500亿美元，而美国2010年的GDP是14.58万亿美元，美国的总消费约占GDP总数的70%，约10万亿美元，外国游客（包括中国游客）的消费大约只占美国总消费的不到1.5%。因此，中国人的购买力固然令人刮目相看，但是实际上所占的比重并不大，重要的是边际效应，即能够增加美国的就业，这才是美国政府目前希望达到的目的。

2011年11月28日

从美议员提案看中美人才大战

美国众议院于 11 月 29 日，以 389 对 15 的压倒性票数通过众议院 4 位两党议员提出的高技能移民公平提案，解除职业移民中国家配额的移民限制。这项法案旨在吸引高学历、高科技人才。对那些深受移民排期限制的中国大陆和印度高学历、高科技人才来说，法案的通过尤其是个好消息。

在美国现有的移民法案下，美国政府每年发出 14 万张绿卡给职业移民，而所有国家公民通过职业移民获得绿卡量不能超过总配额的 7%，因此，对人数众多的来自中国大陆、印度的获得美国高学历的人才来说，需要比别的国家的申请者多等待至少 4 年，有的甚至少十几年的等待时间。由于职业移民签证排期太长，加上生活费日渐昂贵，很多高学历、高科技人才纷纷返回祖国创业。很多美国政治人物批评美国大学培养外国留学生，又无法使他们留下来，让他们回祖国后与美国竞争。

该法案要成为法律，还需参议院通过相应的法案，尽管提案 2 日在参议院暂时碰壁，但是许多人都对最终结果持乐观态度。如果一切顺利，到 2015 年，来自中国大陆和印度的高学历、高科技人才就可与来自其他国家的人才享有同等待遇。

从某种意义上说，人才争夺战的胜负取决于一个国家的实力，也决定国家的未来走向。对美国来说，中印两国高科技人才的回归潮给其带来危机感，使许多有识之士忧心忡忡。近年来高科技产业界一直呼吁国会放宽高科技人才的移民限制，奥巴马也多次指出要为美国的创新事业努力留住美国培养的高学历、高科技人才。从历史上看，美国崛起和保持领先与移民系统开放、争取高端人才有着非常密切的关系。

该提案在目前两党激烈的政治争斗下少有地在众议院以压倒票数通

过，表明国会已对这一问题显示的危机有了清楚的认识。

而正在快速崛起和经济蓬勃发展的中国，对人才尤其是高级人才的需求，使当局致力于推行人才战略，除加快推出引进高级人才的“千人计划”外，2010年还公布了新中国成立以来首份《中长期人才发展规划纲要》，加大吸引海外高级人才的力度，各高校、研究机构及企业也纷纷组团向海外撒网。中国在吸引人才方面，尤其是物质待遇方面并不占优势，但快速发展的中国有更多机遇和挑战，会给予高层次人才参与国家变革的机会。

在进入21世纪的全球化时代，人才大战的重要性越发凸显，中美两国作为目前世界上最大的两个经济体，在人才竞争方面的争夺战将会是长期的，也将日趋激烈。中美两国都应根据各自的特点，制定出具有前瞻性和竞争力的政策和法律，以争取更多的人才。

2011年12月7日

身份成高校录取障碍，亚裔学生应积极提诉

近来，在美国部分大学招生中，亚裔族群身份是否成为被录取的障碍成为热门话题。

一些亚裔美国年轻人在报考某些大学时，对族裔背景这一部分故意采取忽略的方式。尤其是在具有一半亚裔血统的学生中，为避免可能的隐性歧视，不少人选择填写另一半族裔——多是白种人血统身份。

某些大学对亚裔学生的隐性歧视已是公开的秘密。对亚裔学生来说，他们通常需要比其他种族，如西裔或非裔申请者高出几百分的成绩，才能获得同等的入学资格。

原因之一是，亚裔学生尤其是华裔学生肯勤奋拼搏，往往能够取得优秀成绩，尤其在数理方面。亚裔学生很多无疑是很优秀的，在那些招生过程中不问种族的顶尖学校，亚洲学生比例相当高。例如加州大学伯克莱分校，加州 209 法案禁止在录取时考虑种族后，亚裔学生的百分比超过了 40%，较这项法律获得通过前上涨了 20%。

另一方面，从大学来说，生源多样化也是必须考虑的问题。首先，大学一定要收优秀生；其次，招生应该维护公平，保持社会向上的活力和多样性，给少数族裔和穷人家庭的孩子以平等机会；最后，大学应给已收的新生好的体验，包括与各个群体和睦相处的社会经验。而这些都需要族裔多样化的前提。

应该说，这些大学招生的考虑也不无道理，但无论如何，对亚裔学生的“另眼看待”是一种不公平。这种隐性歧视使很多亚裔学生感到无奈，只能选择故意不填亚裔身份的方式被动应付。但是，如果有人提出诉讼，情况就不一样了。

美国80－20促进会理事会7日通过一项决议，以“法院之友”的名义向最高法院提交了一份法律摘录，支持一位名叫费雪的学生控告得克萨斯州大学。该法律摘录要求最高法院在处理该案时，支持原告费雪有关在高校录取政策中不使用具有歧视因素的族裔背景，而只是基于申请者的学业成绩和未来发展潜力评估的择优录取标准的立场。

80－20促进会的这一努力，对亚裔尤其是华裔学生来说，是一件好事。从历史上看，这一问题在1900年至1950年期间，出现在美国犹太裔身上。犹太裔团结坚韧，表达政治诉求比较成功，终于冲破这一藩篱。如今犹太裔学生在常青藤名校中的人数是亚裔学生的两倍，但犹太裔总人数却只是亚裔人口的40%。犹太裔的做法值得亚裔尤其是华裔借鉴。

今后十年内，同类案件上诉到最高法院的可能性很低。在美国亚裔中，华裔是占多数的族裔，因此亚裔身份在大学入学时遇到隐性歧视的问题基本上也是华裔问题，华人应该重视诉讼这一机会，团结起来抓住机会争取自身权益。

2011年12月12日

为何许多华人英语能力有限

华盛顿“移民政策研究所”近日根据人口普查局及美国社会调查（ACS）的结果，公布英语能力有限人口报告。根据这份报告，2010 年全美共有 2 500 万 5 岁以上的英语能力有限人口，占全国人口的 9%。其中 68% 的英语能力有限人口集中于加利福尼亚州、得克萨斯州、纽约州、佛罗里达州、伊利诺伊州及新泽西州。这些州都是华人聚集的主要地方。

在 2010 年 2 500 万 5 岁以上的英语能力有限人口中，说西语的最多，有 1 652 万人，占全国英语能力有限人口的 65. 5%；说华语的次之，有 154. 8 万人，占 6. 1%。

华人新移民中英语能力有限者的人数提高，首先在于近十年来华人移民人数大幅增加。半个世纪前，在美国以外出生的人按原籍排名，前五名都来自欧洲，而现在移民的前五名都来自拉丁美洲和亚洲，中国（包括台湾和香港）的移民位居第二。

其次，移民美国的华人越来越多地选择居住在华人聚集区，这些地区的各种设施、机构对华人的服务也就越来越完善，这就使得很多华人不需要会很多英语，甚至不会英语也可以生存。这种现象过去在老唐人街就存在，现在更常见。尽管美国政府一直致力于使外来移民同化于美国社会，但移民越是集中的地方，同化就越慢，表现之一就是许多华人新移民英语能力有限。

对外界社会的封闭心态也使得很多华人不注重英语能力的提高，不少华人一直生活在华人圈子里，社交圈狭窄，逐渐成为社会边缘化群体。不懂英语使很多华人根本不知道美国社会发生的事情，对许多法律和规定也不甚了解，影响生活质量。如因自己无法与警察沟通，遭遇抢劫和其他事故，往往选择不报案，因而在客观上助长了不法之徒将华人视为软弱可欺的族群。

此外，华人是否愿意刻苦学习英语，与同化的意愿也有很大关系，曾有学者根据统计资料列出各种族裔移民归化率，排第一的是菲律宾人，第二名是韩国人，第三名是华人。很显然，如果希望归化为美国公民，进而融入美国社会，相当的英语能力是必要的。如果意愿不强烈，或有其他种种原因，例如年龄、文化水平、进入美国的时间长短等，都会影响华人学习英语的愿望。

华人移民既然选择在美国定居，就应积极学习英语，尤其应该注意英语折射出的社会文化背景，努力提高英语能力，从而逐渐融入美国社会。

2011 年 12 月 19 日

从陈果仁案到陈宇晖案的思考

美国军方21日宣布起诉与华裔士兵陈宇晖的死亡有关联的8名士兵和军官，8人面临的指控包括误杀和过失杀人、攻击罪和玩忽职守等罪名。消息传开，不仅引起了华人社会的高度关注，甚至整个美国社会都极其关注。

华裔军人陈宇晖于10月3日在阿富汗南部坎大哈站哨时遭枪击死亡，美国军方目前尚未完成调查报告，外界仍不清楚死因为自杀还是他杀。陈宇晖死后，美华协会纽约分会等华裔团体一直在努力推动军方彻查真相，尽早公布陈宇晖的死因。华裔团体为向军方的公开请愿信征集署名，并举行集会、游行，向政治人物呼吁，提出澄清真相的要求。

此案经主流媒体《纽约时报》、《华盛顿邮报》及有线电视新闻网（CNN）、哥伦比亚电视台（CBS）等报道后，引起极大反响，亚裔士兵在美国服役遭歧视的问题浮出水面。国会议员韦莱圭兹、纽约州众议长萧华（Sheldon Silver）、市议员陈倩雯等政治人物都公开向军方施压，呼吁进行彻底调查，如确有虐待或歧视，应该对相关责任人做出惩罚，给陈家人一个交代。

近日，具有相当影响力的美籍华人组织“百人会”发表声明，表达对陈宇晖家人和华裔社区要求军方公布所有调查细节诉求的坚定支持，同时也敦促军方在廖梓源（21岁的美海军陆战队华裔士兵，4月在阿富汗军营遭虐自杀）和陈宇晖两起案件后，应全面调查是否有针对亚裔男女军人的系统性种族歧视和暴力行为。“百人会”成员之一、华裔刑事专家李昌钰已接受当地华裔社团邀请，出面组成一个专家小组，独立鉴定陈宇晖的死因，其中包括鉴定军方公布的解剖报告、调查报告及其他物证。

陈宇晖案的发展，令人想起了29年前芝加哥美籍华人陈果仁被杀案，“陈果仁案”就是一起典型的反亚裔暴力案件。当时底特律司法机构对此案凶手的轻判，促使底特律和全美的华人和其他亚裔群体团结起来。他们以美国公民伸张正义联合会为领导中心，掀起了为陈果仁争取司法公正的抗议和声援运动，虽然最终凶手未得到应有的惩罚，但亚裔美国人包括华裔开始展现自己的力量，因此此案被认为是亚美民权运动的一个重要标志。很多美籍华人也正是从陈果仁案开始重新审视自己的族裔身份，开始关注华人在美国的生存状态。

29年过去了，美国社会对种族歧视问题已经有了全社会的“政治正确”共识，但种族歧视的暗流依然存在。从目前披露出来的信息来看，陈宇晖案并非个别现象，加上不久前的廖梓源案，或许就是冰山一角。《纽约每日新闻》曾于10月21日就陈宇晖案发表社论，呼吁军方应有交代。这在陈果仁案发生的年代，是不可能出现的。所有这些都和近年在美华人力量的壮大分不开。

陈果仁案曾被认为是包括华裔在内的亚美民权运动的一个重要标志，陈宇晖案也将会在美国华裔史上写下浓重的一笔。

2011年12月27日

三

2010年《侨报》专栏文章

2009年美国华裔参政的欣喜和遗憾

盘点2009年美国华裔在政坛的成果，令人欣喜。其中，改写历史的有赵美心，她成功当选联邦众议院议员，成为首位华裔女性联邦众议员，成为华裔的骄傲、华裔女性参政的优秀榜样。纽约的刘醇逸成功当选为纽约历史上第一位华裔审计长，而且政治前途被看好，未来有望成为纽约市市长有力的竞选者。

这些成就极大地振奋了华裔社区的参政热情，华裔的身影活跃在不少地方的选举中。可以说，2009年，美国华裔收获了近年来最大的政治参选成果。这一年华人参政意识大为提高，在华人聚集最多的纽约和加州尤其明显。值得注意的是，年青一代华裔开始崭露头角，他们热心社区事务，热心参政，从基本的政治职务开始参选（如学区教委等），表现出巨大的潜力。在可预见的未来，相信会有更多华裔，包括华裔年轻人走上参政之道，帮助华裔更好地融入当地社会。

欣喜之余，我们也不免有些遗憾。虽然华裔参政的热情比以往任何时候都高，参选成果也超过以往任何时候，但总体来说，华裔的参政意识仍然比较弱，这可以从纽约和加州的选举投票的比率看出。许多华人仍然不能摆脱陈旧的传统意识，不关心政治，意识不到这一切都与每个华人的切身利益有密切关系。或者意识到了，但采取旁观的态度，比如在移民法案的问题上，在人口普查的问题上。因此，华人社区和社团都应认真对待这个问题，加强对华人参政意识的教育，使每一个华人都认识到自己的每一票很重要，自己的每一分努力都将为自己和大家赢取应有的利益。

另外，不能不提的还有华裔在司法界的欣喜和遗憾。欣喜的是，美国国会参议院12月24日一致投票通过，同意任命洛杉矶资深劳工法律师朱美瑜为加州中区联邦法官。朱美瑜因此成为美国司法史上首位华裔女性联邦地区法官。消息传来，不仅美国亚太裔法律联盟纷纷表示祝贺，华侨华人社区也都感到振奋。

朱美瑜任职是由奥巴马提名，参院司法委员会2009年9月举行提名听证会后认可提名，然后获得投票通过的。朱美瑜双亲来自广东，朱美瑜儿时目睹母亲在车衣厂内辛勤工作，这促使她长大后成为劳工律师，替劳工争取权益。她有着非常深厚的法律知识和良好的工作背景，在洛杉矶推广种族包容，为受歧视的民众争取司法公正。朱美瑜亦是美国梦的象征，她的任命将会为联邦法院带来卓越的贡献，同时，也会为华裔争得更多的利益和荣誉。

遗憾的是，同样是由奥巴马提名的另一位华裔法官郑一芳被退回了提名。在郑一芳的国会听证前夕，一个民间团体举出几个郑一芳参与审判的案例，指控郑一芳存在偏见、不顾事实等，对其人格提出严重质疑。该民间组织还在网上发动反对郑一芳提名的签名活动，并且多次致信美国参议院司法委员会及议员，要求国会两党否决郑一芳的提名。

郑一芳的提名终究还是被退回了。虽然对其指控的理由可以见仁见智，但该事件的事态发展被染上党派的色彩，而且涉及的大多是华人。这令人对华人的海外生存环境不免有了更多忧虑。

尽管如此，2009年还是令海外华人鼓舞振奋的。2010年已到来，笔者寄希望美国华人在新的一年里更团结、更努力参政，以取得更大的成就。

2010年1月4日

人口普查十分钟，何乐而不为

从4月1日开始，美国2010年人口普查正式开始。根据美国宪法要求，全美每十年进行一次人口普查，以便划分国会选区，为各州分配选举团票数，并为国会每年向各州、地方拨发的4 000亿美元政府援助提供准确数字。人口普查的意义重大，受到各方面的高度重视。华人高度关注的美国商务部部长骆家辉，除了管理商务外贸外，另一个很重要的任务就是2010年的人口普查。

人口普查有多重意义。从政治上说，美国参众两院的议员名额分配，从美国最早的13个州开始，到后来的50个州，参议院每州2名，共有100名参议员。这个总数是不会变动的，除非美国的领土再扩大而成立新的州。根据宪法，众议院的名额分配则是随着人口变化而变化的。随着美国建国以来人口不断增加，众议院的规模也越来越大，上一次人口普查定下的规矩是在约每69.3万人中选出一名众议员，现在共有435名众议员。

美国大选选举人团票的数量，体现州权平等原则，根据各州在国会的议员数量而定。例如，每个州都在国会有2名参议员和至少1名众议员，所以，任何州都至少有3票。但人口多的大州，除了这3票以外，众议员人数越多，选举人票数也就越多。所以，人口普查直接关系到大选时各州的选举人票数。

从美国历史来看，由于普查及人口划分选区涉及党派和族裔问题，每逢人口普查，都会在美国政坛上引起一些风波。对普通的华人而言，即便不关心政坛风波，从自身利益出发，也应该选择积极的态度。如果华人都能积极参加人口普查，就有可能为华人聚集地区争取到新的众议员名额，再通过积极参选，不断努力，就有可能逐渐扩大华人的影响，为争取华人的切身利益创造条件。

人口普查的另一个重要意义，是人口数目直接影响到联邦政府的拨款数额。据计算，如果在普查中，平均每漏计一人，每年地方政府就将损失4 000美元的联邦拨款。联邦拨款经费可让地方政府用来兴建学校、道路等重要设施。这也和华人的切身利益不无关系。华人不应该漠视。

华人对待人口普查的态度，许多人是出于观念问题，也就是一再被提及的华人的传统观念问题，无论是选举还是普查，一贯漠不关心，持冷淡旁观态度，这就需要改变观念。华人社区和社团，应该配合政府人口普查的宣传进行呼吁和宣导。

疑虑最大的主要是新移民，有的是不了解情况，有的则因为身份问题而不愿参加。这也是可以理解的，但是也不必有顾虑。这次参加人口普查的每位受雇员工，均需宣誓对人口普查资讯终生保密。同时，人口普查局依法不得与任何其他政府机构或执法机构分享问卷答案的内容，违反誓言者可处最高25万美元罚款及5年监禁。因此，部分新移民在这方面大可放心。

2010年人口普查问卷只有10个问题，是历史上最短的问卷之一，只需10分钟就可作答完毕。无论何种移民身份，无论停留时间长短，每个人或每个家庭只要花10分钟，就能反映在美华人的真实人数。进行人口普查有利于国家、政府和民众的利益，有利于未来十年争取华人的权益，同时也是华人改变旧有的不关心国事观念的一个进步，何乐而不为呢?

2010年1月12日

华人应提升法规意识

华人的法规意识和由此引发的形象问题，时不时有各种个案引出新话题，引起华人圈子热烈的讨论。

法规包括法律、规则，就是规定出来供大家共同遵守的法律、制度或章程，以此保证社会发展有一定的秩序。但仅有法规是不够的，还需要有法规意识，即不仅仅要知道法规是什么，还要积极主动去遵守，让遵守法规真正成为每个人自觉的心理需求。

缺少法规意识的种种行为，凸现了饱受诟病的华侨华人素质的问题。买卖盗版产品、违反交通规则、无照经营，还有一些看起来很小的事情，如在公共场所不清理狗的排泄物等。这些情况往往会引起居住国当地居民的不满，影响华人的整体形象。相对来说，移民时间长一点、受教育程度高一点的华人，在这些方面会做得好一些。但也不尽然，例如前不久留美学生江海松（音）擅闯机场禁区事件，江海松是博士生，受的教育不可谓不高，但还是做出了这样令人遗憾的事。

在海外，华侨华人的素质和所作所为都与华侨华人的身份有关。如果有买卖盗版假货、无照经营等违反法规的行为，以及在公共场所大声喧哗、胡乱插队，上厕所不冲水等不文明行为，在不知道具体姓名的情况下，居住国当地居民就只会说，华人如何如何。虽然个体的行为不能代表整体华人的形象，但个体行为积累多了，也就对华人整体形象造成了影响。

也有人认为媒体和普通人批评华人的行为时特别强调华人的族裔身份，有种族歧视嫌疑，实际上这有点反应过度。美国是一个多族裔的国家，媒体谈论某人或者某事通常都会提及族裔身份，例如详细报道车祸，通常都会提到当事人的族裔身份。这只是一种习惯的表达方式，与种族歧视无关。族裔群体是现实存在的，所以不要过分反应为好。

华人法规意识的提升是每一个人要认真面对的大事。中国外交部等有关机构曾发布了《提升中国公民旅游文明素质行动计划》，提醒赴海外的中国人注意自身素质和形象。近来多个国家的华人团体发起“反违法，树新风，提高华人整体素质”的活动，提醒海外华侨华人要成功融入居住国当地社会，加强修养和提高素质必不可少，也必须时时刻刻注意。

2010 年 1 月 22 日

海地救援中的两岸情

海地发生大地震，台湾派出搜救队前往灾区救援，由于太子港目前处于无政府状态，搜救队必须在维和部队保护之下才能行动。而保护台湾搜救队的联合国维和部队中，就有大陆派的维和人员。

台湾媒体报道，马英九为此称赞大陆军人对台湾搜救队的保护，认为双方没有进行政治操作，救灾就是救灾。大陆方面也没有刻意提及这件事。大陆和海地并无外交关系，大陆军人是以联合国维和部队的身份进入海地的。两岸无论是出于怎样的身份进入海地，目的只有一个，那就是人道主义救灾，因此我们应该以平常心对待这件事。

有人认为维持治安应该是联合国维和部队的职责，保护台湾搜救队的联合国维和部队中有大陆派去的军人只是巧合，台湾方面无须感谢。还有些人则认为台湾实力有限，关键时刻还是要靠大陆。这两种说法都不利于两岸关系的和平发展。

还有人趁机炒作，说这件事表明了“救灾无国界”。“救灾无国界”本身没错，例如美国等，都是以救灾无国界的方式向海地人民提供救援。但在台湾和大陆之间，并不存在“国界”的问题。

大陆维和人员保护台湾搜救队，既是维护治安职责所在，同时保护同胞也属天经地义。在去年索马里海盗猖獗时，大陆护航编队也对台湾货船进行保护，形式不同，但性质一样，都是血浓于水的支持。

这几年，两岸关系有了一定进展，两岸人民的交往也越来越多，四川汶川地震、台湾八八水灾，两岸都互相支援。如今两岸都有人员在海地参加救援，越是平常心对待，越是自然。如果借机进行政治操作或者炒作，只会引起人们的反感。

海外华侨华人也一样，无论来自哪里，都关心祖（籍）国的建设和中华民族的发展，关心两岸关系的解决。两岸侨胞的意识形态和政治分歧一直存在着，但是尽管“各为其主”，反“独”促统是大部分华侨华人的共识，求同存异，和平相处，共同发展也是大部分华侨华人的心愿。

海地地震，海外华侨华人积极捐钱捐物，两岸人员积极提供救援，都得到国际社会的肯定。总之，不利于两岸团结和平的话不要说，不利于两岸团结和平的事不要做。

2010 年 1 月 26 日

期待中国大陆出生的候选人诞生

据英国 BBC 报道，英国在野党、保守党最近公布了下一届议会候选人的名单，其中有英格兰利物浦华人吴克刚代表参选。吴克刚将是英国首位在中国大陆出生的议会候选人。

吴克刚出生于广东汕头，毕业于广州中山大学地质系，在华南师范大学获得硕士学位，后从事教学与科研工作，1991 年移居英国。现为英国商会的首席中国顾问，同时也是一家英国公司的行政董事长。

吴克刚不仅出生在中国大陆，而且在大陆长大，受高等教育后才移居英国。在英国十几年，他主要从事的是中英贸易和中英投资，他曾经帮助利物浦和上海结为姐妹城市，为促进英中关系做出了很大努力。2008 年，吴克刚加入英国保守党，不到两年时间，就迅速跃升为保守党的议会候选人，角逐包括华裔社区的利物浦市中心选区的议席。

吴克刚在接受采访时说，英国议会之前没有华裔候选人，与华人不关心政治的传统有关，语言隔阂也是一个问题，因此，华人对融入主流社会不感兴趣或持观望的态度。在谈到自己被推为候选人的原因时，吴克刚归结为两点：一是自己在保守党的机构里比较活跃，积极参加各种活动，也很重视和党员的交流；二是在 2008 年就通过了英国议会评估董事会的考核，取得了候选人的资格。

吴克刚的胜败还未可知。如果胜利，这将是个历史性的突破；如果失败，从其背景来说，也具有很大意义——被推出本身就是一个胜利。吴克刚的参选，不仅对英国华人来说意义不凡，对美国华人来说，也具有很大的参考价值。

美国的华人移民，从 20 世纪 80 年代开始，来自中国大陆的移民大量增加，进入90年代后，中国大陆的移民开始占多数。纽约唐人街的主要语言，已经从老侨的广东话开始转为普通话了。洛杉矶也出现了“小上海”、“小北京”，洛杉矶的华人超市，现在都可以买到北京“六必居”的干黄酱和韭菜花酱了。由此可见，大陆移民的影响力非常大。

据不完全统计，改革开放30多年，中国大陆赴海外的留学生超过120万，其中大部分在美国，还不算通过其他移民途径进入美国的。但是，在美国政坛参选的华人候选人基本上都来自香港、台湾等地区，在中国大陆出生和长大的候选人至今还没有出现，这不能不说是个遗憾。

华人移民埋头挣钱不问政治，对融入主流社会没有兴趣，这是过去的老传统。华人移民存在语言隔阂，这也是现实存在。这些移居美国时间较长的台湾、香港等地区的移民，现在已经开始有所改变了，出生在香港和台湾等地区的华裔也开始在美国政坛上崭露头角。

反观来自中国大陆的移民，比如20世纪80年代从大陆来美的留学生，在美超过20年，现大都事业有成、家庭安定，逐渐融入美国社会，语言也不存在隔阂。他们很多人也像吴克刚一样从事中美商贸或者科技交流的工作，从各大中文网站看，关心政治的来自大陆的华人也有不少。但是像吴克刚那样积极参加政治活动，像刚被选为国会众议员的赵美心等其他华裔政治人物那样，从基层做起，从社区做起，参与社会活动和政治生活，努力争取为华人谋求更大利益空间的，来自大陆的华人做得很不够。

美国是个移民国家，也是个多族裔的国家，各族裔和来自各地区的移民都需要有自己的代言人，以更好地争取切身利益。进入21世纪，来自中国大陆的移民大量增加，我们有理由期待出生于并生长于大陆的华裔政坛候选人早日出现。

2010年2月5日

美中若交恶　华人恐尴尬

又到了“爆竹声中一岁除”的时节。春节是中华民族的传统节日，尽管受经济危机的影响，海外华侨华人庆祝新春佳节的活动规模受到一定影响，但是全球各地的华侨华人依然热热闹闹地准备过年。全美各地华侨华人聚集的地方，人们张灯结彩，举办各种庆祝活动，舞狮舞龙，采办年货，到处都是温馨而浓郁的过年气氛。

据美国人口普查局公布的2007年社区普查报告，在美华侨华人总数有353万左右，是亚裔人口中人数最多的少数族裔。其中单一血统的华侨华人约占90%。因此，中华文化传统在美国华人聚集的地方深深地根植着，而且，在某种程度上，中国传统节日的文化内涵，在海外，尤其是历史悠久的华人聚集的地方，保存得相当完好。这对中国文化在海外的传承有着重要意义。

近年来，随着中国经济高速起飞，中国的国际影响日益扩大，华人影响也渐渐为居住国的主流社会所重视。无论在商业领域还是文化领域，华侨华人都对当地的发展作出了重要贡献，同时也为中国和美国之间的来往交流起了重要的纽带作用。而且令人瞩目的是，近年来，美国华人参政的意愿不断高涨，逐渐成为当地主流社会不容忽视的力量。

这一切，都使中国的传统春节日益为华人聚集的当地主流社会所关注。今年新春伊始，加拿大、澳大利亚、英国、马来西亚等国首脑和政府官员都以不同形式向华人表达了新年祝贺。去年春节期间，刚刚上任的奥巴马在白宫向全美的华人祝贺春节。

在美华侨华人，不仅关心和自身有密切关系的经济危机，也关心目前处于波动时期的中美关系。今年以来，中美关系出现波动，两国关系和两国领导人都面临着考验。美中两国的政治、经济和文化都有很大的不同，为了各自的国家利益，注定会有摩擦，但两国又有更多的交集点，尤其是在经济领域，双方如果走向对抗，一损必定共损。如何博弈，把冲突限制在可控的范围内，是两国政治家的智慧所在。

美中若交恶，在美华侨华人不免处于尴尬的境地，一方是祖国或者祖籍国，一方是现在的祖国或者居住国，大家都是黄皮肤黑头发，又都居住在这块土地上，谁也无法置身度外。而良好的中美关系是在美的华侨华人所共同乐见的。在新春佳节到来之际，无论外界如何变化，中美关系如何波动，美国华侨华人心中的过年情结和对未来的美好期望永远不会变。我们相信，在美华侨华人在虎年新春的共同心愿就是祝愿中美两国关系良好发展，祝愿中美两国人民世代友好。

2010 年 2 月 8 日

假护照案折射移民欺诈积弊难除

南加州近日惊曝“假中国护照案”。美国移民海关执法队 5 日对洛杉矶蒙市三家家庭旅馆进行了突击检查，目的是搜捕凭借假护照进行移民欺诈和银行欺诈的华人嫌犯。这次突击行动，虽然没有抓获嫌犯，但是引起华人聚居区的震动和关注。

此案件一直可以追溯到2006 年，美国海关陆续查获通过货物和海外邮政机构运到美国的上百本中国假护照，邮包的收件人遍布南加州各地，这次被搜查的蒙市的华人家庭旅馆，就是其中假护照包裹的收件地址之一，其他的还有嫌犯曾经居住过的地址。突击行动涉及的无辜居民，是被假护照案嫌犯所拖累的。

执法方此次是有目的的行动，从移民局披露的材料看，这些假护照已经流入社会，在美国加州、内华达州等地被用于申请移民身份，包括所谓的政治庇护案件，甚至银行诈骗。

移民欺诈是美国移民社会一个比较严重的问题。为了有效地遏制移民欺诈，美国政府花大力气跟踪追查这类案子。突击搜查蒙市三家家庭旅馆就是其中的一个行动。

在移民欺诈中，不法分子为了赚钱，设下无数骗局，假护照只是其中的一种方式。不法分子以假护照为非法移民骗取各种材料，再进一步骗取美国身份，这种现象在很多华人聚居区存在。其他的还有以假婚姻骗取绿卡，以不实的政治和宗教原因骗取庇护等。不少中国人为了移民美国想尽办法，有的以为花钱就可以换得一张美国“户口”，殊不知这里面有许许多多的陷阱。花尽钱财是小事，触犯法律的结果是严重的。

向往美好生活是每个人应有的权利，但前提是必须遵守国家的法律法规。非法移民偷渡美国，已经触犯法律，如果再涉及骗取身份，一旦事发，将面临监禁和遣返。被追捕的嫌犯，不仅涉嫌用假护照骗取身份，还涉及银行诈骗，对社会造成极大的危害，必须将其绳之以法。

至于华人居民抱怨家庭旅馆被搜查的人权问题，因为执法有搜查令，因此是合法行为。在执法过程中给居民上铐、询问身份，应该是程序问题。不久前有华裔孕妇因为涉嫌干扰执法被上手铐，就有人质疑是种族歧视、执法不当，后经警方答复，说这实际上是一种规定的执法程序。旅馆居民有疑问，如果有必要，最好向律师询问。由于执法机构搜走了旅馆每个人的文件，包括相机、驾照、绿卡、银行卡、现金等，造成他们生活不便，有必要的话应该咨询律师的意见。

至于有人希望能够游行抗议，这类活动则更应该在法律框架下进行。旅馆居民无辜被假护照案的嫌犯累及，令人同情，但是在美国，在公共场所集会游行是需要申请的，否则即为违法。最好的方式是等待执法机构的解决，美国是法治社会，政府可以妥善解决问题。如果不满意，也应该循法律途径解决，这才是正确的办法。

2010 年 2 月 12 日

春节文化传统的魅力

虎年春节，在喜气洋洋的中国红布景里，奥巴马向全球亚裔拜年，向全球欢庆农历新年的人们祝福。奥巴马的祝福首度以视频方式放在白宫的网站上，这在最近中美紧张的关系中增添了一些暖意。

在纽约，不仅华埠张灯结彩，喜气洋洋，还有数千名中国游客在纽约过年，其中有号称史上最大的中国旅游团。时代广场巨型屏幕上打出了剪纸老虎的贺年图形；帝国大厦破天荒关闭一天，专门接待来自中国的游客；梅西百货公司举办舞狮舞龙的表演，迎接中国客人。数千名中国游客预计会给纽约带来 3 000 万美元的收入，这些都是过去从未有过的热闹现象。

全美各地的华人，仍然按照传统的方式度过新年。尽管受经济危机影响，许多活动有所缩水，但人们买年货、迎财神的热情依旧。除夕守岁，初一串亲访友，祈福烧香，互贺新年，互相恭喜发财……到处都是浓浓的年味。就连许多美国人和其他族裔都受到这样热闹火红、喜气气氛的影响，关注或加入庆祝虎年新年的活动。

不仅仅在北美，春节文化已经逐渐走向世界。全球凡是有华人的地方，都在热热闹闹地庆祝这个节日。各国政要也纷纷发表新年贺词，从联合国秘书长到英国首相，从法国总统到加拿大总理，还有日本、丹麦、巴西等国领袖，甚至梵蒂冈教皇本笃十六世也赞扬春节是“巩固家庭和时代的联系”。全球各地的庆祝活动无不张扬了中国春节传统文化团圆和谐的内涵，比如，悉尼 17 天的春节庆祝活动已经成了一场文化的盛宴。

中国春节在全球不断升温，是因为在中国实力提升之下，中华文化走向世界的进程加速了。春节文化传统蕴涵着中华文明的价值观，凝聚着中国文化的伦理道德、审美情操。团圆守岁是重视家庭，传达的是忠孝亲情；拜年祝福是制造祥和的气氛，显示的是和谐友爱；过年的各种民俗，例如，大红灯笼、红春联、舞狮舞龙，都表达了新年的喜气和人们对未来的美好憧憬。

其次是华人对自己民族春节文化传统的热爱，千百年来，炎黄子孙无论走到哪里，都热爱自己民族的传统文化，将之发扬光大、世代相传。正因为这一份执著，才有了今天全球各地红火的农历虎年春节的盛况。

春节文化传统的魅力还在于它的世俗化，没有政治因素，没有宗教因素，易被不同信仰、族裔的人所接受。世界上已经有一些国家以不同形式把春节定为公共假日。随着中国的影响力日增，随着中国传统文化日益走向世界，也许有一天，春节会成为世界性节日，普天同庆。

2010 年 2 月 17 日

"假护照案"余波：华人无须惧怕在美打官司

南加州假护照案余波未平，不仅联邦海关及移民执法局（ICE）尚未将嫌犯逮捕归案，蒙市被突击搜查的家庭旅馆的华裔居民认为ICE执法不当，目前正在接触律师，寻求法律途径解决问题。

据媒体报道，林肯大街遭受搜查的家庭旅馆的华裔居民称，收到ICE寄来的收缴清单，发现被搜走的现金与当时搜查时留下的文件数字不符，少了1 000多美元。据当事人询问律师，答案很可能是突击搜查所应交的费用（扫荡费），就如救护车、消防车出勤一样。

事实上救护车、消防车和执法机构搜捕嫌犯的行为是完全不同的，救护车、消防车都是应要求出勤，适当收费理所当然。警方收到911电话出勤，即使收取费用，也是根据当时的情况收取，例如是否误报等。ICE为执法机关执行搜捕嫌犯的行动，没有理由要求被波及的无辜者交费。此外，如果执法方无法认定家庭旅馆的其他华人是嫌犯，也就没有理由扣留这些华人的文件和现金。

因此华人寻求法律途径解决问题应该是恰当的办法。但对具有传统观念的华人群体来说，要下决心和政府执法机构打官司并不容易。

美国是一个法治国家，众所周知，美国人喜欢打官司。究其原因，美国人的祖先多是追求自由平等而来到美国的，后代没有受到封建专制政府的统治，因此能享受更多的权利，也具备更多的法律常识。美国的各种法律多如牛毛，美国人的权益也得到相当程度的保护。遇到不平的事情，为了追求公正的解决途径，他们喜欢诉诸法律。即使面对政府，他们也毫不犹豫地打官司。

华人的传统观念与美国人不同。中国人的美德之一就是谦虚容忍，遇事主张息事宁人。中国有句古话："穷死不做贼，屈死不告状。"在不该做的事情上把告状和做贼并谈，很能说明问题。在中国漫长的封建社会，老百姓不到万不得已如身家性命、财产受损，一般不愿意涉及诉讼，更不用说告官府了。这种传统观念流传下来，在华人群体当中可以说是根深蒂固。加上华人群体在美国属少数族裔，长期处于边缘地带，又受语言隔阂的影响，因此华人一般对诉讼官司是能避免就避免，能忍就忍，多一事不如少一事。

其实美国华人既然到了美国，就应该向美国人学习如何保护自己的权益。普通人也好，雇主也好，美国政府机构也好，都有可能做错事，有可能侵犯华人的权益。如果华人不起来抗争，自身权益就会被侵犯，从而受到损害。久而久之，就可能会有些人故意针对华人群体的弱点，侵犯华人的权益。因此，华人不应该隐忍，惧怕打官司，而应该勇于通过法律保障自己的权益。华人律师在这方面更应该帮助自己的同胞争取合理合法的权益。

2010 年 2 月 25 日

不宜戴着意识形态眼镜看孔子课堂

美国南加州哈岗学区近日通过一项决定，将在哈岗西琳达中学正式开设教授中文的孔子课堂。这本来是帮助学生学习多元文化的决定，却遭到当地部分白人居民的反对和抗议。这些美国人认为，此项课程将会对学生进行共产主义意识形态的“洗脑”。

反对这项决定的积极分子之一特雷莎·马西亚斯表示，不能容忍这种现象发生，要与共产主义意识形态作斗争，要为捍卫美国的利益战斗。

从特雷莎·马西亚斯的话可以看出，这些抗议者的反应不仅过激而且充满误解。开设孔子课堂，主要是为美国学生提供学习汉语和了解中国文化的机会。众所周知，孔子生活在2 500多年前，那时候共产主义思想还未诞生。如果美国人对中国文化有相当了解，也许会批评孔子思想有封建意识，但是将其与共产主义意识形态牵扯上，只能说是风马牛不相及。

在美国，一般普通人对美国以外的世界了解得非常少，很多民众对中国的了解，基本来自媒体的报道。直到现在，一说起中国，很多人还以为就是共产主义铁幕国家。哈岗那些抗议者就是这样，以为开设孔子课堂就是用共产主义意识形态给学生“洗脑”，这是对中国历史和现状不了解造成的。

美国是个多族裔的国家，多元性是美国文化的特点之一，美国政府一向鼓励多元文化互相学习和融合。美国社会时下学中文成风，孔孟儒家思想在中国文化中占据重要的地位。外国人学习中文，如果要进一步了解和学习中国文化，不可能避开孔孟儒家思想。而且，中国政府在海外推广中国传统文化，取名“孔子课堂”，与孔子在中国和世界上的地位有关，与共产主义意识形态根本无关。因此，这部分美国人的担忧是杞人忧天。

目前美国很多地方的学区都开设中文课程，简体中文课一般由大陆的中国汉办参与，繁体中文课由台湾侨委会参与。不管谁参与，主旨都是推进中文学习和传播中国传统文化。有人对哈岗抵制事件评价说，如果是和台湾侨委会合作，就不会有问题了。那意思好像是说，来自中国大陆的孔子课堂就是要灌输共产主义意识形态，来自台湾的孔子课堂或有别的称谓，就与灌输共产主义意识形态无关了。这种观点表明，那些反对意识形态的人自己就是戴着意识形态的眼镜看问题的。

南加州哈岗学区去年向中国汉办申请开办孔子课堂，只为了讲授中文课程。这个项目如果被批准，虽然汉办会提供经费补贴和指导，但教材选择和教师配备都由学区自主决定。如果有人说中国汉办有大陆官方色彩，那么台湾侨委会也不是民间机构。因此，抓住参与机构的背景大做文章，故意把学区开设中文课抹上意识形态色彩，只能引起不必要的误解和对立，对推广中文和中国传统文化完全没有好处。

2010 年 3 月 2 日

华裔新移民妇女遇家暴当自强

美国是移民国家，从 19 世纪 30 年代至今，华裔妇女移民美国已有 170 多年的历史。在经历了漫长而艰辛的努力后，如今，美国的华裔妇女已有不少佼佼者开始跻身主流社会，例如首位华裔女部长赵小兰，首位女性众议员赵美心，首位联邦地区华裔女法官朱美瑜，以及在文学、体育方面作出杰出贡献的诸多华裔女性。这反映了华裔妇女主体意识的增强和美国社会多元化对华裔妇女的影响。

与这些取得巨大成就的华裔妇女相比，大多数普通的华裔妇女也都能在美国通过辛勤努力逐步认识到自身的价值，并不断地克服语言和文化障碍，取得经济上的独立，改善自身的地位。

但部分华裔妇女还存在着许多问题，例如，新移民华裔妇女的家暴问题一直以来受到各方关注。其中来自中国大陆的新移民华裔妇女面临的问题较多。在美的华裔家庭，伴随着异国婚姻的增多，由于文化方面的差异或彼此间的沟通障碍，华裔妇女很容易成为家暴的受害者。

所谓家暴，并不仅仅指行为暴力，任何身体、精神、语言方面的虐待，或者以强迫、监视、控制金钱的方式控制人身自由，以及威胁、恐吓、破坏财务等都属家暴的范围。

新移民华裔妇女遭遇家暴，首先还是与经济地位有关。有的人借助婚姻移民，嫁到一个文化完全陌生的地方，把自己的命运交给他人，如果没有语言能力和谋生能力，又遇人不淑，遭遇家暴常常不可避免。即使有的华裔妇女有身份，但没有经济能力，无法独立，遇上素质不高的丈夫，也易成家暴对象。

其次还与观念有关。来自中国的华裔新移民妇女，往往还带着传统的封建意识，抱着“嫁鸡随鸡、嫁狗随狗”的旧观念，认为妇女留在家里依附男人是理所当然的，遭遇家暴也只有隐忍。有的妇女在遭遇家暴后，认为是家庭私事，受“家丑不可外扬”观点的影响，不肯报警；还有的妇女根本不知道精神上的虐待和经济上的钳制也算家暴，以为只有动手打人才算家暴。一些异国婚姻，由于文化上的差异，妇女遭遇家暴后不知道报警，还被施暴的一方用来作为开脱的理由。

此外，一些嫁入美国的华裔妇女因语言障碍，不懂得应该为自己的婚姻留下证据，不懂得寻求法律保护，只好任其丈夫为所欲为而忍气吞声。

最后，还有一些为身份而嫁的华裔妇女，为了能取得身份，无论对方如何施以虐待，也咬牙忍着，以致有的最终酿成惨剧。

家暴在美国是触犯法律的行为，新移民华裔妇女应该了解有关家暴的定义和法律规定，改变旧有观念，遇到家暴要勇敢地走出家门，寻求帮助，利用法律武器保护自己。否则，只会客观上助长家暴行为的蔓延和加剧，使自己一再成为受害者。

2010 年 3 月 8 日

移民改革，华侨华人需踊跃行动

美国移民团体和少数族裔团体于21日在华盛顿举行了有20万人参加的推动移民改革的集会和游行。在西海岸，洛杉矶移民团体以及其他民权团体也将在27日举行有10万人参加的主题集会和游行。这将是近年来美国东西部最大规模的集会和游行，相信对推动移民改革会起到一定的作用。

奥巴马在竞选总统时，曾经表示要将移民改革作为任内最重要的任务之一，上台之后又承诺要在第一年内推进移民改革。但是这一年来，奥巴马陷于刺激经济、推行健保以及外交事务中，并未兑现承诺，招致移民团体的强烈不满。这两次集会游行的目的就是敦促奥巴马尽快推动移民改革。

作为移民国家，移民对美国的发展起了重大作用。今天实行的移民法制定于1952年，虽经过几次修订，但最近的修订至今也有20年。美国社会已经发生了很大的变化，旧的移民法案已不能适应社会的发展，移民改革对少数族裔移民社区来说已经是很迫切的问题了。

据最新的资料，美国华侨华人的总数已接近400万，占人口总数的比例超过1%。相较西裔人口，华人的数量较少，因此推动移民改革的力量以西裔为主。尽管华人人数少，但如果每一个人都能积极参与和发出声音，也是一股不可忽视的力量。华侨华人的每一个家庭，都可能面对移民问题，或者受到移民问题的影响：亲友或者街坊邻居、家庭团聚、工作、生活，都与移民法有关。

《洛杉矶时报》早前曾报道，白宫高级助手向积极推动移民改革的西裔人士表示，奥巴马会在今年支持移民立法。奥巴马近日也表示继续支持移民改革，会见国会议员和移民权益人士等，商讨移民改革问题。由于目前正处于奥巴马推行健保的关键时刻，又由于11月国会中期选举的影响，如果不能尽快进行相关法案细节的酝酿和拟定，很可能就会错过今年立法的机会。

客观地说，基于中期选举策略考虑，以及目前经济低迷、失业率高居不下的现状，奥巴马在今年推行移民改革的阻力很大。奥巴马也承认今年要通过移民改革会面临政治障碍。但如果奥巴马下定决心履行自己的承诺，也不是没有可能推进有实质性内容的立法进展。奥巴马说，相信议员能够创造让综合移民改革过关的氛围。

议员如何创造让综合移民改革过关的氛围？选民和公众的呼声就是一个很重要的因素。因此移民团体和组织呼吁，目前是国会和政府酝酿移民改革的关键时刻，移民和少数族裔应该动员起来，大声发出自己的声音，敦促奥巴马政府尽快推动移民改革法案的立法工作。

华侨华人从切身的利益出发，更不能袖手旁观，应该积极参与集会和游行，以及其他各种促进移民改革的活动，为自己、为亲友，也为相识或不相识的同胞努力争取合法权益。

2010年3月22日

华侨华人是医改法案的受益群体

奥巴马已经正式签署医改法案，揭开了美国一百年来寻求全民医保历史的新篇章，这是奥巴马推动内政改革的一大历史性胜利。

医保正式实施后，美国医保的覆盖率达95%，基本可以摘掉“发达国家中唯一没有全民医保”的帽子。

但是医改并未得到美国大多数人的赞同，从开始酝酿到成功签署，反对的声浪一直不断。各种民调显示，有近一半的民众反对奥巴马的医疗改革：有的是政治理念不同，不希望出现大政府；有的是出于利益驱使；有的担心政府的赤字；有的不愿意加税；有的担心医保范围扩大而导致医疗水平下降；有的则出于党派斗争的目的……

总体上说，华人反对的声音较少。奥巴马推行医保，最大的受益群体是中低收入人群——3 200 万没有医保的人，包括非公民和绿卡持有者。数据显示，在没有医疗保障的人群当中，华裔约占1.5%～2.8%。这部分人当中大多数属于低收入者，因而买不起保险。俗话说，天有不测风云，谁也不能保证自己和家人都不生病。当然，有急病可以寻求急诊，但急诊的费用仍然需要自己解决，如果没有保险，一旦生病，低收入者付不起医疗费，收入高一点的也可能因为昂贵的医疗费用导致破产。因此，健保案的通过将使这一部分华人得到帮助，改变过去因为买不起保险而担惊受怕和有病无法就医的状况。

此外，华裔移民从事小商业企业者为数不少，这部分小企业如果为员工购买保险，符合条件的可以得到退税的优惠，小商业企业主可以借此减轻负担。同时，健保案关于保险公司必须承担预防性保健费用的规定，可以鼓励因费用高昂而不作定期身体检查的华人定时体检，促使他们改变不重视预防的观念，使身体得到有效的预防保健。

完全得不到好处的是非法移民，健保案几乎覆盖“全民”，但把非法移民排除在外。据美国国土安全部的数据，2008 年居住在美国的中国非法移民有 22 万人。这部分人完全没有医疗保障，一旦有病，只好扛着，或者听天由命，令人十分同情。

早先众议院的法案还规定非法移民可以通过参加医保交易购买负担得起的医疗保险，但是参议院和众议院最后都取消了这一条。关于非法移民能否参加医保的争议非常大，支持的人认为，非法移民也对美国经济作出了贡献，也纳税，从人权的角度应该允许其加入医疗保险。但反对的力量更为强大，认为医疗保健不属于基本人权范畴，非法移民没有权利享受。非法移民只有寄希望于移民改革，如果奥巴马推行的移民改革能够解决非法移民的身份问题，他们才有可能参加医疗保险。

华人应该积极参加到推行移民改革的行列当中，为改善移民的家庭团聚，改善工作和生活，也为那些没有医疗保障的同胞能够有机会改变身份而获得医保，一起大声呼喊。

2010 年 3 月 29 日

频遭暴力攻击，华裔要积极发声

近来，旧金山湾景区不断发生非裔青少年攻击华裔的事件。一名83岁的华裔老人陈元无缘无故遭到非裔青少年的攻击，受伤严重，不久前在医院去世；一名华裔妇女，被多名非裔青少年从背后攻击且被推落到距月台1.2米的铁轨上；另一名39岁的华裔男子在轻轨列车上无故遭到一群非裔青少年的殴打致伤。

因为这一系列案件，日前警方的例会特地改在湾景区举办，不同以往的是有不少华裔积极参加，积极发言议论。与会的华裔认为，这些事件只是冰山一角，还有许多华裔遭受非裔攻击的案例没有引起重视，或者受害者没有报案。

这一类案件已经引起政府方面的重视，市参事麦斯也来到现场并在发言中表示，不能再让类似的事件发生了，“这不仅是亚裔小区的事情，这是我们大家的事情”。非裔市议员麦斯威尔等小区领袖则为近期发生的三宗华裔在三街T线公车站被攻击的事件道歉。

与会的许多华裔认为此类案件属于仇恨犯罪。旧金山凶杀案调查组组长史高达指出，警方至今仍未排除已经去世的陈元是仇恨罪的受害人。

在美国，联邦和大部分州都通过了一系列关于“仇恨罪”（hate crime）的法案，《1969年联邦仇恨罪法案》是一部关于联邦仇恨罪的重大法案。根据这项法案，任何人因他人的种族、肤色、宗教或在祖（籍）国的背景而对其造成伤害、恐吓或者骚扰，都可遭到联邦的起诉。

根据美国联邦调查局2008年公布的数据，2007年全美共有7 624起关于仇恨罪的案件，其中约半数由于种族歧视引起，其余则由于宗教信仰和性取向等引起。联邦调查局提供的一个案例是：在佛罗里达州，一名男子在一个非裔家庭来查看他家旁边待售的房屋时，在自己的院落里竖起一个十字架并且点燃，然后对非裔家的男孩说："我不想在这里看到你。"这名男子以为只是在自家院子里的行为，结果因触犯仇恨罪被判处 14 个月的监禁。

这个案子的受害人是非裔，众所周知，非裔在美国有着被严重歧视的历史，非裔美国人通过不屈不挠的斗争才取得今天的平等地位。但是现在，有些非裔却把曾经在自己族群身上发生的事情——因种族偏见而遭受暴力攻击，强加在华裔身上，令族裔关系趋向恶化。

社区中的白人、亚裔、非裔等各族裔的民众应该相互理解，共创和谐社区。如果警方通过调查确定这属于仇恨罪，那就是族裔和社区的大患，令人忧虑，政府应该引起足够的重视，采取有效措施。华裔群体要勇敢发出自己的声音，就像这次积极与会的华裔民众一样。有些华裔即便有语言隔阂，在遭到欺凌或人身安全受到威胁时，也不要采取忍让态度，一定要在最短的时间内报案，以便警方及时了解情况，维护自身和社区的安全。

2010 年 4 月 6 日

从刘弘威的提名听证看美国“党同伐异”

奥巴马总统提名华裔刘弘威为联邦第九巡回上诉法院法官。刘弘威现任伯克莱加州大学法学院副院长，他是美国宪法学、教育政策、民权和最高法院专家，是知名自由派法学家，曾任美国最高法院大法官鲁斯·金斯伯格的法官助理。坊间还传说奥巴马有意栽培刘弘威为最高法院大法官的候选人。

刘弘威的父母亲为台湾移民，刘本人出生于佐治亚州，进入幼儿园才开始学英语，在加州长大并就读于斯坦福大学、牛津大学和耶鲁法学院。刘弘威年轻有为、才华横溢、著述甚丰，被提名为联邦巡回上诉法院法官，是华人的骄傲，也是未来最有可能成为最高法院首位华裔大法官的人选。

但是刘弘威的提名遭到了国会共和党籍议员的杯葛，共和党籍议员指控刘弘威未及早透露过去逾百件演讲稿、著作和其他背景资料，坚持说这项遗漏是刘弘威企图隐瞒他最有争议的著作。尽管刘弘威在共和党人指控之前就已经补缴了这部分资料，但是共和党议员仍然不依不饶，指责刘弘威曾经在著作中说健保是一项权利，以及宪法是一个文件，应该随着世界的变化而修正等观点。

这样的指责很显然是“欲加之罪，何患无辞”。其实，对共和党籍议员来说，刘弘威补缴的资料不重要，重要的是刘弘威自由派法学家的身份。人们对不久前另一名被奥巴马提名的华裔法官郑一芳的提名案记忆犹新，当时共和党籍议员全力反对郑一芳提名案，以致奥巴马不得不第二次提名，真正的原因也是郑一芳的自由派身份。

现在刘弘威的听证已经两度被推迟，共和党籍议员还试图再一次延宕，但是被参议院司法委员会民主党主席李希所拒绝。预料共和党人对刘弘威的任命的反对会升级，加之最高法院资深大法官斯蒂文斯退休，刘弘威的提名将面临许多变数。

在美国，现代意义上的政党制度的产生和发展，是代议制和民主政治的必然结果。美国早期政治家，一方面表现出强烈的党派色彩，一方面又表现出相当的不安。开国总统华盛顿在《告别演说》中，就告诫后人要警惕政党精神的有害性。

事实上，两党制在美国民主政治中起了正面的作用，使美国成为现代政党政治的发源地之一。由于两党的政治理念存在差异，又代表不同的阶层和集团，出现党派之争是正常的。两党互相斗争又互相合作，尽可能找出最符合社会普遍利益的“公共利益”来治理国家，使美国政治保持一种健康有效的平衡和发展。

但是凡事过犹不及，如果在党争中无视民主制度的妥协原则，走向党同伐异，就可能出现像华盛顿总统告诫的那样，对民主政治造成损害。从今天的美国政坛来看，奥巴马走两党路线已经彻底失败，共和党人在几乎所有的问题上都与民主党唱反调，大到刺激经济、推行健保，小到像郑一芳和刘弘威这样的法官任命，都可以从中看到共和党人党同伐异的现象。

党同伐异影响和损害民主政治运作的后果，已经引起美国有识之士的警惕和重视。

像刘弘威这样的华裔法官的任命，不应该成为党同伐异的牺牲品。相信所有的华人，都希望看到刘弘威的任命听证顺利通过，希望未来不仅有更多的华裔法官出现，而且能够有最高法院的华裔大法官出现。

2010年4月11日

华人竞选中的“黑函风”须刹住

刚结束不久的洛杉矶亚凯迪亚市和核桃市市议员选举，共有5位华裔候选人参选，但最终仅有核桃市1人当选，亚凯迪亚市3名候选人全军覆没，无一人当选。在华裔占多数的选区，这样的结果令人惋惜且感慨。

洛杉矶亚凯迪亚市华裔在该市占34%，但登记的选民只有8 000多人，占符合资格的3万华裔总数的1/3不到。

去年华裔投票率只有8%，今年华裔选民参选率略高于去年，通讯投票的华人比去年多300张。这说明广告宣传大战确实引起了更多选民的注意，但广告宣传大战的负面攻击也是历年选情中罕见的。

最受非议的则是台面下的动作，黑函（匿名信）满天飞，谣言四处见。许多选举争议话题集中在候选人个人操守方面，涉及个人隐私，诋毁个人形象。最后核桃市虽有1人当选议员，主要是成功连任，但候选人也经历了广告、黑函及电邮的攻击。

黑函的衍生是社会的一种病态，也是个人素质低下的反映，在中国古已有之。

在台湾的选举中，黑函现象十分普遍，经常被作为攻击对手的方式加以使用，现在加上互联网和手机等先进的通讯方式，黑函更呈现出蔓延之势。这种恶质的选举风也在处于成熟民主国家之内的海外华人社会中显现，令人遗憾。

美国选举中互相攻击、抹黑对方的现象也常见，但双方都是公开进行，即便争斗，也保持君子风度。黑函在欧美主流社会很罕见，发送黑函者，一旦被揭露，就要承受巨大的社会舆论压力。

2009年，牛津大学女诗学教授帕德尔因为在竞选期间向媒体寄送黑函攻击其竞争对手，事发后遭到社会舆论的强烈质疑，最后不得不辞职。

这次两市选举选的选区不大，但各方都投入了许多资金，广告宣传争夺激烈，扫街拜票频繁，许多华人开始还有热情，但由于黑函、谣言这样的负面因素太多，许多华人选民后来意兴阑珊，甚至心灰意冷不参与投票，以致场面虽然火暴，但是华人新增投票人数有限。最后像亚凯迪亚市这样华人占据近半的选区，竟无法选出一个华裔代言人。

中国文化有很多值得发扬的传统，孔子说过“君子无所争。必也射乎！揖让而升，下而饮。其争也君子”，说的是古代射箭比赛的情形。比赛开始，互相行礼，是为礼让。比赛结束，彼此对饮，赢者说“承让”，输者说“领教”，无论输赢，始终保持谦谦风度，所谓君子。

选举犹如射箭，胜败乃兵家常事，人人有此胸怀，黑函谣言就无所遁形了。

总而言之，华人在本次选战中败北，一部分原因是现任者所占有的优势，更重要的原因则是华人之间的互相攻击与倾轧，散布黑函谣言，选风不正，以致选票分散，不仅最后惨败，使华裔整体形象减分，而且影响了主流社会对华裔参政的观感。这应该引起华人社会的认真检讨和重视。

2010 年 4 月 19 日

华裔受攻击，经济因素还是种族因素

最近，旧金山发生多起华人无故遭非裔殴打的事件，多人死伤。上个月 83 岁的华裔老人陈元无故被非裔青少年殴打送医院后死亡，本月 16 日，两个非裔凶嫌犯殴打华裔俞恬声父子，俞恬声当场被打晕，三天后在医院不治身亡。事件引起华人社区的强烈愤慨，他们纷纷集会表示抗议。

从纽约到旧金山，近来发生了一系列非裔针对华裔的暴力事件，有民权人士忧虑这是因为华裔有钱而对华裔的“经济歧视”。这一说法引起华裔社区的关注。

笔者认为，此说法值得商榷，通常来说，“经济歧视”是指在经济方面具有较强势地位的群体对在经济方面处于弱势的群体的偏见，通俗地说，就是较富裕群体对贫穷群体的歧视。如果一个群体因为富裕而被人歧视，那主要原因就一定是在经济因素以外。

在非裔对华裔的暴力事件中，仅仅经济因素是很难解释的，华裔有钱是事实，但是有钱的并不只是华裔，白人、犹太人等都有钱，但是很少听见非裔因为“经济歧视”对白人、犹太人施行暴力。同是亚裔的韩裔，也属有钱的群体，在当年的洛杉矶暴乱中，非裔认为韩裔抢走了他们赚钱的机会而对韩裔采取暴力手段，但是强悍的韩裔拿起枪保卫自己的利益。从那以后，就很少听见非裔对韩裔实行暴力事件。

华裔在美国向来有安分守已的名声，但是华裔也有既有钱又软弱的名声。不仅在纽约和旧金山，洛杉矶华人社区也常发生非裔针对华裔的抢劫案，甚至西裔抢劫分子也因“华人有钱，华人没有枪”而对华人下手。因此，在这类案子中，华人频遭攻击的原因并不是有钱引起的“经济歧视”，而是华人群体的弱点给了非裔暴力分子以可乘之机。因此非裔对华裔群体的暴力事件，说到底还涉及种族歧视。

据说涉案的一些非裔嫌疑犯将被以暴力罪和谋杀罪起诉，警方说，调查显示嫌犯并非基于族裔背景而进行攻击，所以不会对嫌疑犯以“仇恨罪”起诉。但是受害者俞恬声父子都是无缘无故地被攻击，并且，这之前的陈元案，还有一系列被报道的暴力案件，都与族裔身份有关。就在俞恬声去世的第二天，旧金山又有华裔在自家门口无故被非裔群殴受伤；而且，这一系列案件很可能只是非裔攻击华裔案件的一小部分。在华人抗议的集会中，有不少华裔称曾被非裔攻击但没有报警或者怕麻烦不愿意报警。

种族歧视是某些人对某个族裔群体的偏见，在反种族歧视已成为“政治正确”的美国，依然存在公开的或者隐性的种族歧视。有华人批评主流媒体因为担心被贴上种族主义标签，故避免报道一系列华裔遭受攻击的案件。这一系列非裔攻击华裔的案件也从侧面表明有种族歧视因素在内。因此，警方说没有族裔因素，很难令人信服。

华人社区应对此高度重视，改变软弱怕事的缺点，学会保护自己，遇到袭击要迅速报案，千万不要怕麻烦。华人社区要团结起来，努力发出自己的声音，让全社会知道华人的吁求，从而切实保护自己的利益和整个群体的利益。

2010 年 4 月 26 日

华人应挺身反对移民苛法

亚利桑那州州长近日签署移民法，此举在美国引起轩然大波，从法案在议会通过之日起，抗议声浪就不断涌现。不仅全国的民权组织抗议，奥巴马也表示亚利桑那州的移民法“误导而不负责任”，将检视是否违反联邦法。

这项被称为最严苛的亚利桑那州移民新法，史无前例地把非法移民定为轻罪行为，一经查出，非法移民将面临长达6个月的监禁和多达2 500美元的罚款。新法要求移民必须随身携带证明合法居留的文件，并且要求警察一旦发现有人疑似非法居留，就有权对之进行盘问。新法还把矛头指向雇用非法移民的雇主或者引入非法移民的人。

亚利桑那州新移民法受到非议是意料之中的事情。按常理，所谓非法移民就是不合法地进入美国，当局本来有权利阻止和遣返，但是新法赋予警察合理怀疑和实施检查的权力，必然引起争议。警察如何认定非法移民？有一点基本可以肯定，警察不会去盘查白人。那么，如果根据种族、肤色、口音来判断是否为非法移民，肯定就涉及种族歧视，否则警察又根据什么标准来判断？亚利桑那州确实有不少西裔非法移民，但是也有很多西裔美国公民。如果盘查到的“嫌疑人”是美国公民，那么该美国公民会认为自己的人权受到侵犯，作为守法公民凭什么被认为有嫌疑？

可能涉及种族歧视和侵犯人权是亚利桑那州新移民法的硬伤，因此遭到民权组织和移民团体的强烈反对。但是，从另一个角度看，亚利桑那州的民意调查显示，有七成的州民支持该法，否则州长不会签署该法案。究其原因，主要是联邦政府始终未能解决非法移民问题，奥巴马的移民改革承诺也迟迟不见兑现。此外，美国经济不好，不少人将之归咎于移民和非法移民，这也是亚利桑那州新移民法通过的重要原因。

每每看到西裔或其他族裔大张旗鼓地争取自身的利益，联想华裔群体的表现，就不免感慨。当然西裔族群庞大，相对来说，华裔族群要小得多，但是在争取自身利益上，华人的观念还是滞后。例如，许多华人觉得亚利桑那州的新法主要是针对西裔，自己不受影响。可是先不论也有华人生活在亚利桑那州，不可能不受影响，而且，如果这样的法律被其他州仿效，据说已经有四个州正在进行类似的研究，尤其是华人聚集较多的地方，如加州或者纽约州，那么华人又怎能够置身度外？

继本月 23 日和 25 日数千人的抗议后，移民团体和民权组织正在酝酿“五一”大游行，抗议亚利桑那州移民苛法。

在这样的形势下，华人怎么办？目前已经有华人社团领袖站出来呼吁，但是相对华人社团的数目而言，只占少数。移民问题是有关华人切身利益的问题，应该有更多的华人社团站出来，华人群体要改变不喜欢过问政事、事不关己高高挂起的心态，改变华人整体冷漠怕事的形象，为争取整个族裔的利益，积极参加到关于移民改革的活动中去。

2010 年 4 月 27 日

抗议移民苛法，华人参与度不够

5 月 1 日是国际劳动节。这天，从华盛顿到纽约，从洛杉矶到旧金山，美国有 90 多个城市举行了成千上万人参加的集会游行，洛杉矶就有约 6 万人参加。所有参加集会的人都猛烈批评亚利桑那州新移民法的种族歧视和侵犯人权的做法，呼吁奥巴马尽快推行移民改革。

据美联社报道，就在前一天，亚利桑那州州长布鲁尔签署了一项关于备受争议的新移民法的修正案。修正案对以人种或者族裔作为警方盘查依据的做法加强限制。布鲁尔认为，新签署的修正案可以平息人们对新移民法可能诱发种族歧视的担心。

事实上，民众并不关心警方以人种和族裔为盘查依据的做法如何被限制，因为以族裔和人种为依据进行盘查本身就导致种族歧视，加强限制只不过是程度的不同，并没有改变歧视的本质。

根据盖洛普最新调查，在了解亚利桑那州新移民法的美国人中，有 51% 支持该法，其中独立派人士有一半支持该法。这些数字显示，除了一向反移民的人群之外，美国有相当部分民众对非法移民持负面看法，并且在利益受损害和可能受损害的时候，种族歧视的政治是否正确就被置之度外了。

平心而论，亚利桑那州和墨西哥有很长的边境线，非法移民人数众多，由此而来的毒品走私、绑架和其他犯罪活动猖獗。但是也并非所有的非法移民都涉及犯罪活动，事实上，非法移民也为当地的经济作出了一定的贡献。当局打击非法移民是正当的，然而打击非法移民的犯罪活动，不能以种族歧视和侵犯人权的方式进行。

在美国华埠，不少华人社团呼吁华人积极参加集会游行，但是也有一些华人对此表现冷淡，还有的华人认为如果没有身份的西裔离开美国，华人的工作机会就会增多；而且华人历来安分守己，亚利桑那州新移民法主要是针对西裔，警方即便盘查，也未必会针对华人，其他州的就更不用担心了，因而持观望态度。

“五一”当天，笔者恰在纽约，当经过曼哈顿集会游行地点和唐人街时，看到西裔是集会游行的主要人群，很为西裔群体敢于发声的意识和行为所震撼，他们中的很多人已是美国公民或者永久居民，但仍团结起来为自己和没有身份的同胞争取合法权益，值得华人学习。

按目前的情况看，亚利桑那州新移民法引起的争议将继续发酵。许多人都忧虑，经济不好，不少美国民众迁怒于移民，如果联邦没有制定相应的法律，按照盖洛普的民意调查，很可能会有其他的州跟着制定类似法律，把种族侦防合法化，那么少数族裔包括华人都会受到影响。

这次关于移民改革的示威游行是自 2006 年以来最大的一次。2006 年数十万人举行示威游行，要求当时的总统小布什进行移民改革，但是小布什的努力最终功亏一篑。奥巴马在竞选总统前曾承诺，上任的第一年要推动移民改革，亚利桑那州移民法争议成为新的移民改革触发点，但由于面临中期选举，奥巴马今年推行移民改革的可能性已经大大降低了。

2010 年 5 月 3 日

亚太裔传统月后，华人更应发声

5月是美国亚太裔传统月。奥巴马总统发布公告，赞扬亚太裔为美国的发展和繁荣作出的不可估量的贡献。

美国亚太裔传统月源于1978年美国国会通过的一项决议，以5月的第一周为纪念传统周。选择这个日期是因为第一个日本移民到达美国的时间是1843年5月7日，以及1869年5月10日美国横贯东西的铁路建成，而参加这条铁路建设的劳工大多数是中国劳工。1990年，国会投票将其扩大为一个月，即今天的亚太裔传统月。在这个月中，全美各地都将举办各种活动以庆祝传统月。

根据美国人口普查局的资料，亚裔是美国的第三大少数族裔，也是人口增长速度第二快的族裔，其中华裔又占多数。

华人在美国一百多年，为美国的繁荣作出了很大的贡献。现在华人群体在美国的整体地位虽然有了很大的提高，但是还需要所有华人积极努力。在美国这样的民主国家，立国不久就颁布了人权法案，人人平等成为最深入人心的价值观，但即便如此，美国非裔、妇女争取自身的合法权益也是经过了长期不懈的斗争，最终才得到胜利。华人也一样，从1869年铁路竣工到1978年国会通过议案，一百多年的时间，华人对美国发展的贡献才得到主流的正式承认。

合法权益不会从天上掉下来。近些年，华人参政意识已经比过去大为提高，华人中的优秀精英也开始逐渐走上政坛，为华人代言，争取群体利益。但是就普通华人来说，还需要努力改变一些传统的旧观念。例如，旧金山一系列非裔对华裔的暴力案件发生后，当有人谈及这样的暴力不是现在才有的时候，警方就回答说过去很少接到报案。受多一事不如少一事的旧观念以及语言障碍的影响，不少华人遭到暴力侵犯后宁愿隐忍，也不积极报案，这就可能给警方和主流社会造成错觉，以为只有最近才有这类个别案件，因此不予重视。华人这种隐忍怕事的态度，在某种程度上是变相纵容犯罪分子。

5月4日，华人群体在旧金山市政府前举行千人集会，就是因为过去一再隐忍，导致此类暴力有蔓延的趋势，直至忍无可忍，从而意识到必须起来保护自己。集会期间，在市府大楼内开会的所有市议员在市议会历史上首次暂停议程，一起来到集会现场。这充分说明，在美国，只有发声呼吁才不会被忽视。如果多年来华人群体对待这类暴力案件一开始就抱着积极的态度报案，主动配合警方调查，那么罪犯的行为就会得到一定程度的遏制。

在亚利桑那州移民法案问题上也是这样，有些华人认为，和西裔相比，主流社会对华裔群体的印象较佳，因而沾沾自喜；有些华人对自己的事情都不愿意出声，更不用说是西裔的事情了。但是不要忘了华人也有非法移民的现象，如果事态进一步发展，完全有可能波及华人。

从旧金山一系列华裔遭袭案件到亚利桑那州移民法案的抗议活动，应该说华人群体和社区的参加意识已经有了很大提高。希望有更多的华人意识到在美国社会发声的重要性，在亚太裔传统月及以后，更加积极地参加到各种维护和争取自身利益的活动中去。

2010年5月10日

族裔和解才是减少暴力事件的根本

旧金山湾景区一系列攻击华裔的事件发生后，本月 11 日，旧金山警方召开首次小区会议，对华人受暴力伤害案作出“抢劫案受害者总结”。警方现场公布了警局从今年 1 月 1 日到 4 月 24 日的各种罪案统计，表示特别关注如何改善治安，让包括华裔在内的亚裔民众放心出行。

但是警方并未使与会的华裔人士感到满意。警方提供的受袭数据显示，在湾景区和英格西区华人比例相当高，而华人遇害的比例却不是最高的。警方同时强调仇恨罪取证和确定的难度，但即使是警局局长盖斯康也相信华裔社区还有许多案件没有报案。华裔人士认为，警方的数据和结论并未真实反映实际情况。

不过与会的非裔更加不满，本来是听取华裔小区对持续遭非裔攻击的意见，但是与会及发言者却以非裔居多。不少非裔在会议上批评警局重视华裔、忽视非裔，认为长久以来，警局从不重视湾景区非裔小区发生的枪击及凶杀案件，现在亚裔小区投诉被非裔攻击，警局立即调派警员及成立华语警察服务中心。非裔批评警局厚此薄彼，认为这对非裔小区是一种侮辱。

值得注意的是，与会的华裔人士人数有所减少，会场上出现华裔和非裔发生争论的情景，显示出令人忧虑的族裔隔膜现象。

非裔社区的问题确实存在，但非裔社区的案件并非华裔所为。无论是警方还是非裔人士，简单地以数据混同其中的差别，对解决问题并无益处，相反，可能增加已经存在的族裔隔膜和歧视现象。

现在有一种倾向，无论是警方还是一些社会人士，都极力回避或者无视种族歧视和种族隔膜现象，认为谈及这个话题就有挑起族裔矛盾和族群对立的嫌疑。

平心而论，在非裔和华裔当中，都存在着互相歧视的现象。华人社会流传的一句话：华人最怕的是“儿子是同性恋，女儿嫁黑人”，就折射出华人社会对非裔的歧视。当然，并非所有的华人都有种族歧视思想，就像并非所有的非裔都有种族歧视思想一样。在旧金山一些地方，华裔逐渐改变了一些传统非裔社区的面貌，但因为缺少沟通交流，双方关系紧张，甚至互相歧视，族裔隔膜明显。

因此，承认有族裔隔膜现象，承认双方都有部分人有种族歧视，承认数年来非裔暴力分子故意挑选华裔进行攻击等，并非要挑起族裔矛盾和族群对立，只是指出一种客观存在的事实，进而提出解决问题的有效办法。回避或者无视这种客观存在的事实，无助于化解矛盾。就算警方投入大量警力，也只能治标而不能治本。旧金山警方确实做了许多工作，比如加强社区巡逻、增加华语联络方式等，但许多有识之士指出，仅仅采取这样的措施并不能持久，无法从根本上解决问题。

华裔和非裔社区的领袖应该坐下来共同商谈，加强沟通，加强了解，使华裔和非裔之间消除歧视，达成共识，一起来反对暴力，维护社区治安。

只有经过各方努力最终达到族裔和解，才是清除族裔隔膜和防止发生冲突的根本办法。

2010 年 5 月 17 日

国会何时就《排华法案》向全美华人道歉

5 月 27 日，来自全美各地的华人社团代表在华盛顿国会办公大楼，正式向国会议员递交请愿书，敦促国会为 1882 年通过的《排华法案》道歉。

在这之前，加州议会已经全票通过一项法案并由州长施瓦辛格于去年 7 月 21 日签署，正式承认 150 年前对华裔移民的迫害，并对不公平的迫害行为致歉，还承认华人移民对加州建设所作出的贡献。这项致歉议案于今年 1 月 1 日起正式生效。

《排华法案》是国会于 1882 年 5 月 6 日签署的，是美国历史上唯一针对某一族裔移民的排斥法案。《排华法案》连同其他歧视性法案，在长达 60 年的时间里，禁止华人在美国买房，禁止华人与白人通婚，禁止在政府任职，禁止与白人共对公堂，甚至禁止其妻子儿女移民美国等，违反了基本的人权。1892 年，该法案由《基瑞法案》延长十年，到 1902 年更被取消了时限，一直到 1943 年才被废除。

华人对美国的发展作出了巨大的贡献，尤其是在横贯美国的中央铁路的建设中的贡献更大，这也是今天亚太裔传统月设立的原因之一。但是华人在当时却饱受欺凌、歧视甚至遭到迫害。当年美国排华和反华的动机，是基于种族、文化和经济的原因。当时华人劳工文化水平低，生活卫生习惯欠佳是事实，但以爱尔兰裔为主的白人劳工，生活卫生也一样不好，只不过他们的皮肤是白的。经济变差的时候，华人就成了替罪羊。美国朝野酝酿《排华法案》时，清朝政府腐败无能，内忧外患，无法也根本没有打算保护旅美华人。

128 年过去了，国会至今仍未向全美华人道歉。国会在 1942 年通过的关于监禁日裔美国人的法案，在 1988 年就正式向日裔美国人道歉，并赔偿仍在世的日裔美国人每人 2 万美元；2008 年国会也为当年对非裔美国人的奴役道歉。

华裔作为美国第四大少数族裔，目前已有约 400 万人口。华裔在政治上越来越多地显示出影响力，这是从总统到议员都不容忽视的。美国作为一个以自由人权为立国精神的国家，国会没有理由拒绝为曾经长达 60 年之久的种族歧视和侵犯人权的法案道歉。

值得称道的是，去年加州通过向华人道歉的法案，这是第一个由华裔提出的得到加州议会全票通过的法案。这是第一次全美华人社团联手提出，要求国会为《排华法案》向华人道歉的法案。这“第一次”弥足珍贵，展示了华人社团的新气象。我们相信，以后会有更多这样的联手，他们会为保护和保障华人的利益而共同努力。

2010 年 5 月 29 日

在美华人保姆切莫忽视维权

美国最新公布的研究报告指出，中国已成为美国的第四大移民国，仅次于墨西哥、菲律宾和印度。近年来，随着美中经济大环境的变化，中国移民的意愿和方式也有了很大的变化，其中依亲依然是主要移民方式。随着依亲移民的增多，华人社会对保姆的需求增加以及加入保姆行列的移民不断增多，华人保姆现象越来越引人关注。

美国华人保姆主要包括来自中国大陆、香港、台湾以及一些东南亚国家的华人移民，大多数保姆，尤其是新移民保姆不会说英文，或者只会说很少的英文，因此只能在华人圈里找工作。

目前的华人保姆市场，以中国大陆来的为多。华人保姆不需要很多技能，通常是做家务、看孩子、照顾老人等，只要勤快、干净、有爱心，通常都能得到雇主的认可。

现时华人保姆的待遇，以三四口之家为例，如果家里有三到四间卧室，送孩子上学，搞卫生、做饭等，一星期做6天，雇主管吃住，月薪大约是1 200 ~1 700美元，具体要看保姆的熟练程度和雇主的满意程度。有时候，香港或台湾来的保姆的薪金会高一些。此外，还有一些特殊的情况如照顾老人、接送孩子，以及一些管家级的保姆，薪金会更高。雇主有时候要负责休息日的接送，但是不负担保险。

华人保姆的收入相对美国人要低一些，但是和雇主有相同的文化背景，好相处。雇主管吃住，加上收入是现金，不用交税，而且部分人还没有工作许可，所以虽然收入不高，但还是一份可接受的工作。

来自港台等地的保姆基本没有身份问题，来自中国大陆的保姆成分相对复杂。有人是投靠子女，在家闲着没事，出来找份工作赚点钱；有的是没有专业技能，又不会英语，只能做保姆；有的即使有专业技能，但在美国找不到合适的工作，只好做保姆。

华人保姆中存在一些问题，例如调整心态的问题，尤其是中国大陆来的新移民。若保姆来自农村，相对好些，但也不能像菲佣那样因为从小受训练而有良好的职业心态，甚至不如港台的保姆。而那些原先在大陆已有一定身份地位，来美后因为各种原因做了保姆的，心态自然不容易平衡，大都有放不下架子的问题，有时会影响工作，甚至有人工作时会带上笔记本电脑并经常使用，引起雇主不满。

华人保姆的另一个问题是喜欢把人情和工作混同在一起，这与中国文化传统有关，且在来自中国大陆的保姆中比较多见。华人雇主一般都在美国工作、生活了一定时间，受美国社会影响，通常把工作和人情分开。如果华人保姆常把人情和工作混起来，处理不当，就会导致双方互相不满，影响雇佣关系。

华人保姆自身容易被忽视的重要问题是保护合法权益。由于语言、地位、身份等问题，许多华人保姆在权益受到侵犯时只是采取隐忍的态度，有的在雇主家被要求超时工作，有的被克扣工资，有的被迫接受种种苛刻的条件，有的甚至会遇到性骚扰，但华人保姆很少有人会去投诉，甚至不愿意向亲友诉说。

华人保姆应该学会保护自己的权益，例如每周工作不应该超过45小时，周末至少应该休息一天。如果雇主需要保姆做额外的工作，保姆应与雇主签订保护其权益的具体条款。如果遇到苛待或者性骚扰，一定要懂得用法律手段保护自己。

华人保姆在华人社区生活中已成为不可或缺的部分。在美的华人保姆大都勤恳努力，为许多华人家庭解决大问题。雇主、职介所以及华人保姆自身也应保护华人保姆的合法权益，使华人保姆的境遇不断得到改善。

2010年6月7日

应对诈骗，华人当勇于拿起法律武器

经济不好，各种犯罪活动就可能增加。美国自金融危机以来出现了许多犯罪活动，抢劫、诈骗、偷盗无所不有。尤其是针对华人的诈骗案，花样百出。

据媒体报道，最近有华人在购买法拍屋时遭到不法分子欺诈。不法分子索要大笔搬迁费没有得逞，就破坏房屋设施。在华人事主忍让后，不法分子又勾结不良律师，利用法律漏洞合伙敲诈。因其狮子大开口引起华人事主的警惕，揭发欺诈事件，最后将律师告上法庭。

不少诈骗活动针对华人是有原因的。一个原因是中国经济起飞，华人大多给人有钱的印象，并且华人习惯于手持大量现金。自从金融危机爆发以后，美国的房价一直下跌，大批法拍屋及各种房产上市，在购买法拍屋以及购买房产的过程中，持有大量现金的华人引人注目，成了欺诈者瞄准的对象。

例如本文中提到的案例，欺诈者就曾提出以大笔现金私了为诱饵，如果是一般美国人，因为没有这么多现金，欺诈者往往无法就此下手。近来全美很多华商受到电话欺诈和勒索事件，也出于同样的原因。

另一个原因是华人遇到事情通常希望私下解决，尤其不愿意涉及诉讼，不像一般美国人，只要觉得不公平或者利益受到损害就会立即诉诸法律。华人常常抱着破财消灾、息事宁人的想法，这就给欺诈者以可乘之机。如果数额不大，欺诈者常常可以得手。就如本文中的案件，如果欺诈者不是狮子大开口，也许该华人事主为了息事宁人，就让欺诈者得逞了。

许多华人英语不是很好，也是诈骗活动常针对华人的原因之一。有的欺诈者利用法律漏洞，或者在文件上做手脚，例如故意不解释一些重要条款，就催促事主签字等。许多华人又因为语言问题，很多资讯无法获得，容易上当受骗。在遇到纠纷和解决纠纷时，语言问题是华人常常吃亏的一大原因。

语言不好，资讯不足，可以聘请律师。虽然美国是法制较健全的社会，但律师行业也有良莠不齐的现象，例如本文案例中提到的律师欺诈。

身为律师，知法犯法，是严重的罪行，但是仍然有不良律师铤而走险。这类情况在移民案件中也时有出现，不良律师利用事主移民心切、语言沟通能力欠佳、资讯又不足的弱点进行欺诈。事主往往损失钱财，甚至事情也办不成。

在美华人由于受传统的影响，在处理现金和语言方面的问题上不容易很快得到改善，但在使用法律手段保护自己的利益方面应该改变传统观念的影响，当然不一定要像美国人那样动辄诉诸法律。华人若遇到利益被侵犯，该诉诸法律的还是要诉诸，一味忍让往往会使欺诈者得寸进尺。例如在搬迁房屋受损问题上，事主就应据理力争，欺诈者知道事主法律意识强，很可能就会知难而退。

华人在寻找律师的时候，应该找正规的并且信誉好的律师承办案子，不要贪图费用便宜而轻信不良律师。总而言之，华人遇到欺诈勒索时要及时报警，遇到利益受损时要改变破财消灾的想法，要敢于并善于利用法律武器维护自身的利益，只有这样才能避免成为欺诈者下手的对象。

2010 年 6 月 14 日

华人赌球是小赌怡情吗

四年一度的足球世界杯正在火热进行，美国华人球迷和全球其他地方的华人球迷一样，尽管没有中国队参加，仍然投入极大的热情。而全球的赌球风也让不少华人球迷卷入其中不能自拔，甚至许多在校大学生都纷纷参与其中，还美其名曰：小赌怡情。

美国华人赌球始于往届足球世界杯，后来蔓延至各种球类，包括职业棒球、职业篮球、美式足球等。在世界杯足球赛期间，民众分别对两只足球队的输赢或者进球数下注，主要通过信用卡下注，等赢球后商家将赌金汇入该账户，以此获利。

应该说，的确有人是小注下赌，抱着玩玩的心态，但更多的人则是越来越痴迷于赌球，不断加大赌金，很多人开始只是用几十美元、几百美元下注，后来抵不住诱惑，开始下大注，甚至有人投入上千美元、上万美元，期待以此发大财。

据不完全统计，目前全球与足球有关的赌博网站超过 2 000 个，涉及数千万参与者。在美国华人中，参与赌球的先前多是来自香港、台湾的移民，现在大陆移民渐多，呈现出后来者居上的趋势。大陆新移民由于生活单调，改善生活现状的欲望强烈，很容易被吸引加入赌球行列中。赌球网络以分级树枝状存在，人们通过熟人朋友加入，多以为万无一失，但是也有少数被骗。比如，事先刷卡下注，赢球之后却不见赢到的金额进入账户，中间操盘商有时恶意拖欠或者故意不付。华人赌球者因为知道赌球为违法行为，因此敢怒不敢言，也无计可施，导致血本无归。

除了由各州法律规定的赌场属合法外，美国法律禁止各种球类赌博，若网站设在美国，民众下注，最高可判监禁 12 个月，罚金 5 000 美元。现在民众赌球钻的是法律漏洞，因为这类网站都设在海外，只是通过在美国的中间商操纵。由于美国有关网络法规尚未成熟完善，这类在海外网站赌球的行为如果无人举报，警方通常不会介入，但这并不表示行为合法，一旦事发，后果严重。

华人赌球并不是小赌怡情，不但违法，而且下大注的民众很可能钱财俱失。赌球对人的心理影响很大，一部分人可能出现病态赌博倾向，极少数人甚至可能变成病态赌博，需要加以治疗和救助。

痴迷赌球影响个人工作和家庭，在校大学生赌球尤应禁止。这种侥幸发财的念头会对年轻人造成负面影响，尤其是来美留学的学生可能会因此荒废学业、影响前程，因此应引起各方的重视。

2010 年 6 月 21 日

中国强大，华侨华人可挺起腰杆维权

法国巴黎2万多华人20日在巴黎市区美丽城举行声势浩大的反暴力游行。人们举着标语，高呼“反暴力，要安全”，以抗议巴黎日益糟糕的治安。这是旅法华侨华人历史上最大的一次反暴力维权游行，体现了在法华人的空前团结。

法国有60多万华侨华人定居，大部分居住在巴黎市及近郊。据媒体报道，巴黎美丽城长期受到治安不良的困扰，针对华侨华人的暴力行为长期存在并不断恶化，抢劫、殴打华人的暴力事件几乎天天发生。此次大游行的导火索，是6月1日巴黎美丽城大酒楼参加一场婚礼的大批华人宾客遭到匪徒明目张胆的轮番暴力抢劫，气焰嚣张。后因一位华人路见不平拔枪相助，赶走匪徒，众人才得以平安离去。

这一事件引起公愤，中国驻法大使馆表示关注，并已要求巴黎警方打击劫匪，保障美丽城华侨华人的安全。法国警方已在巴黎四个区域设立有中文报案单的报警站。此次游行也得到法国政府官员的支持，巴黎第19区区长兼市参议员马德克和游行组委会负责人、侨界领袖等一起走在游行队伍前列，第20区区长卡兰德拉表示理解和支持华侨华人的呼吁。法新社记者称，这是第一次报道如此大规模的华人游行。

游行中有一条标语很引人注目：“中国人，不再惧怕！”这条标语令很多华侨华人百感交集。昔日被当作“软柿子”的华人，如今不再惧怕暴力，而是团结起来进行维权。不再惧怕的原因有许多，最重要的是中国的强大，海外华侨华人的地位得以不断提高。

这条标语令人想起6月16日，美国国防部部长盖茨在国会参议院拨款委员会关于对台军售问题作证时表示，中国之所以高调反对美国对台军售，是因为过去中国是弱国，只有接受，但是现在中国不弱了。盖茨说的是事实。随着中国国力的增强，中国在世界舞台上的影响力日益强大，中国不弱了，海外华侨华人还会是弱者吗?

美国华侨华人近年来的许多改变也很引人注目，一是华人参政意识不断增高，华人参选率和投票率在年青一代中变化十分显著。二是美国华侨华人也开始团结起来维护自身的利益，前不久全美华人社团联合起来向国会递交提案，要求国会就《排华法案》道歉，以及旧金山华侨华人针对华人被抢劫殴打致死事件举行的示威游行，都是华侨华人团结起来参政维权的生动例子。

当然，华侨华人在维权和参政方面还有待努力。只有团结起来，华侨华人才能争取和保障自身的利益，也只有繁荣昌盛的中国，才是海外华侨华人的强大支柱。不管华人走到哪里，不管拿的是什么护照，他们的黑头发黄皮肤永远不会改变，他们的族裔身份也永远不会改变。

2010 年 6 月 22 日

发挥桥梁作用，华人社团应当仁不让

时近美国国庆，全美许多地方的华人社团正在积极开展活动，例如，纽约繁荣华埠总会27日举办了第九届庆祝美国国庆暨选民推广文艺节，洪门致公堂等华人社团也将举办相关的庆祝和选民推广活动。

这些活动得到许多商机企业的赞助，吸引或即将吸引大批华侨华人参与。其中，华人社团起了很重要的桥梁作用。

首先是在华人社会和主流社会的沟通中发挥了桥梁作用。华侨华人在美人口已近400万，无论是居留还是已经入籍，在美华侨华人都热爱这块赖以生存的土地。举办庆祝活动，可以激发华侨华人对美国的热爱之情，也会吸引当地民众参加，增加彼此了解的机会。同时，也能够让主流社会更加了解华人群体融入当地社会的想法和行为，促进主流社会和华人群体的互知。

类似华人社团的桥梁作用，还有在旧金山中国城图书馆举行的美国联邦劳工部与合同执行计划办公室联合举办的首届“亚裔人权和民权外展活动首次社区互动论坛”。协办的旧金山新侨服务中心就在政府和华人社区之间起了桥梁作用，不但帮助政府了解所需的劳工资讯，也使华人，尤其是新移民了解美国相关的劳工法律等，以保障他们应有的权益。

其次是华人社团在选民、民选官员以及华人候选人之间起了桥梁作用。上面提到的几项活动都有选民推广的内容，不仅有华裔民选官员参加，还有一些有志于参政的华人候选人参加。

举办这样的选民推广活动，一方面通过宣传促进选民登记，另一方面也使选民能够对民选官员和候选人有更加直接的认识。同时，民选官员和有志参政的候选人，也可借此机会进一步了解选民的想法和要求，为选举活动收集民意。

华人社团应该充分扮演好桥梁的角色，把动员华人参政、推选华人群体的代言人作为一项常年的重要工作。要动员华人利用手中的选票，一是选举那些能维护华人合法权益，热心为华人社区和群体服务的华人；二是应该跨越党派，推举华人候选人。例如，夏威夷第三位当选国会众议员的共和党人周永康，由于共和党候选人分散票数的原因，很可能在11月中期选举中会被民主党候选人夺回席位。因此，华人社团应该帮助华人选民认识美国两党基本面的一致，认识到应该超越党派意见，把票投给华人，以争取出现更多的华人代言人。

华人只有积极努力融入当地社会，彼此加强沟通与了解，积极参政议政，并且在政体的各个层次上有华人自己的政治代言人，华人的合法权益才能更好地得到保障。华人社团在这几方面应该当仁不让地做好桥梁角色，充分发挥华人社团在华人社会中的作用。

2010年6月29日

留学生安全问题不容忽视

美国一直是中国学生的热门留学目的地。目前美国驻华使领馆对留学生签证持开放态度，门槛降低。加上美元汇率也在不断降低，中国赴美留学生人数大幅度增加。

据不完全统计，2009 年，中国赴美留学生人数已达 10 万人。同时，在美中国留学生的平均年龄不断降低，直接出国上中学或读大学本科的中小学生人数呈逐渐上升趋势。留学生的安全问题，越来越受到各方面的重视。

近年来，由于各种原因，在美留学生的各种事件时有发生。例如，去年弗吉尼亚理工大学发生中国留学生杀死另一名中国留学生的恶性案件；去年 12 月，华盛顿州 3 名来自中国内地和香港的留学生发生严重车祸，造成 2 死 1 伤；今年 5 月，纽约法拉盛中国女留学生被西裔罪犯强暴后杀死；在新泽西州，中国留学生和导师发生口角，导致被开除学籍并以恐怖威胁罪名起诉；在刚过去的 6 月份，还发生了留美中国学生跳桥自杀事件。此外，一些小留学生缺乏安全意识，不懂得保护自己，也在诸如语言学校招生、租房、信用卡等问题上被侵犯权益，造成不同程度的损失，从而影响学习和生活。

对此，中国驻美各使领馆和学生组织、华人社团都高度重视留学生的安全问题。从纽约留学生姚宇被害以及中国留美博士翟田田被捕等事件中，人们都看到了中国使领馆提供了适当的领事保护和必要的帮助。中国驻旧金山总领馆将今年定为“留学生安全年”，旧金山加州大学的中国学生学者联合会举办安全年主题活动，美国其他地方的华人留学生组织和社团都不定时地举办这类活动，号召和提醒留学生提高防护意识，注意安全。

留学生来到美国，首先应该对美国的有关法律、习俗和地方安全状况有所了解，遵守相关法规法律。同时要学会尊重当地习俗，说话办事要入乡随俗，学会良好的沟通方法，尽量避免争执，也要避免因为美中文化和法律差异而引起的冲突，减少麻烦和危险。其次要有自我保护意识，掌握基本的安全知识和技能，例如，不要随便向人提供电话号码和地址等个人信息；出门保护好自己的钱物；开车一定要遵守交通规则；遇到可疑人要有提防意识，尤其是女生，最好避免晚上单独出门；遇到突发事情，要及时寻求中国留学生组织、中国使领馆的帮助，遇到意外更要及时报警。

每个留学生来到美国，都对未来满怀希望，想学到更多知识，有更好的发展前景。留学生的平安，不仅是父母亲友的牵挂所在，也是中国驻美国各使领馆、各留学生组织、华人社团重视和努力提供帮助的职责所在。

2010 年 7 月 7 日

亚利桑那州移民法若实施，华人要学会自保

虽然备受争议的亚利桑那州新移民法要到 7 月 29 日才正式实施，但是当地许多华人为避免麻烦，已经在外出时携带身份证件了。

有人说亚利桑那州新移民法主要是针对墨西哥非法移民而不是针对华人。但从理论上说，只要新移民法生效，警察就可以在执行其他法律的时候，例如违反交通规则等，盘查任何他认为有非法移民嫌疑的人，包括华人。

亚利桑那州新移民法涉嫌种族侦防，不仅给众多合法居住的移民带来心理上的伤害和生活上的不便，而且那些未带身份证件的美国公民和外国观光客都可能受到干扰甚至被监禁。反过来，如果警察不依法盘查非法移民的可疑人员，则可能会遭到当地民众的控告。此外，受影响的还有民众将畏于报案和作证，最终影响当地治安。

联邦政府司法部、美国国内安全部和国务院，本月 6 日在亚利桑那州凤凰城联邦法院联合对亚利桑那州提告，指控亚利桑那州即将生效的新移民法违宪，并侵犯联邦职权。按美国宪法和联邦法，只有联邦政府才有权制定移民法及执法，各州如制定移民法律，将干预联邦政府职权，与联邦精神和法律冲突，属违法行为，因此联邦行政部门要求法院禁止执行该法律。

如果亚利桑那州移民法正式实施，受影响的不仅仅是亚利桑那州的华人，其他州的华人也可能受到影响，因为自亚利桑那州议会通过新移民法以后，已经有好几个州表示要跟进，也有十几个州持观望态度。如果联邦行政部门最终败诉，那么这些州都很可能跟进制定各州的新移民法，受影响面将扩大至任何有华人移民居住的地方。

尽管三个联邦行政部门联合提告亚利桑那州新移民法，但是在美国，诉讼是一件非常耗时日的事情。这次诉讼，无论哪一方败诉，都很可能会上诉至联邦巡回上诉法庭。到了联邦巡回上诉法庭，败诉方可能上诉至联邦最高法院裁决。两年前，伊利诺伊州也曾有移民法被判违反联邦法而败诉。但对于这次诉讼，亚利桑那州政府有70%的民意支持，联邦三个行政部门则只有50%的民意支持。从这次诉讼是否违宪和双方的强硬态度看，最后官司打至联邦最高法院的可能性很大。

因此，在7月29日之前，这场官司是不会有最后结果的，除非联邦政府要求法官同意发布禁止令，在最后诉讼得出结果之前，禁止亚利桑那州新移民法执行。但是法官是否同意下禁止令也是一个未知数。从目前的情况看，在7月29日，亚利桑那州新移民法实行不是没有可能。

在亚利桑那州，作为少数族裔的华人群体，在这种状况下应该努力自保，随身携带身份证件就是必要的办法。其实对成人来说，随身携带身份证件并不是一件很麻烦的事情，有驾照的带驾照，没驾照的带劳工证，或者复印护照上的居留许可。未成年人相对而言会比较麻烦。譬如在香港，特区法律就要求每个居民随身携带身份证件，当然这和亚利桑那州的情况不一样，在香港没有种族侦防问题，但是携带身份证件也就习惯成自然了。

关键是，在亚利桑那州和联邦政府的诉讼结果出来之前，每一个华人都要努力避免麻烦，保证自己平安无事。

2010年7月12日

亚裔学生堪称“模范族裔”，中华文化传统功不可没

美国教育部14日发布的族裔教育报告显示，亚裔学生体现出鲜明的“模范族裔”色彩——家庭重视教育，学生勤奋学习，成绩出类拔萃，不良行为较少。

在美国，亚裔人口约1 300万，其中华裔约400万，接近1/3。由于亚裔中的其他族裔如韩裔、日裔、马来裔及越裔，都在不同程度上受到中华文化传统的影响，因此可以说，华裔及部分亚裔学生表现出来的“模范族裔”色彩与中华文化传统有着紧密的关系。

华人家庭重视子女教育，中国自古有语“老吾老，以及人之老；幼吾幼，以及人之幼”，因此华人父母注重抚养和教育好孩子，子女也懂得尊敬和孝敬老人。古语还有“养不教，父之过”、“吃得苦中苦，方为人上人”等，这些传统的教育理念被华人家庭作为家庭教育的座右铭。

刻苦努力是华人子女立足美国社会的必由之路。在美国，由于平权法案的影响，华人子女尤其是中产阶级的华人子女，要申请就读优秀大学，与非裔、西裔以及印第安人子女相比，需要更为优秀的成绩和素质才能被录取。华人家庭的父母深深懂得，在异国他乡，在同等条件下，华人想要出头，较其他族裔更为不容易，因此注重培养孩子刻苦努力学习的精神，使子女长大以后逐步改变华人处于边缘化的状态，逐步融入当地社会。

华人家庭对子女一般要求很严格，注重全面教养，除了学校学习，很多华人家庭还送孩子上补习班、才艺班。美国的学校重视学生素质的培养，着重启发与培养学生的动手能力、独立解决问题的能力和创造力。在美华人子女自然也受到这种培养与熏陶，加之传统家庭教育的影响，华人子女不仅学习成绩优秀，而且能全面发展，成为学校中的佼佼者。华裔在

美国人口中约占1.5%，但是在全美各大学，尤其是排名靠前的大学，华裔学生所占的比率都远远超过人口比率，显示出华裔学生确实具有很强的学习能力。

由于传统文化注重道德品格教育，古人教诲“不学礼，无以立”、“德者业之本，业者德之著”，德业相辅相成、缺一不可的论述，都使得华人家庭通常对子女要求很严格。身处西方社会，华人家庭注重诚实守信、事业心、责任心的教育，但对喝酒、毒品及性行为方面持相当保守的态度，因此华人子女相对于其他族裔的子女有较强的自我控制能力，华裔学生的不良行为较其他族裔学生要少得多。

当然，传统文化对教育的影响也有不足的地方，例如有些华人父母对子女管得过分严厉，不懂得平等对待子女、尊重子女愿望，与处于西方现代学校教育的子女容易产生代沟，发生冲突。此外，传统文化中的“温良恭俭让”，也使许多华人家庭教育子女要凡事忍让。而在西方这样价值观不同的社会，过分忍让，不敢努力保护自己的权益，常常给人以软弱可欺的印象。

华人应思考如何在传统文化和西方文化之间找到合适的教育交融点。华裔子女在西方社会，不仅要学习中华文化的精华部分，也要摒弃不符合现代精神的旧观念，同时不断吸取自由平等思想、开拓进取精神、勇于争取自身权益的思想意识等，把不同社会的不同价值观融合起来，以便更好地发展。

2010年7月19日

亚利桑那州新移民法仅部分生效，对华人是利好

美国凤凰城联邦法院周三裁决，亚利桑那州新移民法于7月29日部分生效。其中，新移民法中最受争议的部分，即亚利桑那州警察可以在必要的时候，检查任何被怀疑是非法移民者的证件，被博尔顿法官下达临时禁止令。博尔顿法官在长达36页的决定书中解释，在还没有最后裁决亚利桑那州新移民法是否违宪的情况下，下达禁止令可以避免联邦政府遭受不可挽回的损失。

联邦政府和州政府为移民法对簿公堂，在美国是一件大事。此案对美国将具有重大的历史意义，不仅涉及州权和联邦权之争以及种族歧视问题，还将深刻影响美国的移民改革。目前联邦政府获得了初步的胜利，但这场官司最终谁能赢还很难说。

在美国，关于宪法第十修正案里的州权和联邦权限，分权主义者和集权主义者历来争论不休。分权主义者认为，宪法第十修正案规定宪法未授予合众国权力，也未禁止各州行使权力，就是保留给各州或人民权力。集权主义者则认为，宪法第十修正案并没有否定联邦政府有权利充分行使其所有的权力，代表部分人民的政府不能干涉代表全体人民的政府。

凤凰城联邦法院裁决后，亚利桑那州政府方面并不认输，从州长布鲁尔到共和党州参议员，都表示要尽快到联邦第九巡回上诉法庭对禁止令提出上诉。鉴于联邦第九上诉法庭的自由派色彩较浓，亚利桑那州政府取胜的可能性不大。从目前来看，此案肯定最终会打到联邦最高法院。在美国，是否违宪也只有联邦最高法院有最后的裁决权。目前9名大法官中倾向分权的保守派和倾向集权的自由派形成5：4的格局，联邦政府方面在联邦最高法院未见得能够轻松取胜。

至于被禁止执行的关于检查证件部分，联邦政府起诉时并没有提及，因为目前亚利桑那州新移民法尚未实施，无具体实例，还无法指控其涉嫌种族选择性执法。司法部方面曾表示，新移民法一旦实施，如果有证据显示亚利桑那州新移民法存在种族选择性执法，司法部不排除对其提起第二轮诉讼的可能。尽管理论上亚利桑那州政府也反对种族选择性执法，但现实中执行起来很难做到，因此博尔顿法官发出了禁止令。

平心而论，亚利桑那州确实饱受墨西哥部分非法移民之害，如贩毒、绑架等，凤凰城一度被称为“绑架之城”。据说亚利桑那州新移民法其实在去年就酝酿了，因为有议员担心执行起来可能涉及种族歧视，因此未果。今年年初，亚利桑那州边境一牧场主怀疑被非法移民打死，舆论顿时大哗，在沸腾的民意中，州议会迅速通过了新移民法。此外，经济不好，反移民情绪就会上升，是亚利桑那州新移民法产生的大环境；11 月国会中期选举，也是州长布鲁尔考虑的重要因素。

移民问题向来是很敏感的问题，也历来是两党政治斗争的重要议题。令人瞩目的是亚利桑那州政府通过的新移民法在亚利桑那州有 70% 的民意支持。CNN 最新民意调查显示，亚利桑那州新移民法在全美的民意支持率为 55% 。这样的民意调查显示，无论联邦和亚利桑那州哪一方胜诉，都可能对国会中期选举产生影响。

亚利桑那州的非法移民问题非一日之寒，激烈的争议也凸显移民改革的迫切性。最终的结果不管谁赢谁输，都将对美国的移民政策产生很大影响。由于共和党与民主党对移民政策有很大的分歧，双方民意的对立也很尖锐，此案的审理及结果也会对 2012 年大选产生重要影响。

对亚利桑那州的华人来说，凤凰城联邦法院下达的部分临时禁止令令人高兴，但此案远未结束，华人在各方面受影响的状况短期内不会得到根本性改变，对此华人应有清醒的认识。华人应以此为契机，积极参加推动移民改革的活动。

2010 年 7 月 29 日

卫生问题太多，中餐馆形象堪忧

随着中国人走向全世界，中餐馆也在全球四处开花。美国有近 400 万华人，一直以来，华人在美国的谋生之路中，开餐馆是主要方式之一。在华人聚集的地方如纽约、洛杉矶，中餐馆随处可见。据不完全统计，纽约有 2 万多家中餐馆，洛杉矶地区也有数千家。中餐受欢迎的程度日益扩大，不仅华人喜欢，不少美国人也享受中餐美食。

伴随着受欢迎而来的问题是中餐馆卫生状况不容乐观。中餐馆的厨房卫生常常令人忧虑，常在当局卫生检查时受到质疑。有些中餐馆饭堂的卫生还不错，但一旦进入厨房，就可以看见糟糕的卫生状况：生熟不分，肉菜随便堆在一起，甚至蟑螂爬行、老鼠出没。还有的厨师自身的卫生状况也令人担忧。

中餐馆卫生问题由来已久，这也和华人的卫生习惯有关。中国人通常不太重视厨房卫生，即使在自己家里也是如此。尽管美国当局颁布和执行有关的卫生分级制度，有的中餐馆屡次被挂上较低级别的牌子。

当然，中餐馆也确有其特殊性。对于美国人来说，熟食没有冷藏而长时间放置在室温是违反卫生标准的，但中国人自古以来的习惯就是这样，这是中餐馆的特殊之处。但这些也不是不能改变，入乡随俗，在美国开餐馆，只有努力适应当地的习惯，才能被普遍接受。

美国餐馆卫生分级制度的标准是根据西餐的标准制定的，但是这并不能成为中餐业者不赞成卫生分级制度的借口。即便西餐对食物的冷藏要求较高，但厨房的卫生，无论哪一种餐馆，都应该做好。事实上还是有不少中餐馆卫生状况良好。纽约市约有 2. 4 万家中餐馆，估计目前只有 30% 的餐馆能被评为 A 级，40% 能被评为 B 级，C 级为 26%，D 级为 4%。洛杉矾自2006年开始实行卫生分级制度，有些餐馆至今无法达到A级。纽约中餐馆有30%达到A级卫生标准的数字说明，达不到标准的不是做不到，而是没有努力去做。

也有业者担心检查卫生者只凭个人感觉和喜好，可能有失公允。不少中餐馆业者由于语言文化障碍，对美国的卫生标准缺乏了解，不能和检查者很好地沟通，往往造成误解，导致检查时出现尴尬局面。遇到这种情况，不谙英语的业者应该积极寻求帮助，加强沟通，避免不必要的误会和损失。

美国华人餐饮业竞争激烈，华人业者应该改变观念，切实改进卫生状况，提高管理和服务品质。据报道，知名度高的中餐馆都对卫生分级制度表示欢迎，食品卫生是关系民众身体健康的大事，这方面做好了，自然会提高竞争力，有利于餐馆的经营和发展。

2010年8月2日

华人看“出生公民权”之存废

最近国会共和党领袖以及一部分共和党重量级议员，一直酝酿重新修改第十四修正案第一款，目的是取消宪法赋予在美国出生的外国人公民权。在当前反移民情绪抬头的情况下，加上国会中期选举的临近，众议院如果通过这类提案，必然会像亚利桑那州新移民法那样，在全美引发大争论。

第十四修正案于南北战争结束之后通过，此修正案的初衷主要是防止战后南方各州奴隶制卷土而来。1857 年，在被称为美国最高法院史上黑暗的一页——著名的“斯科特 Vs 桑福特案件”中，最高法院居然判决“奴隶不是美国公民”。此判决自然引起强烈批评甚至信任危机。直到第十四修正案通过以后，在美国出生的黑人才开始有合法身份，获得公民权。

美国的出生公民权在今天导致巨大争议，主要是由非法移民问题引起的。从华人的少数族裔身份来说，绝大多数华人比较认同出生公民权。这部分观点认为，非法移民是个人的选择，但是孩子的出生不是孩子自己的选择，非法移民的孩子在美国出生、长大，也要生活、上学、工作。如果取消出生公民权，必然导致这些孩子一出生就在各方面处于不平等状态，生活和教育都会受到巨大影响。这就完全违背了美国自由平等的立国精神，也违背了宪法第十四修正案的平等保护精神。

但在华人中也有少数赞成修改宪法的声音。他们认为，根据皮尤中心的报告，目前在美国出生而获得公民身份的非法移民子女，仅西裔在 2008 年就已经达到 380 万，还不算其他族裔的非法移民子女。这些人将使美国的教育、福利资源背上沉重的负担，而且由于依亲移民，未来会有更多移民涌进美国，实际上等同于变相鼓励非法移民。他们认同主张修宪者的观点，即最高法院关于1889年“合众国诉黄金德案”进行裁决时，黄金德的父母已经有合法居留身份，因此给非法移民子女出身公民权是对宪法的误读。

也有一些华人认为，如果修改宪法，受影响最大的还是西裔，华裔相对来说少得多，因此与华人关系不大，静观其变即可。这种看法是不对的。所有移民问题都与华人息息相关。上述“合众国诉黄金德案”，就是因华人而起的关于出生公民权的重要判例，对后世有极大影响，现在无论是赞成修改宪法者或反对修改宪法者，都应以此案裁决为重要依据。

在美国，修改宪法是一件非常难的事情，但也并非没有可能。华人因自身状况不同、思考不同而有不同看法很正常，但不管观点如何，华人群体不仅应该关注这次关于出生公民权的争议，还应该关注所有移民改革的议题。移民改革关系到每一个华人的家人、亲友、邻居、同事，谁都不应该置身度外。

2010年8月9日

美中“带孩子上班日”各有千秋

中国大陆首届“带孩子上班日”于13日（8月的第二个周五）顺利进行。这项公益教育活动有近百家企业响应，近万名家长参与。

当日，大陆一批企业接待了5～12岁的孩子，引领他们参观了自己父母工作的环境和内容。正如发起机构所倡议的，这是一个职业教育启蒙日、知识教育日、亲子沟通日。对企业而言，这也是一个帮助员工平衡家庭工作关系、增加企业凝聚力的机会。

这项活动源于美国。在美国，每年的4月22日是“带孩子上班日”。这个日子最早来自一个妇女基金会，该基金会在1993年发起了“带着我们的女儿上班日”活动，并在2004年加入了“带我们的儿子上班”的内容，一直延续至今。

该活动在全美范围内被接受，许多公司鼓励员工在这一天把子女带到公司，多数公司会安排一些活动，有的公司甚至允许带一个别人家的孩子。孩子们在这个活动日里了解父母的工作，通过这个窗口了解社会。活动日发挥了促进亲子沟通、培养孩子们日后梦想的作用。

这项活动的开展在中国有着积极意义。从中国的教育理念来说，传统上比较注意书本知识，尤其是在现行考试制度下，孩子们的课业负担重，很少有时间接触真实社会。“带孩子上班日”虽然只有一天，但其效果甚于校园里脱离现实的职业教育启蒙，因此受到注重培养孩子素质的家长的热捧。

与中国不同，在美国，这项活动要求参与孩子的年龄稍大，在8～18岁之间。尽管活动得到企业和家长的普遍支持，但很多学区却表示反对。其中一个原因是，美国教育历来很重视孩子的社会实践，孩子们参与社会活动的机会比较多，不在于某项活动。

另一个原因是，4 月 22 日与美国学区这个年龄段的孩子进行标准化测试的时间很接近。美国今年的“带孩子上班日”就受到诸多学区的抵制，唯恐影响学区的标准化测试水平。这些学区呼吁家长抵制这个日子，把孩子留在课堂，不要影响学习和测试。多年来，美国许多学区高层一直呼吁改变活动时间，建议改在假期或暑期举行，但没有得到响应。这一点，中国就做得比较好，选择避开了学习的时间，以免影响学生学习。

美中两国在这项活动上的一些异同值得思考：中国孩子偏重学习书本知识，这项活动因给孩子们提供了认识社会的机会而受到欢迎；美国孩子不缺少参与社会活动的机会，因此学区更担心会影响孩子的成绩。因此，因地制宜、合理安排是两国活动举办者应注意的问题。

2010 年 8 月 16 日

纽约建清真寺之争，华人希望变通解决

2001 年 9 月 11 日，穆斯林恐怖分子劫持飞机撞毁了世贸大厦中心双子塔，近 3 000 人死于那次恐怖袭击。九年后，纽约市政府批准了在“9・11”遗址附近建造一座伊斯兰文化中心，其中包括一座清真寺。

纽约市的这项决定在全美引起了极大的争议，包括“9・11”死难者家属在内的反对者认为，在“9・11”遗址附近建清真寺是对死难者的不尊重，是无法接受的决定。支持者认为，宗教自由是写入宪法的，不能将“9・11”恐怖分子等同于穆斯林世界。

支持者和反对者的对立日益尖锐。8 月 22 日，数百名反对者在“9・11”遗址集会抗议，他们中间有“9・11”事件时参加救援的消防员、遇难者遗属以及附近的居民，打着“绝不能建清真寺，保护死难者尊严”等标语。支持者则打着“保护宗教自由”的标语。双方针锋相对，把这场争议推向了新的高潮。

在这场争议中，美国政坛两党许多重要人物都发表了自己的看法，甚至连奥巴马也卷入其中。奥巴马在白宫庆祝伊斯兰斋月的晚宴上说，穆斯林有权在曼哈顿的私人房地产上修建清真寺和文化中心。他还说，他作为公民和总统，相信穆斯林和这个国家所有的人一样，有宗教信仰自由，有按照法律规章在曼哈顿建造文化中心和清真寺的权利。为了平息民众由此而引起的疑问，白宫还罕见地发表声明，表示奥巴马是每天都做祈祷的基督徒。

世贸遗址附近到底能不能建清真寺，是摆在美国政府面前的一道难题。按美国宪法，民众有宗教信仰自由和各种权利，但“9・11”是美国人心中一道深刻的伤口，也是不能回避的问题。

从许多华人论坛和华人聚会时的话题来看，大部分华人参与者都认为，自由平等是美国的立国精神，宪法规定的宗教自由应该得到保护；同时从感情上又觉得完全能够理解“9·11”遗属的心情。

就笔者所见所闻，大部分华人参与讨论者，不会简单地站在某一边，而是持相对比较矛盾的态度。很多人表示，尽管认为穆斯林依法有权在世贸遗址附近建造清真寺，但是如果投票的话，出于对“9·11”的感受和对遗属的同情，会投反对票。也有不少人认为，为尊重死者和遗属，双方可以商谈另选地方建造清真寺，这样也不会牵涉宪法问题和宗教自由问题。

与相当多的美国人对阿拉伯人有成见不同，也许是同属少数族群的缘故，也许因为华人传统上并不是宗教感强烈的族群，即便许多华人基督徒对穆斯林并没有太多的成见，从理智上也能比较清楚地把穆斯林激进分子和普通穆斯林民众区分开来。华人文化传统上讲求中庸，注重情理，这也就导致许多华人在这场争议中持相对矛盾的态度和希望有妥协处理的办法。

从各种民调看，这场争议在美国民众中支持和反对的几乎是一半对一半，如果只作简单的非此即彼的处理，那么对哪一方来说都可能是一种很深的伤害。如何妥善处理，确实是对美国社会宽容度和包容度的一种考验，同时也是对奥巴马当局政治智慧的一种考验。

2010 年 8 月 25 日

美国国会中期选举在即，华人应“选人不选党”

美国国会中期选举临近，经初选后，各州开始进入激烈的选前大战，华人联邦众议员皆进入状态，华人选民也日益关注这场选战。华人都希望在政府中有华人的代表，能发出华人的声音。这是华人参政和参选的普遍心态，也是近年来华人参与投票率渐高的原因。

从总体来说，华人政见倾向于民主党的较多。美国是两党轮流执政，民主党和共和党的执政理念不同，但华人应认识到，两党的基本理念和价值观是相同的，无论是被视为维护古典自由主义的保守主义（有别于欧洲的保守主义），还是民主党的自由主义，都是广义上的自由主义。美国社会有着广泛共识的自由主义的政治思想传统，是美国两百年来社会平稳发展的基础。

因此，华人在选举中应把握一个原则，即选人不选党，不管华裔候选人属于哪个党，他们在基本理念上没有根本分歧。至于具体的施政理念，尽管不同华人群体可能会互有不认同之处，但只要是华人被选上，就一定会维护和争取华人利益。

在国会，联邦参议院迄今为止只出过一名华人联邦参议员，即在 1959 年当选的夏威夷州共和党人邝友良。自从其 1977 年退休后，参议院就再无华人了，这不能不说是个遗憾。目前联邦众议院有 3 名华人议员：俄勒冈州民主党籍吴振伟，是美国历史上首位华裔联邦众议员；加州首位联邦华裔女众议员、民主党籍赵美心，以及夏威夷州首位华人众议员、共和党籍周永康。

这次国会中期选举，三位众议员中，赵美心连任的把握最大。加州本来就是民主党的地盘，赵美心 2009 年当选后，积极提出和推进各种符合华人利益的提案，例如推进综合移民改革、刺激经济方案等，极受华人社区的认同和支持。

吴振伟已连任6届，可以说是华裔众议员元老。在众议院，吴振伟积极为华裔争取权益。当年李文和遭受不公正待遇时，他就曾致函司法部的人，敦促公平对待李文和。吴振伟在本次中期选举中将面临一个强劲的对手，据称对手的妻子也是华裔，而且娘家非常殷实，这样就有华人选票分散之忧。俄勒冈也算民主党的地盘，亚裔只占3%左右，据说有华人群体不满吴振伟关于中国的某些言论，如果华人的选票再被分散，吴振伟确实有相当大的压力。

夏威夷州的周永康面临的困难比较大。夏威夷是民主党的地盘，民主党人已经检讨了上次补选的教训。因为候选人过多而分散了票数，因此这次会改变策略，推出一个候选人以集中选票。夏威夷华人社区对周永康一直有个希望，就是能超越党派之争，为华人群体谋利益。

目前在美华人约有400万，按每70万人口选出一个众议员的规则，华人联邦众议员至少应有5人。当然由于选区的划分，目前要达到还不大可能，但至少应保住现有的3名华人联邦众议员。华人选民应谨记“选人不选党”，把珍贵的一票投给华人候选人。

2010年8月31日

反对大麻合法化，华人要站出来

加州关于大麻合法化的第 19 号公投案，最近成为加州以及华裔社区的议论热点。

如果第 19 号提案在 11 月 2 日公投中通过，那么加州 21 岁以上的成年人就可以合法持有大麻，可以种植大麻（2.32 平方米）供私人使用，政府也将有权对大麻销售进行规范并课税。根据加州公平化委员会的估算，消费税加上对商业大麻每盎司 50 美元的征税，将给加州每年带来上亿至十多亿美元的收入。因此支持者认为，此举可以增加加州政府的税收，减少监狱的看管费用，还可提高就业率。反对者则认为，此案会对青少年造成很大危害，对社会环境和社会风气造成不良影响。

目前加州的医用大麻已经合法化，大麻的泛滥已超过医用范围。有专家说，大麻在许多学校流传，年轻人吸大麻的比例比较高。一项在全美高中生中的调查结果显示，近 50% 的学生接触过大麻，在大学更为普遍。如此发展下去，后果实在堪忧。有数据表明，很多吸毒者的入门毒品就是大麻。戒毒中心调查结果也显示，大麻上瘾需要戒除的青少年的比例在上升。

一般来说，华人比较传统和保守，家教也比较严格，一部分华人认为大麻离自己的生活很远。另一部分华人因为孩子或孩子的同学朋友接触过大麻，有的甚至荒废学业、断送前程，因此反对得最积极。据初步统计，至少有 85% 的华人对第 19 号提案持反对态度。

大麻的危害毫无疑问，最主要是对年轻人的危害。如果第 19 号提案通过，就会对年轻人造成一种错觉：既然大麻合法，就是无害的。现在年轻人只是偷吸，因为他们知道这是违法行为，但一旦提案通过，他们就会理直气壮地吸食。而且，即使法案规定21岁以上的成年人可以合法持有，但是谁能保证青少年不受影响？这些对华人家庭的传统观念会是很大的冲击，对未成年人会有一种危险的暗示作用，华人社区应该对此有充分认识。

大麻合法化还会对社会造成危害。药用大麻合法后，就有犯罪分子贩卖走私，甚至在校园里贩卖，犯罪集团还动辄为暴利杀人。洛杉矶警局局长曾指出，因大麻引起的犯罪案件层出不穷。种植大麻也会造成环境污染，破坏社区平静和谐的氛围，导致该区房价下跌。一旦提案通过，犯罪分子可钻的漏洞更多，对社会的不良影响会更大。

华人社区反对加州第19号提案的活动已经开始，世界友爱基金会、南北加州反对大麻活动的洛杉矶召集人，以及众多华人社团，最近都站出来呼吁华人积极参加活动并投反对票。值得注意的是，虽然联邦法仍视大麻为毒品，但提案支持者筹集了2 000万美元，已经并将继续影响民众认知。因此，华人一定要响应呼吁，用手中的票保护青少年不受大麻毒害，保护社会和社区环境的健康发展。

2010年9月7日

中国留美学生大增，利己利国

新学年开始，成千上万的中国留学生在美国各大学开始了崭新的生活。中国目前是世界上输出留学生最多的国家，据统计今年中国大陆共有27万留学生分赴各个国家读书。今年来美留学的学生也创历史新高。如果加上香港、台湾的留学生，中国在美留学生人数超过印度，跃居第一。

过去美国对中国学生的签证申请颇为苛刻，如果成绩不是特别优秀，没有奖学金或者经济担保，就很难拿到签证。现在情况不同了，一方面由于中国经济起飞，中国学生绝大部分都能负担得起学费。另一方面，美国处于经济危机，各大学都面临不同的财政困难。英国、澳大利亚等地的留学生收费政策给美国以启发，加上奥巴马去年访华时表示要放宽留学生政策，现在美国各大学尤其是公立大学，都开始大幅度增加招收海外留学生，特别是中国学生。如今中国学生只要符合基本要求，签证都一签而过。

留学生热在蔓延，留学生的学费也是个热门话题。在美国经济危机的时下，各州公立大学财政困难，招收外国学生就成为弥补财政收入的好办法。以加州大学为例，加州大学决定增加招收外国学生的比例，因为外国学生的学费是本州学生的三倍，为3万多美元。此项决定招致“歧视本州学生”的批评，但加州大学财政困难，这也是不得已而为之。笔者朋友的孩子在爱荷华某全美排名前一百名内的大学就读本科，光学费就要5万美元，还不算生活费。相比较而言，加州大学还是比较便宜的。

在美国读书的成本如此之高，未来的回报如何，也是许多学生及家长考虑的问题。从目前美国的就业状况来看，留学生毕业以后要在美国找工作很不容易，因此这两年毕业生回中国就业的不少。不管留在美国还是回中国，即便有工作，一时要谋得高薪的位置也并不那么容易。但是，无论回报如何，出国留学还是一件非常值得做的事情。美国的大学在世界上享有很高的声誉，尤其是研究生教育阶段。到美国留学可以开阔眼界，了解世界，学习知识，转换思维方式，积累人生经验。而且，现在入学的本科学生，毕业是在四年以后，相信那时候的美国经济应该有所好转，就业可能会容易些。

与大陆大学生入学时全家出动相送的情况相比，来美留学的学生虽然也是独生子女，但绝大多数都是自己单独来或与同学结伴来，有的有亲戚朋友接机，有的就读那些有中国留学生组织的学校，通常学生会会组织接机或提供帮助。家长不能送孩子到美国，但这同时给了留学生一个学习自立、锻炼能力的机会。许多留学生办入学手续，安置住处，购买生活用品，在异国他乡互相帮助，一起度过适应期。这些90后的新生，并不像传说的那样能力很差，虽然有些表现得不够成熟，但总体上能够很快适应。

越来越多的中国学生赴美留学，对个人来说是好事，对美中两国也是好事。留学生有国际化视野，受不同文化的熏陶，尤其是现在美中经济交流频繁，有中国背景的留学生在中国和美国的许多行业都很受青睐。因此，留学生应该珍惜机会。

2010年9月13日

佛寺风波：美国宗教歧视仍存

美国司法部近日起诉南加州核桃市政府，因该市政府不准台湾的中台禅寺建立普愿精舍，被指违反联邦“宗教土地使用与法人法”，涉嫌宗教歧视。

7年前，中台禅寺提出申请建立普愿精舍，但是在2006年公听会上，不少居民反对该计划，理由是兴建佛寺后会给当地带来交通不便和噪音。最后核桃市都市计划委员会以4：0否决该申请。但在2008年，核桃市政府核发使用执照给比普愿精舍面积更大的天主教堂，且该委员会在中台禅寺原本计划建造的地区附近同意了市政府的其他建筑案。

最后中台禅寺只能异地建造，并向司法部投诉，司法部经过一年半的调查，认为该市在处理此案过程中有差别待遇，存在宗教歧视。

核桃市华裔居民约占1/3，市政府竟用会带来交通问题和噪音等理由拒绝建寺庙，难道建天主教堂、建大型商场就不会带来交通不便和噪音？这样牵强的理由实在不能服众，难怪一向温和忍让的华人佛教团体也忍不住向司法部投诉。

这样的事情在南加州不是第一次发生。南加州著名的西来寺，1978年开始筹建后，开了6次公听会、100多次居民协调会，耗时8年才获得批准。参与当年筹建的人士透露，每次公听会或协调会，都有大量当地教会教众表示反对，理由也是交通不便和噪音之类。另一座圆融禅寺也有同样遭遇，同样耗时8年才能获得批准，且第一次公听会双方曾引发激烈争论，《洛杉矶时报》还以“这是宗教战争”为题作了大幅报道。

美国以自由平等立国，宪法第一修正案对宗教自由有明确表述。389年前，美国先民因清教徒受当时英国国教的迫害，乘“五月花号”，历尽千辛万苦横渡大西洋，移民新大陆，才建立了这个自由的国度。但现在有些美国人已经完全忘记祖先的经历，把当初祖先受到的不平等遭遇转至别的宗教民众身上，保守民风，排斥少数族裔移民和宗教，像佛教这样圆融出世的宗教也有如此遭遇，令人感慨。

联想最近发生的“9·11”遗址附近修建清真寺的风波，可以看出美国人对宗教自由和言论自由认知存在分歧和误区。美国宪法保护宗教自由和言论自由，但是，在多元化文化的美国社会，自由和宽容、包容，是应该互相补充的，如果没有宽容和包容，自由也会受到损害。尤其是在宗教问题上，宽容和包容是各种宗教和谐共处的重要因素。

美国是法治社会，在美国社会中，法律至上深入人心，尽管不免有某些局限性，但遇到矛盾冲突依靠法律解决是美国社会的共识，司法机构依法行事，并不偏袒公权。对华人来说，少数族裔的身份与华人文化传统使很多华人遇事采取忍让态度，这应该加以改变。就像中台禅寺，虽然已异地建寺，但对不公平待遇并不忍让，而是采取法律手段以求讨个公道，这种做法值得赞赏。

对华人群体来说，自由和平等要靠自己去争取。据说司法部曾经给核桃市政府以和解的机会，但市政府并未回应。从这点来看，华人不仅要勇敢地运用法律武器，还应该积极参与选举，利用手中的选票在政府中选出自己的代言人。目前，司法部起诉核桃市的案件还在等待审理，相信案件最后会给华人和佛教团体一个说法。

2010年9月20日

“梦想法案”闯关失败，移民改革艰难

“梦想法案”指的是一个针对目前无合法移民身份的青少年，在符合某些标准后（例如16岁之前来美国并在美国连续居住5年以上，有高中毕业证书并正在美国大学就读等等），能否取得美国合法移民身份的法案。21日在联邦参议院，该法案以56票赞成、43票反对，未能达到克服共和党阻挠议事的60票，因而无法启动审议法案程序，宣告闯关失败。

据报道，如果“梦想法案”通过，受益者或超过70万人。这些未成年就来到美国的孩子，大都在美国读书。据不完全统计，每年有7万非法移民子女高中毕业后却不能办驾照、找工作，即使不少幸运者进入大学，毕业后也存在因无身份而难以找工作的问题。

华人中青少年非法移民的问题同样存在。这些华人青少年非法移民来美国一般有两种途径：一是探亲后逾期居留变成非法移民；一是通过偷渡入境。不管哪种途径，这些非法移民入境时都不是成年人，无法为自己的行为负责。大部分青少年非法移民都遵守美国法律，许多人进学校读书受教育。在加州大学校园里，无身份学生中有40%是亚裔，其中就有许多华裔。这些孩子每个人都有美好的梦想，希望有个美好的前途。

“梦想法案”自2001年起，每年都提交国会表决，但每年都未能进入审议法案程序。而且，只在2007年作为单独提案表决过。今年的“梦想法案”提案，是和另一个废除军中同性恋“不问不说”修正案一起绑在“国防授权法案”中进行表决，故反对的议员们的主要观点是这两个提案与“国防授权法案”无关。

很难说“梦想法案”与国防无关，实际上赞成“梦想法案”的人士很多。国防部2010—2012财政年度的计划中就建议通过“梦想法案”，以便建立一支可以随时投入行动的志愿部队。因此，前国务卿和前参谋长联席会议主席鲍威尔也呼吁共和党人投“梦想法案”的赞成票。

此外，进入大学读书的非法移民子女学成以后，和其他来美留学的学生一样，也是美国发展、建设需要的人才。他们从小进入美国，在美国居住了5年，甚至更长时间，他们热爱这个国家，愿意为这个国家服务和作出贡献，为什么不给他们机会呢?

“梦想法案”闯关失败，凸显移民改革的艰难。虽然有许多政治人物为“梦想法案”站台或喊话，但单独提案也好，绑在别的提案中也好，9年来“梦想法案”都无法获得足够的票数进入审议程序。现在虽然参议院多数党领袖里德表示还要继续推动“梦想法案”，但并没有给出时间表。目前看来，只有寄希望于联邦全面移民改革了。

全面移民改革需华裔参与、推动。在美国，华裔参政的历史很短，与其他族裔相比，华裔对美国政治的影响不大。因此，华裔参政意识有待提高，尤其是大陆来美的移民不断增多，如能积极参政，随着中国影响力的增大，未来会是一股可以期待的力量。

2010年9月27日

美国“安全社区计划”的不安全因素

加州圣塔克拉拉县议会近日一致通过退出联邦政府的“社区安全计划”，同时，议会通过的决议正式请求联邦移民和海关执法局，以及加州总检察长，中止对非法移民采取征集指纹的执法程序。

由联邦国土安全局启动的联邦“社区安全计划”，是美国移民海关执法局以有罪在身的非法移民或被指控犯罪的非法移民为打击目标的计划。该计划规定授权地方执法人员接触移民数据库，在获得被捕者的指纹数据后，可一并查询其移民历史和犯罪背景。如果联邦执法人员发现被逮捕者是非法移民，将要求地方执法机构采取拘留和审问的方式，最后由联邦出面驱逐出境。

联邦“社区安全计划”虽然已经在美国 20 个州执行，当局并计划在 2013 年在全美普及，但该计划并未得到国会批准，不是联邦法律，当局不能强迫各地政府执行，因此圣塔克拉拉县得以选择退出。圣塔克拉拉县在举行听证会后，认为该计划对少数族裔尤其是非法移民的生存权带来危害，同时少数居民可能因为担心暴露身份，在安全受到威胁时不愿意报警，最终影响社区治安，故决定退出该计划。

这两个因素可以说是“社区安全计划”推出以来受到广泛质疑的重要原因。虽然打击威胁公共安全的非法移民犯罪行为是该计划的初衷，但是该计划执行以来，在过去的 18 个月里，已经有 4.7 万人被递解出境，其中只有大约 40% 的人有犯罪行为。而根据移民组织披露，其中只有大约 20% 的人犯下或者被指控犯下严重罪行。

没有犯罪或者没有犯重罪而被遣返的非法移民，往往要面对家庭妻离子散的命运，对未成年孩子的打击更大。美国宪法规定，在美国出生即能获得美国公民身份，但在过去10年中，平均每年至少有1万美国公民的非法移民父母被遣返。这些失去父母照顾的孩子，在心理和行为上往往会出现异常，对未成年人的成长极为不利。

更重要的是，这虽是“社区安全计划”，但推行以后，无身份的移民在安全受威胁时不敢报警，这就给了歹徒可乘之机，他们被歹徒当作袭击对象频频下手。例如，今年发生的福州移民林天昌的小店遭受同一歹徒反复劫持，林天昌忍无可忍而报警，结果被查出有递解令在身，立刻被移民和海关执法局逮捕。

现在经济不好的大环境下，非法移民容易被当作替罪羊。在亚利桑那州新移民法之前，美国各州法律都规定，如果发生案件，无论是受害者或者见证人，警方都不会询问其身份。关于“社区安全计划”的执行，受影响最大的是西裔，但华人中非法移民存在也是事实，因而华人也不免被波及。

林天昌事件说明，“社区安全计划”执行的某些后果，反而成为社区的不安全因素。

圣塔克拉拉县退出联邦“社区安全计划”，说明了移民人权团体和社区民意是可以有作为的，华人应该积极参与团体和社区活动，充分利用手中的选票达到推动移民改革的目的。

2010年10月4日

华人非法移民的困境难以改善

近日纽约南区联邦法院和国土安全调查局联合破获了一起大型偷渡团伙，有25名华人遭到起诉，这些人被控在美中之间组织人员偷渡、洗钱以及以非人道手段对待偷渡者。其中，除蛇头外，被起诉者还涉及职业介绍所与餐馆业主等，即有关偷渡的整个一条龙犯罪活动都被执法机构掌握和破获。

非法移民在美国是经久不息的议题，华人非法移民也是如此。华人非法移民基本通过两个途径：逾期不归和偷渡入境。逾期不归者的境遇相对来说要好些；偷渡入境的非法移民，偷渡路途中饱受凌虐自是不必说，即使到了目的地，也往往生活在社会最底层，干最脏最累的活，辛苦赚到的钱还要偿还偷渡的费用，如果找不到工作，那境遇就更糟了。

不管非法移民如何进入美国，最终面临的还是身份问题。华人非法移民常常寄希望于寻求政治庇护，因为政治庇护要求申请人已在美国，因此是非法移民获得永久居留权的一个重要途径。事实上，确实有人通过各种途径寻求政治庇护，成功取得合法身份。数据显示，2009年，美国批准来自中国的政治庇护者达6 109人。

但是，因为造假或理由不充分被拒绝政治庇护的例子更多。政治庇护的成功率大约是28%，余下的不成功者则限时遣返，以后10年内不许进入美国，因此也有相当风险。申请政治庇护的理由有一胎化问题、宗教信仰问题、政治异见问题等，最近还有很多人来美以后，以拆迁钉子户为由申请庇护。政治庇护没有批准的，大都是理由不充分，或造假手段低劣被发现。例如有人以一胎化为由申请政治庇护，政府律师经调查发现此人在美国两次自愿堕胎，结果自然被拒。还有的人以拆迁受迫害为由，但被政府律师发现几个人的诉状完全一模一样，不仅被拒，还要被追查诉状来源。

美国国土安全局统计数字显示，2010年财政年，美国共驱逐非法移民近40万人，其中不乏华人非法移民。即使有些非法移民侥幸逃过被遣返的命运，也要面临漫长的移民官司且前途未卜，过着提心吊胆的日子。更多的华人非法移民无法申请政治庇护，只得寻求其他途径，例如婚姻移民等，这些案子因为造假过多，也同样面临移民局的严格审查，成功率越来越低。

近年来许多蛇头在招揽偷渡者时，常常渲染奥巴马希望推行的移民改革，将之描绘成即将到来的大赦。但是经济危机爆发后的美国，失业率居高不下，很多人将之归罪于非法移民问题。移民组织批评说，奥巴马上任以来未能实现移民改革的承诺，对非法移民的打击反而更加严厉。尤其是像亚利桑那州新移民法这样不利于非法移民的法律出台以后，有许多州跟进或准备跟进，华人非法移民面临更加严重的困难。

此次专门针对有组织偷渡者和雇主的行动，规模之大、调查时间之长近年少见——说明今后移民与海关执法机构会将这样的走私人口、剥削非法移民和洗钱的组织及个人作为“严打”的目标，加之目前美国两党斗争激烈，奥巴马的全面移民改革恐怕很难惠及多数非法移民，未来华人非法移民的困境很难得到改变。

2010年10月12日

中期选举，华人渐受主流社会重视

加州共和党州长候选人、eBay 前 CEO 梅格·惠特曼，在离中期选举不到三周的关键时刻，在多家华人电视台推出华语竞选广告，广告语直接指向华人群体最为关心的问题："企业家精神，高科技工作和教育，对我们的未来至关重要。"政治候选人在电视台播放华语竞选广告，在加州政坛上实属罕见。

不仅如此，惠特曼竞选总部还表示，他们将向全加州 12.6 万户家庭寄送以华语为主的竞选资料，争取亚裔尤其是华裔选民的支持。无独有偶，共和党副州长候选人马尔多纳多，也在 6 日来到华人聚集的旧金山造势，声称自己和亚裔社区关系紧密，同时也表态支持移民改革。

自从 1994 年歧视移民的 187 号提案被联邦法院否决后，加州就成了民主党的天下，虽然州长施瓦辛格是共和党人，但施瓦辛格一向被认为是艾森豪威尔式的共和党人（即皮是共和党，囊是民主党）。共和党花了 16 年时间努力修补 187 号提案带来的损害，如今共和党候选人惠特曼要想打败民主党候选人布朗，必须争取少数族裔的选票。惠特曼也曾表示反对 187 号提案，在移民问题上持较温和的立场。虽然在华语文宣上打的不是移民牌，但也触及了华人关心的问题。因此，无论是惠特曼还是其他共和党候选人，在临近的中期选举选战中，要想在加州当选，华人选民越来越成为一股不容忽视的力量。

华人选民以往也曾受到一定程度的重视，但远不如现在。究其原因，一是中国的崛起令更多政治家注意到华人这一因素。例如近日报载美国两党政客在竞选广告中使用中国元素，大打中国牌并以此互相指责，虽然对中国是负面和间接的批评，但也说明中国的影响日益扩大且变得不容忽视。二是近年来华人政治人物越来越多地出现在政坛上，华人选民的政治参与度有了相当程度的提高，尤其是年青一代，他们受教育水平高，又积极参与政治，已经有了可喜的进展。

现在的加州，白人不再占据多数地位，虽然白人选民超过半数，但已不能完全左右选举了。加州又是美国华人聚集最多的地方，亚裔中华人也占多数，因此，在某种程度上，华人选民的票数就可能成为左右选举结果的关键因素之一。例如加州知名政坛夫妻——赵美心和伍国庆极可能会连任，这将与华人选民的直接支持分不开。这也就是惠特曼在选举前的关键时刻推出华语广告争取华人选民支持的原因。

对华人选民来说，手中的一票并非可有可无。经常听见有华人抱怨自己的权益受到损害，抱怨受到歧视或者隐形歧视，又为自己是少数族裔处于边缘化地位而感到无奈。其实，改变这种状态的最好办法就是利用选票，把自己的意愿通过选票表达出来，以便更好地维护自身应得的权益，改善华人在美国的生存环境。

中期选举即将到来，华人应充分利用渐受主流社会政治人物重视的机会，积极参与投票，展现华人逐渐增长的不容忽视的力量。

2010 年 10 月 18 日

首例华人市长辞职事件：华人参政空间未必受压

2007年，从台湾移民到洛杉矶的黄裕民，在洛杉矶圣盖博市第一位华裔市长梅志坚的推荐下，成为该市的第二任华裔市长，也成为各界看好的政坛“明日之星”。但就在上周，黄裕民却因与女性朋友当街发生冲突遭圣盖博市当地警方拘捕。本月19日，黄裕民被迫宣布辞职，成为全美历史上第一个辞职的华裔市长。

虽然黄裕民尚未遭警方正式指控，黄裕民本人也坚称事件属于误会，但是为了家人不受干扰和希望全力洗清自己才辞去市长一职。事件发生后，媒体大肆报道，华人社区议论纷纷。有人担心此事件会影响华人参政，缩小华人参政空间，甚至导致种族歧视。

事实上，即使在美国中期选举临近，关心选举的华人日益增多的情况下，相当多的华人对此事仍持有比较正面的看法，认为黄裕民辞职是个人承担了责任，并不会对华人参政空间产生严重影响。

加州是美国华人聚集最多的地方，也是美国华裔在政坛上参选成果最丰硕的地方。30年来，加州出现了像赵美心这样的联邦第一位女众议员，加州主计长江俊辉，以及大批地方市议员、学区和水务委员。据统计，仅在南加州，2010年民选华人官员就已近50人。尤其在一些华人聚集的城市，华裔民选官已居主导地位。

当然，华裔参政者也确实有过问题，例如，前洛杉矶机场委员黄文林、天普市华裔市长汪嵩之等都因为受贿等罪名被判刑，但这些毕竟是极少数。这些极少数人的犯罪行为对华人形象有一定影响，但毕竟是个人行为，并没有对华人参选人的整体形象产生危害，事实上，也没有对其他华人参选人进入政坛参选产生多少影响。

好的制度能遏制人性中的恶，而人性并不存在族裔分别。反观主流社会，政治人物个人操守不佳甚至犯法的也不少见，例如伊利诺伊州的几任州长都因贪污下台或入狱，又如加州最近轰动全美的贝尔官员自肥案，相对于华裔官员的犯罪，这些案件的案情严重得多，但这并没有影响主流社会民选官员的参选空间。

所以，个别华裔政治人物的行为，不仅不能代表华裔民选官员的整体形象，更不能代表整个族裔。华裔参政，还要看每个参选人个人的能力与操守。当然，从黄裕民事件中也可看出，政治人物处于公众的视线里，自律很必要；否则，很可能会断送自己的政治前途。

华人参选的空间是否缩小，关键在于华人参选人整体的素质和华人社区的积极参与程度，这才是华人参政空间的保证。

2010 年 10 月 26 日

中期选举，华人选票投给谁

中期选举在即，在华人聚集的地方，不仅许多候选官员不辞辛劳前往拉票，参政意识渐强的华人选民也十分关注选情，已经或即将投出自己的重要一票。

华人选民参与中期选举投票，首先应该投给华人候选人。在联邦众议院，华人议员所占的比例和华人在美国人口中的比例相比，明显偏低。华人选民应超越党派观点，投票给三位华人联邦众议员候选人，并且在其他层次的选举中，都把自己的票投给华人候选人。所谓选人不选党，以此来促使华人民选官员更多地取得席位。

现在联邦众议院，已有三名华人众议员参与选战：加州民主党众议员候选人赵美心已稳操胜券，除了赵美心所在的选区是民主党的铁票仓之外，赵美心还得到加州重量级人物的背书；俄勒冈州的民主党众议员候选人吴振伟已经六次连任，但这次遇到了强劲的对手，虽然最新民意调查暂时领先，但形势依然严峻；夏威夷州的共和党众议员候选人周永康则面临民主党团结一致的挑战，目前双方势均力敌，鹿死谁手尚未可知。因此，不管是胜券在握的赵美心，还是其他两位结果未定的华人候选人，都需要华人选民的大力支持。

对于非华人候选人，在投票中，华人的价值观就起了很大的作用。共和党和民主党两党在价值观上有诸多不同，由此而带来的利益会使得华人选民做更多的思考和选择。

在价值观上，例如对待家庭、教育以及诸如大麻的问题，华人整体上趋向保守，与共和党的许多观念有重合之处。但因为华人在美国属少数族裔，在涉及移民的诸多问题上，更偏向民主党。华人经商，多数是中小企业，奥巴马提出和推行的政策，有许多得到这部分群体的认可。

以加州州长选情为例。共和党州长候选人惠特曼就打出“科技发展、教育”等华人十分关心的议题，并且许诺当选后要提名亚裔官员，这些都得到了相当一部分华人的认可。但惠特曼在移民问题上，尤其是在她的非法移民管家的问题上，则引起关注移民的华人群体的不安和疑虑，因此她可能会失去不少华人的选票。

民主党候选人布朗目前在民调中领先，加州总体上是民主党的地盘，民主党通常更关心少数族裔的问题。布朗得到了加州全体华人民选官员的背书，在华人选民中也得到了很多支持。例如布朗支持全面移民改革，反对暂停执行削减废气 AB32 法案的 23 号提案（而惠特曼则被批评在这两个问题上脚踩两只船）。就连中医学会，也因为布朗支持中医的发展而呼吁华人选民支持布朗。

不同的价值观带来不同的利益，华人社区对待选情有不同的声音。除了大力支持华人自己的候选人以外，华人根据自己的价值观和利益投票给自己认可的候选人，也很正常。其实，对华人来说，最重要的不是投票给谁，而是积极参与，投出每一张“关键的票”。

2010 年 11 月 1 日

美国中期选举：华人的收获和遗憾

中期选举尘埃落定，国会众议院三名华裔候选人，最终有两位当选——加州的赵美心和俄勒冈州的吴振伟。遗憾的是，夏威夷州的周永康最终不敌民主党对手，失去众议员席位。不过，就任仅5个月的周永康，失败固然可惜，但根据当时当地的特殊情况和周永康的努力，也属虽败犹荣。

综观这次中期选举，华人有两大收获：

其一，成功当选或连任的华人增多。除在联邦层次上华人有两名众议员成功连任外，在一些华人居住的州，华人候选人也有所斩获。在加州，现任华人民选官员参与的连任选举全部通过，如主计长江俊辉，州众议员伍国庆；在华人中知名度较高的纽约州众议员孟昭文也成功获得连任；麻州破纪录地选出两名华人州会议员。随着各地不断公布开票结果，许多华人参选人在当地掀开了华人参选历史的崭新一页。

其二，华人选民受到前所未有的重视。400万华人成为各候选人的必争群体。尽管在选前有许多候选人大打“中国牌”以攻击对手，但从议员到州长的许多候选人都纷纷使用各种招数到华人社区拜票，有的大打中文广告，有的给自己取易读上口的中文名字，频频向华人示好。过去，很多候选人即便在选战时也很少到华人社区，且不重视华人群体。而现在这种现象得到了改变，这一方面说明受中国崛起效应的影响，海外华人的地位得到重视，另一方面也是华人群体多年来不懈努力的结果。

笔者感到，参与投票的华人总体上呈现上升的趋势。尤其可喜的是有更多新生代选民积极参与投票，用选票表达诉求。年轻人就是未来，新生代的参与给华人的政坛前景带来了更多的希望。

然而，大陆出身的华人尽管已开始参与政治，成为一些基层候选人，如南湾首位有大陆留学背景的候选人赵嫣，以及南加州也曾有过大陆留学生背景的参选人，但到目前为止，还没有具有大陆背景的候选人当选的好消息。20 世纪 80 年代来美的大陆留学生大都事业有成、家庭稳定，也有许多人对政治有热情、有见解，但愿意出来参政者极少，令人十分遗憾。

近年来，大陆移民大幅增加，随着时间的推移，希望更多有大陆背景的华人参选，这应该是大陆来美华人以及华人团体今后应重视和努力的方向。

2010 年 11 月 8 日

美国第一位华人女市长当选的启示

加州奥克兰市选举结果近日揭晓，华裔关丽珍以50.98%的得票率当选为奥克兰市下任市长。这是奥克兰市建市158年来第一位华人女性市长，也是美国重要城市中第一位华人女性市长。关丽珍的当选为华人尤其是华人妇女参政写下了重要的一笔。

美国华人从19世纪30年代起移民美国，至今已有180年的历史。早年的华人妇女遭受种族和性别双重歧视，当时的《排华法案》，甚至有“禁止中国妇女、妻子和妓女入境，任何与中国女子通婚的美国男子将失去美国公民身份”的条款。直到第二次世界大战以后，华人妇女受歧视的现象才有所改变，移民到美国的华人妇女开始参与生产活动，自我意识开始觉醒。

华人妇女真正开始有意识地以积极主动的态度提高社会地位，努力融入主流社会、参与政治，则是20世纪60年代以后，尤其是最近10年的事。

20世纪60年代以后的移民，第一代移民参政卓有成就的华人妇女要数赵小兰。曾任美国劳工部部长的赵小兰是美国政府内阁官员中的第一位华裔妇女，也是第一位华裔内阁部长。第二代移民参政卓有成就的华人妇女是赵美心，于2008年当选为联邦众议员，是众议院中第一位华裔女议员。这次当选的关丽珍则属于第三代移民。她们及其他参政的华裔妇女都以自身的努力改变了华人妇女的形象，是美国华人妇女的骄傲。

与赵小兰、赵美心担任联邦政府高官、众议员不同，关丽珍是基层民选官员。奥克兰是加州旧金山湾区的第三大城市，人口约50万。奥克兰港是美国西岸三大港口之一，目前与中国贸易来往增多。奥克兰又是犯罪率很高的城市，根据2008年国会报告，奥克兰在全美最危险的城市中排名第五。奥克兰警方和非裔民众关系紧张，今年7月非裔青年被警察打死案件的判决曾引发大规模暴乱。华裔和非裔之间的关系也很紧张，今年以来，多次发生华人被非裔青年抢劫殴打的案件。

奥克兰众多的华人群体希望关丽珍加强同中国的贸易往来，振兴地方经济，关注当地“中国城”的发展，带领奥克兰走出经济危机带来的困境。华人也希望关丽珍上任之后能改善华人居住环境的安全，改善社会治安。基于关丽珍的华人背景，她无疑能关注华人的利益，但是其他族裔的利益同样不能忽视。关丽珍如何善用自己的华裔背景，又能采取有效措施调解族裔矛盾，改善族裔关系和警民关系，从而有效地改善治安，是选民们对关丽珍的殷切期望。

另外，奥克兰的华人选民虽然多，但也未到左右选情的地步，关丽珍在这次选举中采用优先选举法，是取得成功的一项有力措施。采用这种规则，也是关丽珍的智慧所在，因而能够打败不愿意采用该法的强劲对手。优先选举法虽然还只是个案，但值得华裔社区研究探讨。在未来的选举中，华人可学习并善用各种选举规则，积极和其他候选人合作，更可和其他少数族裔结成联盟，争取选举成功。

2010年11月15日

“梦想法案”十度闯关胜算几何

奥巴马总统近日表示，国会应该通过“梦想法案”，他本人也将尽力推动“梦想法案”的通过。此前，旧金山大学学生李晟因为非法居留美国，即将被遣返，引起华人社区对“梦想法案”能否再次闯关的关注和热议。

今年9月，“梦想法案”附于国防授权法案，在参议院因无法达到克服共和党阻碍议事的60票，无法启动议案程序而闯关失败。这次“梦想法案”将单独闯关，在中期选举后共和党夺回众议院多数席位，民主党在参议院的席位也减少的情况下，闯关成功究竟有多少胜算？

目前，参议院多数党领袖在中期选举中惊险当选的里德已宣布，“梦想法案”将在今年“跛脚鸭会期”中单独闯关。里德一定会致力推动“梦想法案”，因为里德在中期选举中之所以能够惊险当选，就是因为最终得到了众多西裔选民的支持。“梦想法案”如果通过，收益最大的就是西裔青年。如果里德在移民问题上没能作出大的努力，西裔选民的愤怒可想而知，未来西裔选民就很可能弃他而去。

“梦想法案”的受益者不仅仅是西裔，华人同样在列。引人关注的李晟的命运，也将在很大程度上取决于“梦想法案”。李晟的父母从中国到秘鲁，李晟生于秘鲁，12岁时随父母来美国非法居留，父母多次申请政治庇护被驳回，目前将遣返中国，李晟则可能被遣返到他的出生地秘鲁。

他的遭遇引起了众多民众的同情，因为李晟来美时未成年，并不能为非法居留负责。加州联邦参议员范士丹已要求停止遣返李晟，为此将向国会提出私人紧急法案，使李晟有可能在“梦想法案”尚未有结果之前暂时留在美国。

《梦想法案》规定，允许16岁以前来美国，在美国居住5年以上，完成高中教育，上大学或者从军的非法移民取得合法身份。李晟符合这些条件。媒体披露的面临遣返的人员中，还有加州大学学生会主席、西裔学生拉米雷兹。

自2001年以来，这已是“梦想法案”的第十次闯关。过去的提案，只有一次在参议院作为单独程序表决过，但功败垂成。这次“梦想法案”在参议院单独闯关，同样需要达到克服共和党阻碍议事的60票，才能启动议案程序。据了解，目前票数仍然不够，还必须再争取几张共和党议员的赞成票。

如果参议院通过，众议院也是一道难关。目前的众议长波洛西也表示要力推“梦想法案”，已经决定将之排在本月29日。然而在中期选举中，民主党在众议院大输，共和党夺回了控制权，虽然目前参众两院还是维持现在的格局，但人心已有很多改变。在这种情况下，众议院能否通过“梦想法案”还是个疑问。已有共和党议员放出话来，表示坚决反对“梦想法案”。

如果这次“梦想法案”闯关失败，明年参议院的民主党议员将减少，众议院则由共和党控制，以今年民主党掌控参众两院都未能顺利通过的情形，明年以后的希望则可能更加渺茫。更糟糕的是，不仅“梦想法案”，其他涉及移民改革的提案都将面临更大阻力。

2010年11月22日

美国恐惧华人移民潮全无必要

报载美国国家公共电台题为“在美国出生？一些中国人正千方百计这样做”的文章。文中说，美国宪法规定的出生地原则正使越来越多的中国人为实现“美国梦”而设法来美国生孩子，以便将来移民美国。该文章引起了美国网民的热烈讨论。

对于越来越多的华人移民，美国网民褒贬不一。有的人认为，美国就是移民国家，移民对推动美国经济发展起了重要作用，因此对华人移民，无论是留学生、学者、亲属还是投资移民，都应该接纳。而且，华人移民相对其他族裔的移民而言，总体上更加遵守法律、勤劳上进，堪称移民中的优秀族裔。反对者则认为，中国人口众多，经济快速发展，已经对美国构成一定的威胁，如果接受数量庞大的中国移民，不仅影响美国的就业市场，而且未来中国移民群体若握有选票，就比西裔移民更有可能改变美国政局。

无可否认，现在来自中国的移民越来越多。统计数字显示，美国的华人已接近400万人，此外根据安全部的研究报告，美国现在约有53万来自中国的合法永久居民，其中19万已符合美国公民的入籍资格。中国已成为美国第三大合法移民的来源地，仅次于墨西哥和菲律宾，比印度略多。但是，这两组数字也仅占美国合法永久居民的4.3%和占合格入籍者的2.5%。也就是说，尽管中国移民日益增多，但总体比率还远没有占到优势地位。

另外，还有很受关注的留学生问题。2010年，中国在美留学生人数共有13万人，超越印度成为美国第一大留学生群体。而且，还有更多的留学生希望来美读本科甚至中学。有媒体报道，明年中国将有20万高中毕业生可能放弃高考，前来美国读大学。

很多留学生在美国读书以后，希望能留在美国，但美国每年核发的H1B签证总额只有8.5万，其中2万发给高学历者。这8.5万个名额是面向全球的国际人才，因此中国留学生不可能全都获得。金融危机后，H1B签证的申请数已大降，从以往开放时的头一周就一抢而光，到近两年年底都还有名额，美国就业市场的低迷使得大企业招收国际人才的意愿随之下降。

此外，还有投资移民，这部分较以往有所增加，主要是涉及资金的数量较多而引起较大注意，在某种程度上是被放大了的，实际上所占比例在移民总数中很小。

亲属移民的数量也在稳定增长，但这类移民受配额限制，不可能形成大规模移民潮。另外，多样化移民计划的全球绿卡抽签，中国人也不在其中。至于在美国生孩子，和其他移民途径相比，人数其实很少，且因耗时过久，具有更多不确定性。

已经移民美国的华人，在数量上远远不如拉丁裔移民。在参政方面，由于传统观念的影响，华人移民虽然近年来已有很大进展，但和西裔移民相比，差距还是非常大。因此，在未来相当长的时间内，中国移民不会对美国政局有什么大的影响，更谈不上改变政局。美国网民之所以担心中国移民而不是担心墨西哥移民，主要还是因为中国的崛起令某些美国人感到有威胁。换句话说，这是“中国威胁论”的一种翻版而已。

2010年12月1日

中国能否对美籍华人发放“华人证”

近年来，在美华人对美中双重国籍问题的讨论很多。从国际公法角度说，国籍是自然人对自己所属的国家负有忠诚义务的根据，也是该国对其行使外交保护的根据。因此，双重国籍者可能要对两个国家都负有忠诚的义务，这在一定的大环境下，例如两国出现敌视，或出现战争，就会出现难以解决的问题。

无论美国还是中国，目前都不允许双重国籍。在美国，有些情况下，政府睁一只眼闭一只眼的态度造成了许多美国公民事实上的双重国籍身份。但这并不是说一旦有了问题，政府仍然会默许这种状态。此外，有些工作只能是公民才能承担，双重国籍者会受到一定限制。而中国一贯不允许双重国籍的存在。因此在事实上，只要加入了其他任何一国的国籍，等于自动放弃中国国籍。

中国方面如果要改变这种状况，只有通过修改法律。根据中国的历史文化、国情，以及海外华人的现状，涉及的方方面面太多，在可预见的未来恐怕很难实现双重国籍。因此，在美华人团体提出了一种退而求其次的选项，呼吁中国效仿印度，给在美的海外侨胞发放“侨民证”，以方便在美华人到中国投资、居住等。

这种要求不能说不合理，但细细想来，仍有很多困难。例如，通常来说，华侨和华人的内涵是有区别的。据《中华人民共和国归侨侨眷权益保护法》第二条规定，华侨是指居住在外国的中国公民。而华人是指加入外国国籍的华人。对于华侨，中国已有很多优惠政策，华侨持中国护照，不存在回国需要签证的问题。真正有问题的其实是华人。美籍华人不属华侨，就不能说是海外侨胞，就很难说可以发放“侨民证”。

印度的情况略有不同。印度政府在20世纪90年代发放的是15年有效PIO卡，持卡人享受印度公民的多数待遇；2006年始发放的是海外印度公民身份证，原印度籍人士基本享受公民待遇，回国也可免签。即印度将这部分海外印度籍人士当作印度海外公民看待。重要的是，如果把他们当作公民看待，这一切优惠待遇就是顺理成章的了。

因此，只要理清华侨和华人的区别，就知道“侨民证”的选项是不大可能的。中国能否向印度学习，把海外华人当作海外公民看待？问题就又绕回到双重国籍上了。

笔者认为，中国政府还是应考虑海外华人的呼声，可在不违背国籍法的前提下，在签证、投资和居留方面采取更宽松、更易于管理的政策。例如，是否可以考虑发放类似的“华人证”，既区别于华侨又区别于非华人的外国人。持证人在符合一定条件的情况下，在签证、出入境、投资、居住等方面享受比非华人的外国人更多的优惠条件，以吸引更多海外华人为祖籍国的发展作贡献。

从长远看，这样做有利于海外资金投入中国的建设，有利于海外人才的回流，有利于在美华人后代对祖籍国的认同，也有利于美中两国的民间交流，符合中国长远利益。

2010年12月6日

“梦想法案”是否对合法移民不公平

“梦想法案”近日在美国联邦众议会上以 216 票对 198 票闯关成功。在参议院，多数党领袖因担心票数不够，已将投票推迟到下周。众议院通过“梦想法案”，给了美国 200 多万符合条件的非法移民青年以希望，他们的美好愿望能否实现，取决于参议院是否能够通过该法案。

“梦想法案”如果通过，对美国的移民改革意义重大。支持者认为，符合条件的非法移民青年——或者通过读大学，成为美国需要的人才；或者通过参军，为美国的国防提供充足的兵源——有利于美国的利益。但是反对者则认为，这项法案可能会传递错误的信息，认为是鼓励更多的非法移民行为，同时对美国的医疗和福利也会是一个负担。民意调查结果显示，赞成“梦想法案”的民众约有 57%，略高于反对者的比率。

总体来说，“梦想法案”的主要受益者是西裔，华人中也有一些符合条件者。华人当中有种看法认为，中国学生辛苦地留学读书，之后又历尽艰辛地找工作，然后通过申请 H1B 签证才能留在美国，有人甚至有工作也不一定能获得 H1B 签证。拿到签证后再申请移民，因美国移民配额的缘故，很多人需要等待数年，甚至超过 10 年，这期间不能换工作，很难升职，一旦失去工作，签证就作废，如果找不到新工作，最终只有离开美国。对这些合法居留并等待移民的年轻人来说，“梦想法案”对他们是不公平的。有的华人青年针对“梦想法案”说：“我们也有梦想，我们的焦虑、压力、内心的煎熬外人很难理解，而且我们还是合法的，为什么没有人关心我们的梦想?”

这部分年轻人的想法可以理解，但是如果说不公平则不尽然。“梦想法案”的重要前提是涉及的非法移民必须 16 岁以前即来到美国，他们那时并未成年，所以不能对自己非法入境的行为负责。基于美国立国的平等精神，没有理由不让他们合法居住。留学生来美国读书，是通过合法途径申请 H1B 签证和等待移民配额的，属于移民政策的规定，对所有等待移民的人来说，并不是每个人只要合法就一定能够成功。因此两者实际上没有可比性，也谈不上不公平。

对“梦想法案”持不同的看法折射出了美国移民政策存在的其他问题，这就迫切需要进行全面的移民改革，例如已有议员提出学习理工科的高学历人才都可以申请绿卡的提案，以及未来增加职业移民的配额等。如果“梦想法案”不能在参议院通过，那么可以预料，在新一届国会民主党已失去优势的情况下，在美国经济复苏缓慢、失业率居高不下的情况下，推行全面移民改革将更加困难重重。

2010 年 12 月 13 日

奥巴马的妥协未拯救“梦想法案”

在国会众议院闯关成功的“梦想法案”，18 日在参议院投票中，以 55 票赞成，41 票反对，未能达到结束辩论所需要的绝对多数 60 票而宣告失败。

这一结果并不意外。在美国当下经济复苏缓慢、失业率居高不下、反移民情绪高涨的背景下，“梦想法案”在参议院通过的几率是很小的。不仅共和党人誓言坚决反对，甚至民主党人士也投出了 5 张反对票。

适用于“梦想法案”的这类非法移民，其合法化条件非常严格，例如不能超过 30 岁，必须在 16 岁以前来美，必须在美国连续住满 5 年，才可以取得 5 年暂时合法的有条件居留身份；5 年后，如果完成大学两年学业或从军，可再申请延长有条件居留 5 年；10 年后，保证品行无瑕，才能申请正式绿卡；之后再过 5 年，才可以申请公民身份。

尽管条件严格，但这样的法案如能通过，不仅对这部分非法移民的青少年有益，对美国国家利益也有益，因而少见地得到白宫内阁的广泛支持，也得到国防部的公开支持，被认为是有利于加强美国竞争力、加强美国国防的里程碑式的法案。但这样的法案最终却被共和党人描述成非法移民大开后门的变相特赦的借口，并加以否决。共和党议员说，在美国和墨西哥边界的安全得到保护之前，他们不会通过“梦想法案”或其他任何非法移民合法化的方案，因为这些必须是全面移民改革的一部分，绝不可以单独成立或通过。

奥巴马上台时高调承诺移民改革并为之作出诸多努力，在推行全面移民改革条件十分困难的前提下，试图使“梦想法案”单独闯关，为全面移民改革找到一个突破口。因此，奥巴马为了争取共和党的支持而作出妥协，例如坚持遣返近80万名非法移民等，但是此举并未换取到共和党人的信任和支持。很难说奥巴马对反移民情绪估计不足，奥巴马不会不知道当下反移民情绪的高涨。与其说这是奥巴马推行移民改革策略上的错误，不如说是奥巴马在寻求移民改革问题上两党合作路线的失败。

奥巴马自上任以来就寻求两党合作，在中期选举之后又重申要与共和党人合作。但是无论奥巴马怎样努力，共和党始终不合作或者表现冷淡，即使奥巴马在减税问题上向共和党妥协，在遣返非法移民问题上作出让步，也不能使共和党支持“梦想法案”。美国几百万非法移民青少年的美国梦想，终于在两党党派之争下破碎。

随着新的一年到来，新国会里民主党议员已不再占有绝对多数，尽管民主党参议院领袖里德宣称“梦想不会死去”，但是未来，至少两年之内，不仅“梦想法案”通过的前景黯淡，而且全面移民改革的前景也很黯淡。

“梦想法案”的失败将影响西裔对共和党本来就有限的支持，西裔选民扬言要在2012年大选中用选票让反对者付出代价。甚至因为奥巴马并未兑现上台时关于移民改革的承诺，西裔对奥巴马连任的支持也会减少。几百万从小生活在美国的满怀希望的非法移民青少年，无法发挥对社会有用的才能，甚至有可能会被遣返。“梦想法案”从2001年被提出到现在，没有一次失败像这次这样，对美国未来的社会和政局产生如此巨大的影响。

2010年12月20日

美开放福建人组团旅游背景分析

本月在华盛顿结束的美中商贸联委会第21届会议上，双方同意开放福建、内蒙古和宁夏三个省、自治区的居民组团来美国旅游。消息传开，美国华人社区都表示欢迎，尤其是福建籍移民，许多人十分感慨。作为中国沿海发达省份，福建在允许组团来美的其他各省市中，排位几近末尾，主要原因是福建非法移民的问题。

福建非法移民问题由来已久，一向困扰美欧各国移民当局，并且几乎影响了所有合法旅行或移民的福建居民。尤其是2001年，在英国多弗尔发生的震惊世界的58名福建偷渡客惨死于集装箱内的事件后，福建人几乎就成了美欧国家眼里偷渡客的代名词。当时，不仅广州美国领事馆基本拒签福建人，其他国家对福建人的防范也很严厉，甚至在福建出生的旅客要出中国海关，都会受到严格盘问。即便是现在，广州美国领事馆对福建籍个人的拒签率，依然比别的省市的人要高。

从2001年多弗尔福建偷渡客死亡事件到现在，时间过去了近10年，福建人从偷渡和非法居留的阴影下解脱出来。福建居民终于也能和其他早先开放的21个省市的居民一样，组团前往美国旅游。

美国之所以能够开放福建人组团来美旅游，有其大背景：

其一，说明美国旅游市场对中国的迫切需要。据中国国家旅游局的数据，今年前10个月，中国公民来美旅游人数已有92.8万人次，预计今年会达100万人次，到2015年，有望突破200万人次。上百万旅客的消费，按每人平均消费3 000美元，其巨大的购买力对于尚未走出经济衰退阴影的美国来说，着实是个不小的诱惑。

其二，美国对非法移民偷渡容留链的打击力度加强，对阻止非法滞留有相当程度的效用。现在，美国正加强对非法移民从偷渡到容留以及资金转移等链条的打击力度。例如今年10月，联邦移民和海关执法局在纽约华人聚集区展开了多年罕见的反偷渡抓捕活动，涉及餐馆、职业介绍所、汇款代理等偷渡链上的一系列行业，致使华人从事的此类相关行业处于瘫痪或半瘫痪状态。

这类打击行动过去也有，据《美国移民和国籍法案》规定，凡是协助非法移民居留美国的行为都属重罪。但是，如果经济好，当局有时会睁一只眼闭一只眼；而经济不好时，反移民情绪会蔓延，当局就对偷渡链采取严厉的打击。这种釜底抽薪的效应无疑会影响来美旅游滞留者此后的居留和生活。如果合法进入美国旅游后“黑”下来，没有人敢再收留，找不到工作，如何生存成了大问题。

其三，偷渡或者非法居留的主要原因还是经济因素。中国经济持续高速发展，民众生活水平提高，而美国经济衰退，失业率至今居高不下，导致这几年偷渡或非法居留的福建人有所减少。当然，不排除有铤而走险的人，但面对未来的防线，这些人也会三思而后行。在目前反移民呼声日益高涨的情况下，美国一定还会对非法移民以及相应链条行业加大打击力度，同时，中国方面也会有相应的预防措施配合。

在如此大背景下，美国开放福建人组团旅游，就是水到渠成的事情，相信未来会有更多的福建人可以更方便地来美旅行。

2010年12月27日

四

2009年《侨报》专栏文章

北京护航善意与台湾迂回回应

1月12日，中国海军舰艇编队在亚丁湾开始执行第二次护航任务。这次护航行动由曼德海峡东口起航，全程530海里，被护航的商船有“振华十三”号、“振华十四”号、“宇善”号和“SAGA HORIZON”四艘商船，其中“宇善”号是第一艘被护航的台湾商船。

在此之前，台湾舆论正在沸沸扬扬地大炒台湾是否派军舰前往亚丁湾为台湾商船护航的话题，引发出关于“主权”、两岸军事互信机制、海军能力等争论。将冷未冷时，传出中国海军为台湾地区船只护航的消息，或许要为之画上一个休止符。

众所周知，台湾海军派兵出航，最关键的障碍是台湾并非联合国成员。安理会允许各国派舰，前提是必须获得索马里政府的同意，且经索马里政府告知联合国秘书长。但台湾既非联合国一员，与索马里又无“邦交”，在涉及主权问题的情况下，索马里政府同意台湾军舰进入其领海的可能性极小。

牵涉敏感的主权问题，肯定需要北京政府表态，北京的态度甚至可以影响联合国和索马里的态度。现在，中国海军在亚丁湾为台湾船只护航，可以说是间接地表达了北京的一种态度。这一态度也体现了“胡六点”中“两岸人民共享一个中国”的论述。这一点，中国外交部发言人姜瑜13日在例行记者会上作了清楚的说明：中国政府是根据联合国安理会有关决议，且征得索马里过渡联邦政府同意后，派军舰赴有关海域实施护航。她说：“台湾同胞的船只当然也是我们保护的对象，目前也正是这样做的。”

“胡六点”发表后，海协会随即通知海基会：台籍船舶若经过海盗猖獗的亚丁湾，可以申请护航。这是海协会根据“胡六点”作出的在海外强化对台胞服务的承诺。但海基会收到后并未公开该信息，直到北京发布消息后，台湾方面才有关于评估派海军前往亚丁湾的消息透露。

马英九是专修国际公法的法学博士，不可能不知道联合国决议及军事护航行动的国际公法意涵，亦不可能不清楚派军舰前往亚丁湾可能对两岸建立军事互信机制形成的新障碍。显然，这是马政府的一种姿态，可以看作是对“胡六点”的迂回回应，也是一种间接态度，即台湾不会直接向北京方面提出申请，同时又给台湾温和的反对派一点安慰。对那些民粹主义者，那些沉浸在“台湾梦”里的人来说，扬威海外是很容易满足其心理的。当然，深绿人物是不会这样看的，他们痛斥马英九以此转移“执政困境”的问题。

这次中国海军为台湾船只护航，只是“宇善”号自己提出要求，海基会和海协会都没有收到申请。为此，马英九得以低调，可以不多作回应。中国政府认为，这次护航行动虽然没有通过两会协商管道，但是符合人道主义原则，可以说是“胡六点”诚意的一次具体表现，北京方面再一次表现出的柔软身段值得赞赏。

两岸既已和解，就应互输诚意，以达到更多和解。中国海军为台湾船只护航，就是输送了更多的诚意。未来在许多问题上还会有类似情况出现，两岸民众和海外同胞都期待双方有更多善意的互动。

2009 年 1 月 14 日

骆家辉掌商务部　华裔身份不可过分倚重

前华盛顿州华裔州长骆家辉的商务部部长提名，24 日在参议院正式获得通过。再加上已担任能源部部长的朱棣文、白宫内阁秘书卢沛宁、白宫公共联络主任陈远美、国安部法律总顾问提名人方富宇和联邦众议员吴振伟，目前至少有 6 位华人翘楚活跃于奥巴马政府高层。这令华人世界惊喜，也是美国社会对亚裔群体的肯定。

众所周知，骆家辉实际上不是商务部部长的首选人物，在第一位提名人新墨西哥州州长理查森和第二位提名人共和党人格雷格因故退出后，奥巴马才作出提名骆家辉的决定。虽然不是首选，但从现时中美在经济地位和关系上的变化来看，骆家辉却是最合适的人选。

骆家辉将主管华府的国际贸易政策、海洋政策及人口普查等事务。此前骆家辉曾表示，商务部的责任是打击仿冒，切实执行贸易法规及国际贸易协定，维系自由与公平。

奥巴马选择骆家辉，一方面是对竞选期间支持他的亚裔选民的回报，另一方面需要靠提名骆家辉这样的自由贸易支持者显示自己对贸易保护的反对，这是平衡当前美国经贸界两股势力的需要。

从中国的角度看，奥巴马的选择对于处理日益复杂的中美贸易关系也十分有益。骆家辉一向强烈主张美国应与中国保持着良好关系，其在任“最依赖贸易”的华盛顿州州长时，与中国交往颇多，有着很好的人脉。再加上华裔身份，相信他的思维方式和处事方式能在两国复杂的经贸问题处理上减少不必要的摩擦。

但若以为骆家辉是华裔，就认为其在处理中美贸易关系中或多或少地倾向中国，则不切实际。他首先是美国公民，其次才是华裔，但怎么也不可能是中国公民。从华盛顿州州长到商务部部长，他的华裔身份也会随着职务的变化而变化。在中美经济问题上，州长仅涉及一个州和中国的贸易问题，而作为部长，涉及的则是国与国的关系，无论是贸易额还是影响力，无疑都要复杂很多。因而，不能以其在州长任上的所作来预测他今后的思路。

而且，与先前进入政府机构的华裔部长如劳工部部长赵小兰相比，甚至与能源部部长朱棣文相比，骆家辉在全球金融危机及美国进入衰退中而出现的贸易保护主义及贸易摩擦中，其华裔身份更可能使其在处理中美经济贸易关系时面临更多更严格的批评。因此，骆家辉只能小心谨慎地在两种身份之间拿捏，尽量做到保全美国的利益。在知识产权等问题上，其采取更强硬的态度也并非不可能。

总之，骆家辉担任商务部部长对中美经贸关系来说是好事，相信他以特别的身份能“深孚”奥巴马的“良苦用心”，起到特别的作用。

2009 年 3 月 26 日

猪流感对经济及在美华人群体的影响

猪流感在全球有蔓延的趋势，已经对全球经济产生了影响。疫情的暴发使得投资者对全球经济恢复的信心遭受重创，全球主要股市大多下挫。国际油价、金价、汇市及商品市场都有相当程度的波动。

美国股市周一走低，而后也不断波动。人们对猪流感产生恐慌，对航空运输、旅游等类股构成拖累。白宫发言人吉布斯周日在新闻发布会上表示，白宫高级官员正在全力对最近发生的猪流感对美国经济产生的影响进行严密的监控。

美国与墨西哥同处北美贸易区，货物人员交往很多。有专家分析认为，目前，在墨西哥的实体经济已经受到了疫情影响，而美国仍处在恐慌性影响和实质性影响之间。与墨西哥的情况不同，美国的人口基数大，经济总量大，对全球的影响也大。如果这种疫情持续向美国蔓延，美国刚开始有经济缓和的积极迹象将受到破坏，对于全球的影响也不可估量。

美联社发表文章说，美国以及全球经济已然十分脆弱，猪流感疫情有可能使此前在缓解经济衰退方面取得的进展付诸东流。“IHS 全球洞察”经济学家布赖恩·贝蒂纳预计，猪流感将加剧经济下滑的危险，美国经济今年将出现 3.8% 的负增长，收缩幅度高于其原先预测的 3.5%。这将是美国经济自 1946 年负增长 11% 以来的最差表现。

世界银行曾在 2008 年发表的一份报告中预测，如果全球范围内暴发一次流感疫情，那么整个世界将损失 3 万亿美元，随之而来的是所有国家国内生产总值（GDP）之和近 5% 的萎缩。如果这样的预测是准确的，如果猪流感疫情继续蔓延甚至演变成全球性的严重传染疫情，就可能导致本已因经济危机而遭受重创的全球经济进一步受到重挫。

猪流感一旦在全球蔓延，对经济的影响几乎是全方位的，但最直接的还是旅游业、航空业、消费业及农畜牧业几方面。据报道，墨西哥的猪流感到目前为止，还没有蔓延到墨西哥的华人社区，但是华人经营的餐饮业已经受到严重影响。在美国，与墨西哥交界的南加州是华人聚集的重要地区，有许多华人旅行社，墨西哥是南加州旅游业务的重要旅游路线。如今墨西哥发生严重猪流感，旅行社业务受到沉重打击，连带餐饮业和零售业产生一系列连锁下滑反应。

金融危机导致经济衰退以来，华人经营的旅游业、餐饮业等都受到严重影响。当然由于受大环境的影响，华人群体也不可能置身度外，但华人本来就属于弱势群体，在经济衰退中，华人的弱势导致华人受到的影响较主流社会更大。例如，据不完全统计，加州华人的失业率超过20%，远远高于加州平均10%的失业率。在华人群体中，从事旅游业、餐饮业、零售业的居多。如果因为猪流感导致美国经济进一步下滑，那对华人群体来说无异于雪上加霜。

目前，欧盟已经对前往美国和墨西哥的游客发出了旅游警告，中国也发出对墨西哥的旅游警告及关于美国和加拿大的安全提示。墨西哥和美国数州的猪肉，已经开始被许多国家禁止进口。也许情况才刚刚开始恶化，也许情况会慢慢好转，关键取决于未来几天或几周疫情的发展。

2009 年 4 月 30 日

推进移民改革　华人当团结发声

奥巴马总统在竞选时关于移民改革的承诺，预料在今年内完成。移民团体和少数族裔社区曾寄予很大希望。但在本月10日，奥巴马表示，鉴于健保改革遇到巨大阻力，将把移民改革推迟至明年。

这项决定遭到移民团体的强烈不满。过去一周，华人聚集的旧金山，华人社团组织和其他亚裔群体一起举行了推动移民改革的运动周活动，表达迫切希望改革移民法的呼声，洛杉矶多个亚裔和华裔团体及其他地区的华人组织，也在本月举行各种活动，希望能推动移民改革如期进行。

迫于各方压力，奥巴马于20日宣布重启移民改革，并在白宫召开移民改革会议，与100多位民间代表交流综合移民改革议题。奥巴马希望借此表明他推行移民改革的决心没有变，同时解释他所面临的困难，听取民众的意见。

美国是个移民国家，建国后就不断有各种移民法出台，比较完整的是1952年的《移民与国籍法》（亦称《麦克卡恩·沃尔特法案》），它为今天的移民法奠定了基础和架构。后来经过多次修改，1990年的移民法被认为是有史以来最宽松的移民法。但此后反移民的呼声日渐高涨，1996年的《非法移民改革和移民责任法》，被认为是具有综合性严厉条款的移民法，一直延续至今，备受批评。

历史上，美国华人一直不太关心政治。20世纪七八十年代后，这种情况开始改变，到奥巴马上台后，两位华裔部长及多位华裔入阁，最近赵美心成为首位华裔女联邦众议员，更是令人振奋。回头看今年的加州8号提案中华人的积极参与，可以说现阶段美国华人的参政热情前所未有。

对华人来说，移民改革的问题主要是非法移民和亲属团聚问题。美国目前有 800 万非法移民，约 500 万家庭亲属团聚受影响，亚裔家庭约占 1/3，华人也占相当比例。

由于受经济危机和健保改革的影响，华人普遍对今年立法解决非法移民信心不足，而对亲属移民的改革抱有较大希望。目前各种提案中呼声最高的是，要求永久居民的直系亲属移民能取得和公民一样的条件，改变过去永久居民直系亲属排期漫长的现状。旧移民法造成无数家庭不能及时团聚的痛苦，而这并不符合美国的价值观，在移民改革中，确保移民家庭团聚应是移民法体系的核心。

同时还有放宽职业移民的呼声。华人中有众多高端人才，在美国科技和经济发展中起了重要作用，对他们不应设置过高的门槛。另外，华人团体还要求取消 1990 年代初因集中发放大陆移民绿卡，因而至今每年扣除 1 000 名移民名额的规定。华人普遍认为，这项规定很不合理。

美国的移民法属于政治性非常强的行政法，由国会立法（USC），行政当局只能在 USC 之内制定联邦法规（CFR），法庭只拥有对 USC 和 CFR 的解释权。在此情况下，越是积极参与政治的利益团体，对移民法的影响就越大。

自己的合法权益，只有靠自己去争取。如果没有非裔如火如荼的平权运动，就不会有平权法案的产生，也就不会有奥巴马的当选。

华人参政已有良好的开端，为了自己的合法权益，华人应团结起来，努力参与推进移民改革的活动，积极发出自己的声音，通过团体和舆论影响选民，对国会议员施加压力，从而争取自己的合法权益。

2009 年 8 月 26 日

华人不会说中文太可惜了

中国经济的快速增长，使得美国国内近年来持续兴起“中国热”。《纽约时报》近日刊文说，越来越多的美国大学毕业生对中国这块充满机会的“新大陆”趋之若鹜，纷纷赴中国找工作，其中包括许多在美国出生、长大的华裔子女。

过去，华裔子女完成学业后常常到中国大陆找工作挣钱或者“镀金”，因为凭借华人身份、流利的英文以及对西方的了解，与大陆毕业生竞争时一直占有优势，但时到如今，优势已经不再有了。

许多到中国找工作的美国毕业生，只能说很少的中文，或者根本不会说中文，但这并不妨碍他们在中国寻找机会。而在美国生长的华裔子女，通常也只能说一点点中文，甚至有许多人一点都不会说。现在美国年轻人大量跑到中国，如果没有流利的中英文双语能力，仅靠华裔身份已不再拥有优势了。用人公司当然更喜欢中英文都流利，又通晓东西方文化的人才。

过去华人家长唯恐子女的英文不流利，督促孩子多练英文，甚至有的家庭规定孩子在家必须说英文，完全忽视了中文学习。结果子女的英文进步了，中文却丢光了。许多华人家长希望子女早点融入美国社会而不重视母国文化，或因工作繁忙而无暇顾及，结果孩子就成了 ABC——对母国文化了解很少或者基本不了解，虽然认同华人身份，但并不认同华人文化传统。

“华人不会说中文太可惜了。”这句话现在常常被华人家长挂在嘴边。确实，中国正在快速崛起，这么大的市场，这么多的机会，单从就业角度考虑，不会中文也很可惜。我们应该承认，华文教育不仅具有“实用价值”，更多的应是民族文化的传承价值，但“实用价值”确实改变了许多对祖籍国和母国文化传统不重视的华人家长，他们开始重新思考华文教育的重要性。

现在有许多华人家长已经重视或开始重视对子女的华文教育了，华文学校也如雨后春笋般兴起。据报道，美国有1 000多所学校开设了中文课。不过，学习语言有个最佳时期，即从幼年期到青春前期。因此，华人家长如果希望孩子学好中文，就应从小抓起，不仅要让孩子学会听说读写，还要对他们加强中华传统文化教育。只有这样，华裔子女回到中国参与竞争，才能获得足够的优势。

2009年9月2日

侨社建设要民主，也应要团结

随着华人移民、经商者、留学生的日益增多，近几年来，华侨华人社团也有了长足的发展。像加州、纽约等地的华人聚集地区，众多华侨华人社团及其活动成为当地一道引人注目的风景线。

俗话说，有人的地方就有江湖。说江湖也许过了点，但有人的地方就有矛盾则是事实。一盘散沙，互相轻视是旧华人社会的一种陋习表现。近年来，通过数届华人和侨领的努力，一盘散沙的现象逐渐改观，各华人社团之间的关系逐渐融洽。

不过，也有许多华侨华人社团之间因文化背景、价值观、利益甚至地域不同而持续生出不同的矛盾和纠纷。即使在同一社团内部，也可能因意见不同而生出各种矛盾。前不久，就有某华侨社团因内部对选举机制的民主问题产生矛盾，部分成员选择退出，令华人社会议论纷纷。

应该说，民主机制是侨社稳定的因素之一，民主选举能反映大多数人的要求和愿望，有利于侨社内部的整合和发展。

除了民主机制，团结也是稳定的重要因素。有人认为，侨社内部有问题是正常的，应该冷静处理，以大局为重；也有人认为，社团侨领不仅是侨团组织的管家，也是为侨民服务的公仆，大家理应互相理解，以团结为重。

团结就是求同存异，不仅来自不同地域、价值观不同的华侨华人社团组织应该这样做，来自同一地区、价值观相同的华侨华人社团组织更应该这样做。求同，就是团结起来，为了侨居地华侨华人的共同利益。这也是华侨华人争取在居住国的合法权益的根本保证。存异，就是要尊重别人的看法，包容不同意见，这也是民主素质的一种表现。用一位侨领的话说，就是不利于团结的事情不做，不利于团结的话不说，凡事要顾全大局，加强沟通，冷静处理，避免扩大矛盾，争取妥善解决问题。

相信所有的华侨华人都希望祖（籍）国强大团结，这是侨居海外的华侨华人团结的“最大公约数”。如今中国崛起，华侨华人的地位也得到了提升，但在海外任何一个侨居地，华人终究是少数族裔，如果不团结，受影响的只能是华侨华人自己的利益，尤其是在美国目前医疗改革、移民改革及其他重大问题上，侨团如果耽于内讧，就不能很好地团结发声，进而很难争取自身的利益。如此，非但我们感到失望，也使得我们在本地的形象受损。

因此，华侨华人社团应学习主流社会的治理经验，加强侨团建设，以理论指导实践，总结经验，寻找不足，加以改进，不仅要推动社团建立科学的机制，也应加强团结，凝聚力量。经过各方的努力，华侨华人社团一定能更健康地向前发展，在争取自身利益上更顺畅。

2009 年 9 月 9 日

从大选看美日华人的不同地位

与去年美国大选中华人积极参与的情况相比，在刚结束的日本大选中，在日华人的表现几乎被忽视了，日本媒体几乎没有提及该国最大的非日本民族群体。

在日本，日籍华人约有11万，加上其他各种身份的华侨华人，总共约有80万，为在日外国人中人数最多的群体。但在日华人的影响力却非常弱，他们的参政意识比较淡薄，以致党派候选人根本不在意华人票仓，连媒体也忽视了这一群体的存在。这对在日华人争取自己的权益十分不利。

相反，在美国，根据2007年的人口统计资料，在美华人有354万，是亚裔中人口最多的少数族裔。在美华人和在日华人最明显的不同是，前者开始并进一步改变了过去华人社会埋头搞经济、不问政治的状况，近年来参政意识增强。

尤其是在去年的大选中，华人参选率达到近年来的最高值。进入新世纪以来，不断有华裔当选为州长、州议员，甚至联邦众议员。在奥巴马政府中，华裔高官的人数较以往大为增加。最近，还有一些华裔正在参选各州的民选官员。颇有影响的是纽约市审计长华裔候选人刘醇逸，其在15日的初选中以38%的得票率领先，不仅震撼了纽约政坛，更赢得了华人社区的广泛支持。两周后，他将再度角逐这一纽约市第三号重要的公职。

在美国，华裔参政热情高涨有许多原因。近十几年来，两岸三地不断有新华人移民加入美国社会。这部分华人移民的文化程度普遍较高，经济实力较强，当事业有成、生活安定后，他们逐渐认识到积极参政是争取和保障自身利益，以及融入主流社会的必经之路。在这部分人的推动和激发下，华人的参选、参政意识空前高涨。

此外，众多华侨华人社团也扭转了过去各自为政甚至一盘散沙的状况，积极团结和动员华人参选、参政，为提升华人的影响力而奔走呼号。华裔候选人符合华人希望政府里有华人的愿望，对选民也有很大的吸引力。同时，华文媒体进一步发挥影响，对大选和有关华裔候选人与选民的情况进行及时的报道，起到了很好的作用。

所有这些都使得主流社会逐渐认识到华人和华裔群体的政治力量。近年来，各总统候选人或各州的民选官员都开始注意华人社区，在竞选中作出一些承诺，努力为自己拉票。华人群体逐渐被认同，华人民选官员增加，这些都显示在美华人的地位提高了。

反观日本华人，虽然近年来也涌入很多文化水平较高的华人，但居住分散，根基较浅，一般都忙于生计，对政治不闻不问。在日本，华人社团也很少，大多不关心政治，华文媒体的影响力更有限。这与许多华人不愿入籍，以及日本限制移民的政策有关。要改善这一状况，在日华人还需要加强团结，还有一段艰难、漫长的路要走。

总之，华人不管走到哪里，祖籍国都是其权益的根本保障。另外，华人只有在居住国努力工作，团结参政，争取和保障自身利益，才能枝繁叶茂，争取到应有的地位。

2009 年 9 月 18 日

合情不合法的标会应尽量避开

在部分华人社会中流行的标会，近来频发“倒会”现象——标头将会员的血汗钱一卷而逃，涉及金额从十几万美元到上百万美元不等，受害者众多，并且人人都有苦难言。

主要流行于福建、温州移民群体中的标会，是移民美国的华人亲友间出于同乡情谊的信任建立起的一种资本互助形式。每个标会都有一位首领，会员介绍同乡、亲友加入，按月交纳标费，每月可由一名会员使用全部标款，到期全部偿还并付息。这种形式对来美创业的部分华人来说有很大帮助，许多初来美国的华人移民就是靠这样的标会解决了创业和买房的融资问题。

但这种以“投资入股、理财分红、高利率”为诱饵的民间标会，在结构上类似于银行，实际属于非法集资，违反了美国的有关金融法律。“倒会”标头涉嫌诈骗，就犯了非法集资罪。非法集资，既侵犯了公私财产所有权，又侵犯了美国的金融管理制度。但这种不合法的标会发生“倒会”后，受损害的会员很难从法律上加以追究。原因是，如果以欺诈罪起诉，以同乡亲友为基础建立起来的信任关系，加上移民们契约意识的薄弱，导致取证难度加大。

再者，标头卷款后往往潜回中国，许多受害者求救于中国使领馆，但跨国追债难度很大。即使在美国打赢官司，又由于中国不是《海牙公约》的签字国，对美国法院的判决，中国有关机构会送达，但不管执行。一些受害者要求中国法院立案，但根据中国法律，中国公民域外犯法，中方可依法行使刑事管辖权，同样又局限于取证难。这就是受损害的会员们有苦难言的原因所在。

传统中国社会重视亲朋关系网络，血缘、地域是其重要基础。移民美国的华人自然把这种人际关系准则带到美国。同乡、亲友间的信任，以及参加标会就能标得巨款的结果，使得众多移民侨胞明知标会不合法，也依然要参加。

让华人移民们互相帮助，标会在历史上确实起到了作用。早期的标会，规模小、利率低，属于合情不合法，但因为极少出问题，民不举官也不究。现在的标会，规模渐大，利率趋高，有些标头处心积虑获取会员信任，最终卷款出逃，一旦事发，会员的损失都较大，而且几乎无可弥补，造成的影响也很大，法治和社会问题就凸显出来了。

“倒会”事件频发，经济危机是一个因素，人性的弱点如贪婪、盲信也是因素之一。但最重要的是标会的非法性给标头的诈骗活动提供了空间。“倒会”的标头就是利用这些因素逃脱了法律的惩罚。美国是一个较完善的法治社会，华人移民美国，应努力改变过去倚重亲友、地域、人际关系的习惯，加强法制观念，违法的事情不要做，遵纪守法，才能最大限度地保障个人利益。

2009年9月25日

中文简繁之争的意识形态因素

关于使用繁体字还是简体字的争论，前不久在中国大陆引起热烈的争论。近来，这样的争论也出现在美国学校。但不同的是，在美国学校的争论颇有政治意味，同时也折射出美国华人移民结构的变化。

根据《洛杉矶时报》的数据，1994 年，在全美有 17% 的学校在中文教学中使用简体字，而有 40% 的学校使用繁体字。到了 2007 年，中文语言协会的一项全国性的调查表明，全美中小学教中文的 263 所学校中，有近一半的学校使用简体字，使用繁体字的仅有 11% 。

此消彼长的原因，一方面是中国的崛起，经济的飞速发展，在国际间影响力的日益强大，在政治、经济、文化各方面产生了更广泛的影响，自然带动了简体字的被重视和运用。另一方面是大陆移民的大规模迁入，也使移民结构开始发生改变，例如从前被称为“小台北”的洛杉矶蒙特利公园市，现在就有说法认为应该改称为“小北京”、“小上海”。两方面的影响，使原来占主要地位的中文繁体字教学，逐渐让位于中文简体字教学。

加州洛杉矶的圣盖博谷地，是目前全美华人聚集最多的地方。过去以台、港移民以及老侨为主，八九十年代以后，尤其是在过去十年中涌进了大量大陆移民，因此，尽管中文教育中的繁简之争在全美国都有发生，但在这里的中学更具代表性。由于涉及两岸华侨华人的关系，这样的争论一开始就带有政治意味，即两岸关于政治意识形态和文化传统的看法。

支持简体字的人认为，简体字方便实用，在大陆消除文盲中起了巨大的作用，对中国的进步功不可没。此外，学生学习简体中文更为方便实用，对未来的学习、就业都有好处。支持繁体字的人则认为，简体字是在特殊政治气候中产生的，是对中国传统文化的一种破坏。持这种观点的大都是台湾来的移民。联想起马英九关于读繁体字写简体字的说法曾经在台湾社会引起的风波，这种争论已经超越了文化的层面，涉及了意识形态，因此在加州某高中的家长会上，才会有“关注学生的利益，而不是立场”的呼声。

语言文字是一种工具，语言文字也需要进步，学生学习使用文字，实用性是很重要的。现在随着社会的进步，生活节奏的加快，繁体字笔画繁多，会使学生的负担加重，简体字对孩子们来说则容易多了。而且，将来可能有更多人会希望去中国大陆，或者从事和中国大陆有关的工作，因此学习简体字的实用性和重要性是不言而喻的。

当然，文化传统也很重要，繁体字确实保留了更多的文化元素，应该让孩子们了解和学习。从目前美国的移民构成和学校方面的选择来看，简体字和繁体字都有一定的需求，简繁共存是历史和现实所决定的。可以肯定的是，未来采用简体字教学的学校会越来越多，还不仅仅是学校，据报道，《星岛日报》在湾区的周报就已经改成简体了。但是出于对文化传统的尊重，学校教育也确实不应该完全排斥繁体字，在教学中可以使学生在学习简体字的时候对繁体字进行一定的了解。

其实，马英九关于读繁体字写简体字的提法，在简繁体共存的美国华人社会，应该说是一个可行的、对双方都有好处并且双方都能接受的办法。很多有争论的学校，面对家长和学生的不同要求，常常有两难的感觉。其实，对于这样的话题，我们只要摈弃意识形态因素，从实际情况出发，争论就会少多了。

2009 年 10 月

华人应理性对待族裔冲突

近日，在旧金山，台山阿婶与非裔妇人在公交车上发生冲突，因座位之争演变为扭打，有人拍摄成短片放上 YouTube 网站，短短一夜之间点击数目便从 15 万次飙升到 37 万次。发言人对事件的诠释各有不同，有人视为娱乐，但有许多人从族裔背景出发，有不少激烈的言论。其中有人称赞台山阿婶对付非裔妇人的勇气，更有人借此机会甚至用充满仇恨的言论攻击某族裔。

旧金山是多族裔居住的地方，不同族裔的语言和文化都存在差异，加之旧金山的公车历来比较拥挤，所以争吵的事情常有发生。应该说这本来只是一个个案，属于普通的纠纷，但是从网上各方的讨论发言来看，已经对族裔之间的关系造成了某种紧张的状态。据在场乘客说，当时在争吵中，是非裔妇女先动手，冲突才会激化。因此，许多声称经历被非裔歧视的华人，认为这是一起非裔对华裔的歧视事件。

事实上，这条短片如果不是有族裔背景，就不会引起多少注意，更不会吸引人们大量地点击。这条短片带出的族裔问题，显示出在美国，尽管平权运动已经深入人心，但族裔问题仍然十分敏感。旧金山前联邦民权委员李艳虹表示，除华裔和非裔外，旧金山拉丁裔与非裔，以及其他族裔间往往也会出现紧张关系，而这次事件被放上网络后，强化了华裔和非裔之间的紧张关系。

美国是个多族裔的移民国家，族裔的存在确实会引起很多问题，如何理性对待族裔之间的问题，是值得认真考虑的。不久前，美国总统奥巴马因为“哈佛教授事件”道歉，可以作为一个参照。“哈佛教授事件”本来也是一个简单的民事案件，然而由于盖茨的非裔和社会精英身份，在美国社会引起各方面的注意，美国总统奥巴马却轻率地进行谴责，又把这件事与非裔在美国历史上的遭遇联系起来，把事件引向种族关系，引起了轩然大波，最后总统不得不道歉息事。

“哈佛教授事件”告诉我们，族裔问题是现实存在的，但不必过分强调。遇到有关族裔问题或者族裔间发生冲突时，我们应该理性对待，就事论事，不应该把重点放在族裔背景上，或借机攻击其他族裔，这样只会令族裔间的关系更为紧张，于各方都不利。

旧金山华裔和非裔妇女冲突事件也是这样，这一类事情如果没有人身伤害，双方应互相容忍和谅解，如果涉嫌人身侵犯，就应该交予警察当局处理（据报道，旧金山警方已经介入），旁观者和评论者都没有必要把事件牵扯到族裔背景上，或在族裔关系上大做文章。网上那些看上去充满仇恨的话，是非理性的和不负责任的。从另一个角度说，如果随便将任何族裔间的普通冲突都放在族裔背景上看待，实际上是一种很狭隘的族裔心理，过于敏感的表现，也多多少少含有族裔自卑的成分在内。

因此，在美国这样的移民国家生活，尤其是在如旧金山这样的多族裔居住的地方生活，人们应该努力增进族裔之间的了解，互相包容。民众遇到冲突需理性对待，努力消除对立情绪或误会，和平、融洽地共同生活在同一个家园里。

2009 年 10 月

华人的诺贝尔奖情结

被誉为“光纤之父”的美籍华人物理学家高锟，与另外两名美国科学家 Willard S. Boyle、George E. Smith 一起，分别以光纤和电荷耦合元件的研究项目获得了 2009 年诺贝尔物理学奖。

高锟提出以玻璃光纤作为光波通讯传输介质的构想，利用半导体镭射或者发光二级体光源，在光纤导管中传输讯号。光纤不仅在物理技术上有重大突破，而且象征着整个通讯技术产业的突破。有趣的是，得到获奖消息惊喜之余的高锟，幽默地提到自己的研究成果说：“有赖光纤的出现，这个喜讯已于瞬间传遍千里。”

高锟的获奖，使他成为有史以来第六位获得诺贝尔奖的华人物理学家，也是第八位华人诺贝尔科学奖获得者。华人诺贝尔科学奖的获得，常常引起各种话题。有的以华人为骄傲，有的认为无须提及华裔身份，因为这些科学家都是在西方被培养和取得成就的。也有的借此批评中国的教育制度落后，也有的认为，诺贝尔奖的颁发有偏侧，华人的诺贝尔奖情结过重，其实根本没必要在意，等等。

华人的身份是客观存在的，人类最早就是以族群的方式存在的，即使到了现在，族群也是很重要的认同依据。一个华人，无论在哪里生活，在哪里受教育，取得哪一国国籍，他的血统血缘，他的华人身份都是无法摆脱的，不管个人是否愿意。因此，有华人科学家获得诺贝尔奖，所有的华人都引以为荣，为之感到骄傲，这是很正常的现象。

至于华人的诺贝尔奖情结，与中国过去在国力和基础科学研究方面一直积弱有关。西方国家尤其是美国，基础科学研究要领先于中国，这是不争的事实。目前获得了诺贝尔奖的八位华人科学家，都是在美国取得成就的。诺贝尔科学奖往往侧重于基础科学，基础科学研究需要雄厚的传统和基础，中国的基础研究较为落后，其中有教育制度的问题，也有历史因素造成的基础薄弱的原因。现在中国正在快速发展，国力开始强大，但是基础科研需要有相当的传统和基础，不是可以一蹴而就的。中国人和海外的华侨华人希望自己的祖（籍）国强大，科学发展进步，获得世界认同，因此为华人获得诺贝尔奖而自豪，希望有中国人及更多的华人科学家获得诺贝尔奖，系下了浓浓的诺贝尔奖情结。

中国的教育制度确实有需要大力改进的地方，但也并非一无是处，中国学生的勤奋是人所共知的。如果教育制度有更好的改进，如果有更好的基础科研条件，谁也不敢说中国人就与诺贝尔奖无缘。除此之外，诺贝尔科学奖的评选也有许多别的因素，例如评选的滞后性（当然这与理论需要实践的验证有关）。高锟的光纤理论从20世纪60年代提出来，直到今天获得诺贝尔奖，时间流过了四十多年。其他几位从中国大陆、台湾、香港去美国的科学家也都是在60年代以前取得成就的。如果现在中国人在基础科研方面迎头赶上，即便有成就，也需要相当长的时间才能得到认可。以中国人的聪明智慧和中国国力的强盛，这是可以期待的。

诺贝尔奖设立已经有一个多世纪了，尤其是其中的科学奖和经济学奖在世界上有很高的声誉。中国人和海外华侨华人希望有中国人或者有更多的华人获得诺贝尔奖，说到底这都是希望自己的祖（籍）国强大和繁荣昌盛。诺贝尔情结，其实就是系在“中国结”上。

2009 年 10 月

华裔法官的荣誉

10月6日，美国总统奥巴马提名纽约南区联邦法官陈卓光任联邦第二巡回上诉法庭法官，递补已经升为联邦最高法院大法官的桑妮娅·萨多马友的遗缺。奥巴马在提名声明中称赞陈卓光为公众贡献良多，并相信他将会秉公明断，为联邦上诉法院巡回庭增光添彩。这位因主审马多夫世纪骗案而走红的华裔法官如果获得国会同意通过，将成为美国历史上唯一的联邦上诉法院的华裔法官，也是有史以来联邦第九巡回庭之外首位亚太裔巡回庭法官。

这并不是奥巴马第一次提名华裔法官。8月份奥巴马提名郑一芳和朱多莉两名华裔担任联邦地区法院的法官，这两位华裔如获国会通过，加州联邦地区法院将出现建国以来首次获总统提名的华裔终身法官。

接着，加州州长施瓦辛格在9月也任命了冯曙光、郑元松两名华裔为旧金山高等法院法官。这一系列的任命，无论是联邦法院还是加州法院，华裔法官的被任命，不仅令华裔法律团体非常振奋，也使得华人团体和社区感到非常自豪。

美国是移民国家，多元的族裔使美国社会的各方面都呈现出多元化现象，司法系统自然也不应该例外。陈卓光获得提名后，美国亚太裔律师协会和亚美正义中心当天发表声明，认为奥巴马的这项提名是履行了美国司法系统多元化的承诺，具有历史意义，令人欢欣鼓舞。

美国法学院对学生的入学要求之高，学费之昂贵是众所周知的。陈卓光出生于香港，2岁时随父母来美定居，父母都是打工族，陈卓光算起来是第一代移民。第一代移民能够克服重重难关、种种困难，考取法学院，成为律师，继而成为法官，再进一步获总统提名为联邦上诉法院的法官。

陈卓光获得了很高的荣誉，可以说这是美国梦的最好的注解之一。

陈卓光的提名，不仅令华裔团体和社区自豪和骄傲，也将会激励无数有志于法律工作的华裔年轻人，为实现美国梦，为实现自己的理想而努力奋斗。

加州联邦地区华裔法官的提名和旧金山高等法院华裔法官的提名也很令人振奋，他们同样获得了很高的荣誉。加州是华人移民来美最早的落脚地，一百多年前华人在加州卖苦力、修铁路、开餐馆和洗衣店等，做的都是没有文化的工作，处在社会的边缘。几代人奋斗到今天，后代终于有人被提名为终身法官，成功融入主流社会，华人对此十分感慨。

这一系列华人被提名为法官的例子，不仅激励年轻人，也会鼓励更多人，特别是华裔律师，努力迈向法官之路。我们相信，在可预见的未来，加州、纽约以至全国会有更多的华裔法官出现，扩展美国法官的族裔多元化，展现华裔法官的荣誉。

陈卓光接替的是升为高等法院大法官的西裔法官桑妮娅·萨多马友的职位，谁能说在未来某一天，有华裔法官担任联邦最高法院的大法官不是可以期待的呢？

2009 年 10 月

偷渡、非法移民及其代价

非法移民历来是颇具争议的问题，这次因健保和能源问题而被搁置拖延，引发许多争论。

自 1986 年大赦以来，全美非法移民至今已积累约 1 200 万。非法移民一般分为逾期居留和偷渡两种。偷渡来美的人通常生活在社会最底层，干着最脏最累的活，却得不到任何保障。最新民意调查显示，金融危机后，越来越多的美国人排斥非法移民，甚至连教会也“小心翼翼”。

不久前，110 名国会议员发出了敦促奥巴马总统尽快推行移民改革的联名信，提出全面改革移民的三大问题：强化边界防卫；保护工人权益；移民计划更符合实情，使守法的非法移民身份合法化。其中最后一条被认为可能引发两大效应：一是大批非法移民转为合法移民可能影响就业市场；二是可能的大赦会吸引更多人偷渡来美。不少人以此为理由反对大赦非法移民。

非法移民问题在中国也引起许多讨论。不久前在海地失事死亡的数十名中国偷渡客，其悲惨遭遇催人落泪。关于偷渡的目的和代价，有人认为偷渡者是用脚对政治制度进行投票，有人认为偷渡者追求幸福生活无可非议，也有人认为这样的代价太大，不值得付出。

笔者认为，“用脚投票”的观点有失偏颇。当然，不排除有人出于这样的目的，但相信大多数偷渡客的目标还是经济利益，否则很难解释为何同是民主国家的墨西哥，会有几百万非法移民在美国生活（据报道，来自墨西哥的非法移民，目前约占全美非法移民的 50% 以上，包括逾期居留和偷渡来美的）。

至于偷渡来美的非法移民是否幸福，很难有确切的答案。对其家庭来说，非法移民赚钱寄回家乡，改善家人的生活，许多家庭因此脱贫。但许多偷渡客自己却吃尽苦头，甚至遭遇生命危险，许多非法移民享受不到家庭的温暖，没有亲情的呵护，连起码的人身保障都没有。笔者见过一个非法移民，离家来美时儿子才2岁，14年没有与妻儿见过面，现在儿子都16岁了。因为没有合法身份，他们不能回乡探亲，家人也不能来美团聚。听他说起这十多年的遭遇，人们欷歔不已。

偷渡来美的非法移民，如笔者遇见的那位，就是想通过大赦改变身份。许多非法移民当初来美时，就是抱着这样的期望，或许能找到办法，或许有朝一日熬到大赦，其中也不乏“成功”者，但个中滋味，外人无法体会。而且更多人都只是在渺茫地期望着、煎熬着。

非法移民、偷渡付出的巨大代价是否值得，恐怕只有当事人能解答。在这次失事死亡的偷渡者所在的家乡，偷渡不仅涉及个人及地方政府的经济利益，也成为当地的一种普遍现象。要改变这种现象，地方政府应负起责任，发展经济，加强教育，海外华侨华人也应为家乡发展、改变偷渡文化作出努力。

2009年11月2日

谈华人选举的佳绩与不足

2009年可以说是美国华人参选最多的一年，《纽约时报》曾撰文认为，今年是“亚裔纽约人参政的分水岭”。纽约当地电视台针对纽约市的选举情况也惊叹道，走进投票站的华裔选民人数创下纪录，这将使更多华裔候选人赢得选举。

从赵美心当选美国历史上第一位华裔女众议员后，在刚刚结束的纽约市的选举中，华人又打破了好几项纪录，其中有纽约市第一位华人审计长刘醇逸；纽约华埠开埠以来首位华裔市议员，也是纽约市议会首位华裔女议员的陈倩雯，以及有“第二华埠”之称的法拉盛首位共和党市议员顾雅明。可谓成果丰硕，令人振奋。

在另一个华人聚集区加州，华人参选热情也持续高涨。11月3日的南加州洛杉矶县地方选举，竞选市议员、学区教委和社区学院理事等职的华裔候选人，共有21名之多。最后共有15人胜出，1人当选为市议员，其余为教委职务。也可谓创下佳绩。

综观今年的华裔参选情况可以发现，现为中年的第一代移民占有优势，以刘醇逸为首的胜选华裔大多从小就随父母来到美国，这一代人较之观念保守的上一代人，融入美国的热情较高，也多为成功人士，为华人参政带来了良好进展。此外，年轻的第二代移民也开始崭露头角，尤其是在南加州的地方选举上，例如参选钻石吧市议员的三名华裔候选人，都是青年俊才，令人看到华裔参政更有希望的未来。

美中不足的是参选人中缺少大陆移民，不过由于历史原因，这种改变需要时间。过去十年，无论是在加州还是在纽约，或其他华人聚集的地方，越来越多的大陆移民已经改变了美国华埠的移民结构，从普通话逐渐取代广东话和闽南话成为华埠的主流语言即可以看出。随着华裔人数的急剧增长，华裔选民已经成为美国政治人物不容忽视的一股力量。未来，我们有理由期待，来自大陆的移民会成为美国政坛的新力量。毋庸讳言，选举中也有许多不尽如人意的地方。

一方面，虽然许多参加投票的华裔热情高涨，但是总体来说，投票率并不高，许多华人居住区的投票率相当低，即使在南加州华人参政最积极的地方，根据洛杉矶的统计，投票率仅有11.75%。这说明虽然许多华裔了解积极参政的意义并积极参政，还有更多的华人需要进行参政教育，但它仍然是一项重要和艰巨的任务。

另一方面，华人的选举文化也有待改进。在这几次选举中，许多华裔参选人都受到纷飞的黑函的攻击。所谓“黑函”，即匿名信，造谣生事，对候选人进行各种人身攻击，极尽抹黑之能事，为华裔参政投下阴影。选举中的黑函现象在台湾的选举中屡屡出现，不幸的是在美国华裔中也不能得以幸免。民主选举本来应该是一种良性竞争，有化解争议和矛盾的功能。黑函现象则制造新的矛盾和对立，违背民主选举的宗旨，也违背相关的法律和道德规范，这应该引起华人的充分重视。只有在未来的选举中杜绝这一现象，才能使华裔参政得到健康的发展。

2009年11月8日

从警方扫荡盗版CD说华人素质和形象

近日，洛杉矶两家华人经营的影碟店遭到警方突然扫荡，搜出盗版CD共9 000碟。负责搜查行动的洛杉矶警局警探威廉表示，查扣结果显示，华人社区盗版活动十分猖獗，未来警方还将进一步采取行动。警方的行动引发华人社区议论纷纷，评价立场不一。

华人移民来美，就应遵守居住国的法律，在美华人总体上是遵纪守法的，凭借自己的智慧和勤劳创造财富。早年来美的华人，大都已学会并适应遵纪守法的公民社会。近十年来美的华人，由于教育水平提高，更易接受和适应美国社会，过去美国人对华人的偏见一定程度上有所改善。但毋庸讳言，也有一些商家和个人明知经营的范围或行为已超出法律的许可，却仍抱着侥幸心理或无所谓的态度，以致最终被法网网住。

美国法律明令禁止盗版，当然在许多国家包括中国也不例外。但由于各种原因，中国打击盗版的力度还有待加强，这种状况对在美华人也产生了一定的影响。

例如，一些人携带盗版光盘入关，虽然有法律禁止，但海关有时在实际操作上并不十分认真，于是许多华人口口相传，明知违法也照样携带，一旦海关抓紧盘查，又会互相转告，以避开“风头”。又如，这次被查扣的商家及购买盗版的消费者，都是明知故犯。而且，这种现象并不是个别和偶然的，只要到华人聚集的商业区看看，就知道这类商家并不少见。

有人辩护，这主要是因为经济太差，所以只好铤而走险。这种说法实际上站不住脚，因为这种现象并非经济危机以后才有。虽然说这种行为不能代表大多数华人的行为，但少数人的行为却实实在在地显现出了某些华人不好的品质，对华人的整体形象造成了负面影响。

联想起前不久洛杉矶某地因建造商开发案引起的争议，有美国人对亚裔的素质表示不满，认为亚裔把当地搞得拥挤、脏乱差，甚至还出现了偏激的反亚裔移民的言论。在美亚裔中，华人人数最多，因此不能不说，此类言论很大程度上是冲着华人来的。

一些个人行为造成的负面影响，损害了华人的整体形象，加之经济危机使一些美国人的排外情绪抬头，对华人来说，局面更为不利。要改变这种不利局面，消除不良影响，需要华人社会共同努力。如对于盗版事件，华人应加强守法意识，杜绝违法经营和非法携带。又如被指责的拥挤、脏乱差之类的现象，由于这种现象是客观存在的，华人唯有坦然面对，找出自身的不足，努力提高个人素质和修养，在自我完善的过程中努力塑造正面形象，才能使美国华人社会发展得更加健康。

2009 年 11 月 11 日

美国华人乐见奥巴马对华态度变谦

《纽约时报》近日刊文评价奥巴马的中国行："挥霍的消费者对最大的债主毕恭毕敬。"确实，经济危机下的美国已和之前大不相同，奥巴马的"改变"，在外交方面尤其是在对华政策方面尤其令人瞩目。相对于前几任总统访华时，如小布什在操控汇率问题上的强硬态度，以及克林顿在人权问题上板着脸训诫的态度，奥巴马对中国的态度谦虚多了，身段也柔软多了。

美中关系到达了一个全新的阶段，海外华侨华人也都欢迎奥巴马这样的"改变"。尽管中国还有很多问题，但一个强大、崛起的中国已是不容忽视的事实。对海外华侨华人来说，不管是曾经经历过弱小旧中国的老侨，还是经历过前30年风雨和后30年改革开放的新侨，以及在改革开放中成长起来的年青一代，对中国的崛起都感到欢欣鼓舞。对华侨自不用说，强大的祖国就是坚强后盾；对已入籍他国的华人来说，祖籍国的强大也让他们引以为豪。

美中两国由于政治、文化、宗教等诸多不同，在很多问题上存有分歧，但两国的共同利益终要大于矛盾，经济危机下的合作更显得重要。随着经济危机减缓和全球化加深，美中关系实际上已远远超出了双边范畴，越来越具有全球意义。两国在一个更大的空间内增进互信、促进合作，在这个过程中，华侨华人始终发挥着重要作用，也始终最先享受到美中和平共处、互利共赢的"红利"。

对大多数华侨华人来说，除了坚决反对分裂国家，其余的分歧、矛盾和摩擦都可通过交流、沟通达成共识，求同存异。美中关系如果冷淡甚至交恶，对旅美华侨华人来说，各方面都会受到影响。旅美华侨华人乐见奥巴马访华，乐见其对华态度变得务实，乐见美中更加平等、互信。一个强大的美国和一个正在强大的中国，加上一个和谐的双边关系，才能保证旅美华侨华人的权益最大化。

2009 年 11 月

新移民融入当从恶小改起

移民如何融入居住的当地社会，是一个经久不息的话题。尤其对新移民来说，新到一个地方，要打拼要生活，千头万绪，面对一个全新的环境，往往顾此失彼，不知从何下手，于是碰钉子、吃亏，或引起当地人不满的现象时有发生。

要融入居住的当地社会，最重要的是要遵守当地的法律法规。但仅仅有守法的愿望还不够，还应从细微之处做起。例如，有新移民开车，因违规被警察要求停车，却不知应靠右停驶，而是自顾自地慢慢开走，结果被警察跟了一路，最后差点被拘留。还有遇到校车，不知在校车闪灯时，在没有隔离带的对面方向也应停车等候，结果被重罚。实际上，这些交通规则，考驾照时本应学习过。据了解，很多从中国来的新移民来美后考驾照，只是浏览在华人圈子里流传的简单交规，理论考试又恰好没有遇上其他相关的考题，所以上路后，还保持原来的驾驶习惯，违规就不可避免了。

除了遵守当地的法律法规，改变思维方式也是很重要的一点。在美国这样一个法制健全的国家，一切都是按照法律法规进行，相关人员执法时不会将人情夹杂其中。有新移民因违规遇到警察，也按原来居住地的思维向警察申辩或求情，引起警察反感，结果加吃一张罚单。改变思维方式的例子还有如遇到紧急情况，应按当地处理紧急情况的方式，打 911 报警求助，而不是仅凭勇气或使用非专业的方法就能把事情处理好。这样可以避免造成额外的紧急状况，或更大的意外损失。

此外，在当地居住还要遵循当地人的习惯，有些新移民还不免带着原来的习惯，例如在公共场合大声喧哗，大声打电话，排队加塞，遛狗的时候不注意清除狗的排泄物等。这些举动都易引起当地民众的不满。还有关于种菜的例子，华人大都喜欢在花园种菜，原先对这种习惯也有争议，现在经济不好，“第一夫人”带头种菜，美国也有许多人在自家的花园种菜，争议已不存在。但大家都是在后院种菜，美国人习惯于社区里各家各户门前都保持美观，有些新移民把黄瓜、豆角种到门前，这就是不尊重本地社区习惯的行为。

这些都是小节，但往往折射出素质问题，应该说，绝大部分新移民的总体素质颇高，但既是新移民，许多人的行为举止就不免带上原来居住地的习惯，许多方面的素质有待提高。有些新移民很忌讳别人谈起素质问题，其实完全没有必要。新移民应该正视现实，从细微处着手，努力改掉不守法不文明的举止行为，改变思维方式，尊重当地人的习惯，这样才能有融入当地社会的良好开端。

2009年11月27日

大学招生中止平权原则对华人有利

密歇根大学最近表示，将在今年秋季招生中开始执行密歇根州政府于去年 11 月通过的提案。该提案要求，州内公立大学和政府机构停止使用因种族和性别原因而优先考虑的原则。密歇根大学中止平权录取，这对华人来说是个好消息。

1960 年代，约翰逊总统批准了《民权法案》，并对《平权法案》作了进一步阐述，认为平权原则不止限于平等，而应视为对非裔等少数民族再就业和就学方面的优先考虑。这就是美国大学平权录取原则的由来。在美国，非裔和西裔等少数族裔正是因为有了《平权法案》，才得到平等优先的受教育机会，许多非裔等少数族裔才有可能获得今天的社会地位和成就，其中包括奥巴马当选为美国总统。

《平权法案》是现今美国社会最具争议的法案之一。最受争议的就是所谓的“定额制”，也就是在政府机构招聘职员或公立学校招收学生时，为少数族裔留下一定名额。在大学招生中，该法案的本意是照顾少数族裔，但实际结果是白人学生和华裔子女受到了限制。

1978 年，越战老兵阿伦 · 贝克（白人）申请加州大学戴维斯分校医学院被拒，但他发现学校同时接受了成绩不如他的其他族裔学生，于是以学校歧视白人为由将加州大学告上法庭。案件上诉到最高法院，最后大法官们以 5 : 4 的票数承认《平权法案》符合宪法，但同时也裁定，学校在招生时可以考虑学生的种族背景，却不能依据种族来划出定额，后者违反宪法。

“贝克控加州大学理事会”一案并没有平息大学招生过程中的歧视现象。从某种程度上说，这个决定将难题留给了学校。于是，有的大学如密歇根大学就在录取本科学生时制定了一个综合计分系统。按此系统，西裔、非洲裔和印第安裔的考生可额外增加20点。也就是说，如果白人或华裔在同等的SAT成绩下，总分要落后于非裔等少数族裔。因此，反对者认为，这项特殊照顾政策把部分少数族裔的权利置于其他公民的权利之上，实际上损害了以个人奋斗和勤奋向上为代表的美国精神。

受大学招生平权原则影响最大的应是华人。亚裔在美国总人口当中只占4%，远低于非裔和西裔，如果按定额制，华裔子女只能取得很少的名额。若去除定额制，华裔又面临另一种尴尬：在美国，当一个族裔在公共机构中所占比例明显高于其在总人口中的比例时，被称为“代表过多”而有失公平。亚裔在美国大学中就存在这种现象——由于华裔在亚裔中占多数，因此实际上主要是华裔的问题。《平权法案》在大学招生中的应用，尽管初衷是帮助受歧视的群体争取平等的受教育机会和就业机会，但具体落实到招生上，“代表过多”的华裔又很难得到与其他少数族裔同样的待遇。这种现象甚至对中国留学生也有一定影响。

华裔的勤奋是出了名的，但由于《平权法案》在大学招生中实际造成的不公平，使得华裔子女在申请大学尤其是名牌大学时面临更多的竞争压力。有数据表明，华裔子女如果要进入顶尖大学，SAT成绩要比白人多几十分，比非裔或西裔多一二百分，才能有“平等”竞争的机会，这对华人来说很不公平。

现在，针对大学招生中平权原则的反对声越来越大。他们认为，今天仍以种族为界定来执行《平权法案》，不仅难以达到平权的目的，而且是在制造新的不公。实质上，《平权法案》的初衷是解决历史、环境所造成的种族之间的不公平问题，而不是应对和解决种族本身更需要帮助的问题。平心而论，华裔子女在大学中是有“代表过多”的问题的，但在崇尚个人奋斗的美国，应该给予那些勤奋向上的人以更多平等的受教育机会，而不能因为族裔身份就加以区别甚至限制。

密歇根大学的决定无疑会受到欢迎，并产生一定的影响。在此之前，一些知名大学如MIT、普林斯顿大学、爱荷华大学等也作出过一些类似的决定，其他也有对《平权法案》提出过异议的州如得克萨斯州，也不排除效仿密歇根州的可能。对华人来说，各校深入检讨《平权法案》在大学招生中的应用，为他们提供了更多希望。

2009年12月2日

岁末华人须加强防盗抢

岁末将至，尽管经济不景气，辛苦了一年的人们还是欢欢喜喜地准备过圣诞新年。然而对华人来说，近来针对华人的抢劫盗窃等犯罪活动却为即将到来的节日蒙上了一层阴影。

在刚过去的感恩节期间，以华人聚集的南加州为例，根据警方的最新统计数据，感恩节期间，入屋盗窃案日均超过15起，在盖博谷华人居住地带，入冬以来平均每两天就发生一起。在专门针对华人的抢劫案中，对象有餐馆老板、单身妇女和独居老人。据说在华人的另一聚集地纽约，也有同样的现象发生。

从大环境看，这已不是孤立存在的现象了。一段时间以来，在全球范围内，出国旅行的中国人和居住在海外的华侨华人都面临着日渐猖獗的抢劫盗窃威胁。不仅是在非洲、南美洲这些治安不好的地方，在欧美各地也频有发生，甚至在历来治安口碑极好的瑞士，也频频曝出针对华人的抢劫案件。据中国驻瑞士大使馆统计，仅10月份就有20多名中国人遭抢。为此，中国外交部和各地使领馆纷纷发出警告，提醒海外中国公民加强防范意识。

中国公民及海外华人被盗贼当作头号目标，有多种原因。中国近30年来经济飞跃发展，令世人刮目相看，大量中国人外出旅游、经商、务工，给人的印象是中国人有钱，自然容易成为盗抢目标。对中国公民和海外华人来说，盗贼们看重的不仅仅是“有钱”，而且是“有现钱”。这就是一再被提及的华人爱携带大量现金的问题。

华人社区流传一句话：“华人有现金，华人没有枪。”盗贼为什么不抢美国人？因为美国人很少使用现金，家中也很少存放现金，而且，很多美国人都持有枪支。典型的如在得克萨斯州，如果有人未经许可踏入主人家的任何地方一步，屋主就有权开枪而不负法律责任。这样的事情对华人来说很难想象。华人喜欢随身带现金，也喜欢在家中存放现金和珠宝，而且华人也极少申请持枪证。在这点上，华裔还有别于强悍的韩裔。

随身携带现金是华人的习惯，尽管人们都知道这种习惯容易招致盗抢，但仍不愿改变。究其原因，有的是因为身份问题，还有一些其他问题。例如，许多中餐馆的老板喜欢周末结账后将现金带回家，久而久之就被盗贼摸到了规律。据报道，在南加州贝岭，几乎所有中餐馆老板都因带有或家中藏有现金而被抢过。

此外，许多华人因居住海外，又不能很好地融入当地社会，遇事就抱有多一事不如少一事的心态，吃了亏只愿隐忍，而不愿和警方打交道，有的则因语言障碍而无法与警方沟通，导致华人遭抢后报案率很低。盗贼掌握这些情况后，就更加肆无忌惮。

佳节将至，纽约和洛杉矶两市警方都已发出安全指引，呼吁民众不要带大量现金出门，不要将现金和贵重物品放在不安全的家中。而华人更应加强防范意识，努力融入居住地的社区，提高法律意识和维权意识。只有这样，华人才能确保过一个平平安安的圣诞新年。

2009 年 12 月 11 日

美国身份：得之不易，弃之也难

轰动一时的美国海外追税事件，在自首期限过了一个多月以后，依然余波荡漾，在华人社区激起一圈又一圈涟漪。奥巴马总统为了兑现竞选承诺，上台后掀起的这轮查税风暴，让那些隐匿海外资产的美国富人们心惊，绿卡持有人及美国公民也受到了冲击。

其实，美国国税局有关海外账户申报（FBAR）的规定早就存在，但一直没有得到严格执行。海外账户申报制度规定，美国公民及永久居民在境外金融机构拥有任何财务账户，包括在此账户拥有财务利益，以及对此账户具有签名授权权利或其他权利，并在每年1月1日至12月31日间账户总价值超过1万美元的，均需申报。而且，只要在美国境内有经营行为或有美国来源所得必须缴税的外国人或外国公司，一律要申报FBAR。故意不申报者，将面临民事与刑事罚款，或遭民事起诉而被征收违反申报制度时账户中所有金额50%（最高10万美元）的罚金，更甚者可能遭到刑事起诉，最高可罚25万美元或5年监禁，或两者并罚。

显然，这不仅是针对美国富人，持有绿卡的永久居民只要海外账户存款超过1万美元，也需及时申报。这会令很多新移民不知所措，有部分华人富豪甚至考虑放弃美国国籍或绿卡，以避税或逃脱惩罚。

谁都知道美国身份来之不易，获取绿卡就是一道难关。现在的绿卡排期，一般来说从亲属移民到职业移民，都要经过4~9年的等待期，即使是投资移民也具有风险。拿到绿卡后，还得经过5年，没有犯罪记录，才有可能宣誓成为美国公民。但如果想逃税，放弃美国身份也不是一件容易的事情。美国在放弃国籍方面同样有非常严格的规定，规定部分人无法声明放弃美国国籍或终止永久居民身份，以避免税金的减少。

若要放弃美国身份，必须对自己的财产还没有实现的资本得利部分缴税，而且弃籍者未来给美国居民的任何赠与都将以最高的边际税率课征最高的遗产或赠与税。即使这样，也还得交一笔弃籍税。完成弃籍的法定程序后，还需国务院审核批准，否则依然无效。如果被查出有逃税现象，未走完法律程序及补交罚款之前，都不能获批。

当然，普通移民不会考虑中止身份，但也有人故意不申报，一旦被查出，就会影响身份问题。如果情节严重，申请绿卡都会受影响；若遭到刑事起诉，那么从持有绿卡到入籍就可能不被接受。移民局对绿卡持有者犯罪处罚严厉，甚至绿卡本身也可能受影响。

选择居住地或国籍是个人的权利，但同时也伴随着义务。纳税是每个人应尽的义务，无论移民何处，是否入籍，都应遵守居住国的法律，合法纳税。尽应尽的义务和责任，做一个守法公民或居民，是安居乐业的基本保证。

2009 年 12 月 16 日

华侨华人要把握机会，积极支持移民改革

备受关注的移民改革话题，最近又因美国众议院民主党人提出新方案而再成焦点。这项名为“美国的安全及繁荣全面移民改革”的议案，由伊利诺伊州民主党众议员路易斯·古提埃雷斯领衔起草，获得包括国会亚太裔小组议员本田、赵美心等80多位议员的联署，已于本月15日正式提出，开始推动新一轮的移民改革讨论。

同时，参议院民主党第三号人物舒默也正与共和党参议员格雷厄姆合作，希望能在2010年1月推出跨党派的参议院版综合移民改革议案。据报道，众议院版议案以重视家庭团聚、增加工作机会和美国国内安全为三大原则。对华人来说，从中得到的益处提高了移民人数上限、放宽了配额制度、将绿卡持有人配偶子女列为直系亲属、降低了亲属移民经济担保、给大学生和参军移民的人以绿卡和入籍的优惠等。参议院版方案虽还未杀青，但已知一些内容，可能在吸引高技能工人方面有更多改革计划，另外在给予非法移民合法化途径的同时，也会更强调移民执法，特别是打击有意雇用非法移民的行为。

移民改革历来是争议最大的问题之一。国会上一次的激烈辩论，是在小布什总统第二任期内。虽然在小布什总统和许多重要议员的支持下，参议院最终还是否决了该议案。可以预见，这次移民方案辩论将依然激烈。目前，奥巴马总统把健保和经济复苏列为更重要的议题。虽然国安部部长纳波利塔诺24日表示，全面改革移民法律仍是奥巴马政府的优先任务之一，但由于医保改革和经济复苏仍将是主导议题，尽管古提埃雷斯等希望国会2010年能推动这个议案，但该议案能否提交国会辩论仍存在很大变数。

因健保改革遭到激烈反对而处于守势的民主党人，明年将面临中期选举。一般来说，他们不愿触及重大争议议题而影响选情，但也有许多官员和议员认为，健保和移民改革都是美国长远未来无法避开的重要议程。因此，强烈的公众呼声就可能成为促进立案的一个重要因素。

美国现有1 200万非法移民，其中一半以上是西裔，华裔非法移民的人数约为30万，此外，还有成千上万的家庭因为受到排期的限制而不能和亲人团聚。现在，许多华侨华人对移民改革并不是很了解，虽乐观其成，但也多抱着旁观态度，消极被动地等待结果。这是华人一向被批评的态度。当然，也有些人是因为信息太少，也不知应该如何做。对此，社区和社团组织都应加强对华人民众的教育，呼吁民众致电或拜访国会议员，敦促他们支持全面移民改革。华侨华人应该明白，这是一次重要而难得的机会，如果错过，下一个机会更是遥遥无期了。

移民改革涉及华侨华人的重大利益，涉及千千万万的华人家庭，华侨华人应努力改变不愿发声，只是消极旁观、被动等待的态度，积极行动，把握机会，支持全面改革的议案。华侨华人社团也应将此作为一项重要工作，呼吁华侨华人支持，就像华裔众议员赵美心呼吁的那样，让那些受限制、受影响的“我们的邻居”、“我们的亲戚”，还有我们的同胞、我们的亲人，联合起来支持全面移民改革。

2009年12月31日